Carol Weston
Wie man bei Regen einen Berg
in Flip-Flops erklimmt

Carol Weston

Aus dem Englischen von
Jessika Komina und Sandra Knuffinke

Carl Hanser Verlag

Die Originalausgabe erschien 2017 unter dem Titel
Speed of Life bei Sourcebooks Jabberwocky, an imprint of
Sourcebooks, Inc.

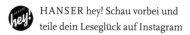 HANSER hey! Schau vorbei und
teile dein Leseglück auf Instagram

1. Auflage 2019

ISBN 978-3-446-26222-5
© 2017 by Carol Weston
Published by arrangement with Carol Weston
All rights reserved
Alle Rechte der deutschen Ausgabe:
© 2019 Carl Hanser Verlag GmbH & Co. KG, München
Umschlag und Kapitelüberschriften:
Susann Hoffmann (www.susannhoffmann.com)
Satz im Verlag
Druck und Bindung: CPI books GmbH, Leck
Printed in Germany

 MIX
Papier aus verantwortungs-
vollen Quellen
FSC® C083411

*Für meine Mom und meinen Dad –
denen ich so gern ein signiertes Exemplar
überreicht hätte*

Achtung: Das hier ist eine ziemlich traurige Geschichte. Zumindest anfangs. Wenn ihr also keine traurigen Geschichten mögt, solltet ihr sie vielleicht nicht lesen. Ich meine ja nur; ich würde es vollkommen verstehen, wenn ihr das Buch lieber weglegt und euch stattdessen lustige Katzenvideos anguckt.

Ich mag lustige Katzenvideos auch.

Aber jetzt habt ihr das Buch ja schon mal in der Hand.

Es beginnt und endet am ersten Januar, und ich hatte erst überlegt, es *Das Jahr, in dem sich mein ganzes Leben änderte* zu nennen. Oder: *Leben, Tod und Küsse*. Oder: *Das Jahr, in dem ich erwachsen wurde*.

Vierzehn war ein hartes Alter für mich. Echt hart. Und das, nachdem meine Kindheit der reinste Spaziergang gewesen ist. In New York City aufzuwachsen und jeden Sommer in Spanien zu verbringen – rückblickend betrachtet war das ein perfektes Leben. Aber als ich vierzehn wurde, hatte ich plötzlich das Gefühl, ich müsste einen Berg erklimmen. Im strömenden Regen. Mit Flip-Flops an den Füßen. Ich hatte gehofft, es so an einen anderen Ort zu schaffen, aber alles, was ich tat, war stolpern, ausrutschen, hinfallen und mir wünschen, es wäre noch nicht zu spät zur Umkehr.

Es gibt aber auch ein paar witzige Wendungen.

Und zwei ganz wichtige Sachen habe ich gelernt. Erstens: Innerhalb eines Moments kann sich alles verändern – zum Schlechteren, klar, aber auch zum Besseren. Zweitens: Manchmal, wenn man einfach immer weiterklettert, wird man mit einem atemberaubenden Ausblick belohnt. Man erkennt, was hinter einem liegt, was noch kommt und sogar – die große Überraschung –, was *in* einem steckt.

Teil 1

Januar

»Rate mal, wer zur Schulversammlung kommt«, sagte Kiki.

Wir hatten uns bei mir im Wohnkomplex unten in der Lobby getroffen, weil wir zusammen durch den Central Park schlendern und dann ein bisschen shoppen wollten. Ich hatte ihr erzählt, dass ich nicht zu der Neujahrsfeier in unserem Apartmentgebäude wollte, und sie hatte mich nicht dazu gedrängt, was ich ihr hoch anrechnete.

Kiki trug ihren neuen blauen Mantel und sah super aus. *Todschick*, dachte ich, obwohl ich diesen Ausdruck eigentlich nicht mehr ausstehen konnte.

Wir waren schon seit dem Kindergarten beste Freundinnen. Kiki wohnte acht Blocks weiter nördlich, und früher hatten wir immer zusammen »Schule« und »Restaurant« gespielt oder – weil wir eben echte Stadtkinder waren – »Aufzug«. Dafür stellten wir uns in den Wandschrank bei mir im Flur, drückten imaginäre Etagenknöpfe und taten so, als würden wir auf und ab und auf und ab fahren.

Inzwischen war Kiki vierzehn, wie ich, aber sie wirkte älter. Sie war halb Vietnamesin und halb Brasilianerin, mit dunklen Augen und kakaobrauner Haut, und war ein echter Jungsmagnet geworden, während ich ungefähr zur selben Zeit zu einem Mädchen mutierte, das einige mieden. Typen von der Buckley, St. Bernard's und Hunter begannen Kiki zu umschwärmen. Die wenigen Jungs dagegen, die ich als meine Freunde bezeichnet hätte, zogen sich nach und nach vor mir zurück.

»Sofia, jetzt rate doch mal!«, wiederholte sie ungeduldig.

»Keine Ahnung. Wer denn?« Ich warf einen raschen Blick in den Spiegel, um meinen Wollschal zurechtzuziehen und zu überprüfen, ob auch nichts Fieses in meiner Zahnspange hing.

»Kate! *Die* Kate! Ist das zu fassen? Hat Dr. Goldbrook mir gerade erzählt. Oh Mann, es ist so komisch, außerhalb der Schule einem Lehrer zu begegnen. Und dann auch noch in den Ferien!«

»Man gewöhnt sich dran«, erwiderte ich. Der Halsey Tower, in dem ich seit meiner Geburt wohnte, lag direkt gegenüber unserer Schule. Er wurde auch scherzhaft die »Lehrerburg« genannt und war praktisch ein vertikales Dorf voller Schulangestellter. »Welche Kate noch mal?« Ganz vage klingelte es bei dem Namen.

Kiki starrte mich an. »Weißt du etwa nicht mehr?« Sie wartete ab.

»Ach, klar.« Endlich fiel der Groschen. Im *Fifteen Magazine* gab es eine Ratgeber-Kolumne: *Frag Kate*. Als ich letzten Sommer einmal bei Kiki übernachtet hatte und sie gerade duschen war, fiel mir zufällig ein E-Mail-Wechsel in die Hände, den sie sich ausgedruckt hatte. Ich hatte wirklich nicht herumschnüffeln wollen – ich wäre damals gar nicht auf die Idee gekommen, wir könnten Geheimnisse voreinander haben.

Liebe Kate,
die Mom meiner besten Freundin ist vor ein paar Monaten gestorben. Und jetzt ist meine Freundin immer nur traurig, und ich weiß nicht, was ich für sie tun kann.
Viele Grüße von einer, die nur helfen will

Hallo, Eine, die nur helfen will,
du hilfst ihr doch schon – deine beste Freundin hat Glück, dass sie dich hat. Sag ihr einfach, du bist immer für sie da, falls sie

mal über ihre Mom reden will. Und wenn dir eine schöne Anekdote zu ihrer Mom in den Sinn kommt, immer raus damit. Keine Angst, dass du sie dadurch nur an ihre Mutter erinnerst – sie denkt sowieso ständig an sie. Ihre Traurigkeit ist ganz normal, und deine Sorge um sie wird ihr sicher eine Menge bedeuten.
Deine Kate

Damals war ich erst mal ziemlich verletzt und beleidigt. Hielt Kiki mich etwa für einen emotionalen Sozialfall?
»Ach Quatsch!«, hatte Kiki gesagt, als ich sie damit konfrontierte.
»Ich dachte halt, sie könnte vielleicht helfen.«
»Mir kann keiner helfen!«, hatte ich erwidert und kurz mit dem Gedanken gespielt, wütend abzudampfen. Aber das tat ich nicht. Kiki zu verlieren konnte ich nicht riskieren.
Mittlerweile waren wir im Park angelangt und hielten auf Bloomingdale's zu. Die Bäume standen da wie nackte Pfähle. Der Entenich war zugefroren, der Himmel geradezu unwirklich blau.
»Und Kate hält da einen Vortrag? Worüber?«, wollte ich wissen.
»Vermutlich über das Pubertäts-Alphabet.«
»Das was?«
»Du weißt schon, angefangen bei A wie Anorexie, über B wie Bulimie, bis hin zu Z wie Zickenkrieg!«. Kiki lachte. »Nicht zu vergessen P.«
»P wie ...?«
»Pickel, Periode und Popularität!« Kiki lachte sich über sich selbst kaputt. »Und noch viel wichtiger: S!«
Ich verdrehte die Augen, aber es war eindeutig, dass Kiki keine Ruhe geben würde, bis ich reagierte. »Schule?«, riet ich also.
»Zum Beispiel, und was noch?«

»Stress?«

»Treffer Nummer zwei. Aber jetzt mal ernsthaft, Sofia. Was ist das wichtigste S von allen?«

Verstohlen sah ich mich um, ob auch niemand in der Nähe war, den wir kannten – keine Jungs, keine Eltern, keine Lehrer. »Sex?«

»Sex!«, wiederholte Kiki lautstark. »Und sämtliche dadurch übertragbare Krankheiten.«

»Uff, ich hoffe, damit verschont sie uns. So was muss ich mir zu Hause schon oft genug anhören.« Kiki wusste, dass mein Dad, der Frauenarzt war, gern spontane Vorträge über Genitalherpes oder ungewollte Schwangerschaften hielt.

Wir kamen an der Eisbahn vorbei, wo ein Mädchen, das sich unsicher an die Hand seiner Mutter klammerte, auf seinen Schlittschuhen dahinwackelte.

»Kate hat eine Tochter«, wusste Kiki zu berichten. »Kannst du dir vorstellen, wie das wäre, wenn deine Mutter eine Kummerkastentante ist?«

»Nein.«

»Sie hält auch einen Vortrag für die Eltern.«

»Die Tochter?«

»Nein, die Mutter!« Kiki starrte mich irritiert an. »Wir sollten meine Mom und deinen Dad überreden, zusammen hinzugehen.« Kikis Vater war vor drei Jahren ausgezogen, und in letzter Zeit machte sie immer wieder Anspielungen, dass wir unsere Eltern miteinander verkuppeln sollten. »Oder erzähl mir wenigstens, ob er kommt, dann kann ich meiner Mom sagen, sie soll sich schön aufbrezeln und ihm einen Platz freihalten!« Sie lachte.

»Hör auf! Deine Mom würde dich umbringen.«

»Oder mir danken. Immerhin ist er ein begehrter Junggeselle. Gynäkologische Betreuung rund um die Uhr!«

»Hör auf«, flehte ich, und sie gab endlich nach. Ich wollte mir meinen Dad nicht als »begehrten Junggesellen« vorstellen. Ich hatte mich schließlich noch nicht mal ganz an »Witwer« gewöhnt. Zwar war mir schon aufgefallen, wie die eine oder andere Frau mit Dad flirtete (darunter auch Kikis Mutter Lan, wann immer wir zu ihr ins Saigon Sun essen gingen), aber ich hatte noch nie erlebt, dass er darauf einging.

Mom hatte Dad immer »Guapo« genannt – Hübscher. Aber er war jetzt fünfzig, und da sollte man doch denken, dass er mit diesem Thema für sich abgeschlossen hatte. Was mir nur recht war. Ich hätte es nicht ertragen, wenn er plötzlich auf Dates gegangen wäre.

»Was willst du eigentlich kaufen?«, wechselte ich das Thema, während wir die Fifth Avenue Richtung Osten überquerten.

»Ich brauche unbedingt neue Jeans«, stöhnte Kiki. »Und du?«

»Vielleicht einen Rock für die Schulparty. Oder einen Pulli?« Doch was ich wirklich brauchte – dringender als jeden neuen Rock oder Pulli –, war Luft zum Atmen. Und das Gefühl, endlich wieder ich selbst zu sein.

Am Sonntag wollte Dad, dass wir den Weihnachtsbaum abschmückten. Es grenzte an ein Wunder, dass wir überhaupt einen aufgestellt hatten, und ich begriff nicht, wieso der Baum so schnell wieder aus der Wohnung verschwinden sollte.

Aber Dad hatte es nun mal gern ordentlich, und Weihnachten bedeutete Chaos.

Ich hatte Weihnachten schon immer gemocht – die Deko, die Schulkonzerte, die Geschenke und Feiern. Es war toll, wenn direkt nach Thanksgiving die kanadischen Holzfäller mit ihren Lkws voller Tannen in die Stadt rollten und die Bürgersteige New Yorks in Miniaturwälder verwandelten.

Mom, Dad und ich hatten immer unser ganz eigenes Ritual gehabt. Jedes Jahr Anfang Dezember suchten wir uns auf dem Broadway einen Baum aus und schleppten ihn nach Hause in die 93. Straße. Dad stellte ihn in den Ständer, Mom goss ihn mit Gingerale, was ihn angeblich länger frisch hält, und ich hängte die erste Kugel hinein. Dann schmückten wir ihn gemeinsam und hörten dabei Weihnachtslieder, von *Jingle Bells* bis *Feliz Navidad*, während Pepper, unser schwarzer Kater, um uns herumflitzte und mit der Tatze nach den niedrig hängenden, mausgroßen Kugeln schlug.

Das war unsere Familientradition. Ich hatte immer gedacht, es würde ewig so weitergehen.

Aber am 7. April war Mom gestorben, und mit ihr ein Teil von mir.

Die erste Zeit ohne sie war einfach an mir vorbeigerauscht. Ständig glaubte ich, sie aus dem Augenwinkel irgendwo zu sehen: wie sie Zwiebeln hackte, Wäsche faltete, in die U-Bahn stieg. Ich konnte es einfach nicht fassen, dass meine Mom tot war – und es trotzdem Frühling wurde. In der Schule waren die meisten Leute übertrieben nett zu mir, manche jedoch gingen auf Abstand, als wüssten sie nicht, was sie zu jemandem sagen sollten, in dessen Familie es einen Todesfall gegeben hatte. Oder als wäre so etwas ansteckend.

Den Sommer, bevor ich in die achte Klasse kam, verbrachte ich bei meinem Abuelo, Moms Vater, in Spanien. Wir gingen viel wandern in den Hügeln vor Segovia. Oft holten wir uns morgens Gebäck in der Nähe des römischen Aquädukts, und er zeigte mir die Störche, die auf den Gebäudedächern nisteten. Oder wir schlenderten am Alcázar vorbei, das aussah wie ein Märchenschloss. An heißen Nachmittagen, wenn mein Großvater ein Nickerchen hielt, schlüpfte ich manchmal in die kühle gotische Kathedrale und versuchte, mir Mom dort als Schulmädchen im Kirchenchor vorzustellen. Fast meinte ich dann, sie singen zu hören.

Anfang September flog ich zurück nach New York und traf mich wieder mit Kiki, Natalie und Madison. Aber der Herbst war lang und düster, und es war, als fielen nicht nur die Blätter von den Bäumen, sondern auch ich immer tiefer in mein Loch. Das Schlimmste war, dass alle – sogar Kiki! – zu denken schienen, ich müsste mich doch langsam wieder erholt haben.

Niemand schien es zu begreifen.

Von so was erholte man sich nicht mal eben. Und nein, ich war nicht depressiv. Sondern *traurig*. Wer wäre das nicht?

Am 21. Dezember wurde ich vierzehn und verlebte meinen ersten unhappy birthday. Darauf folgten alles andere als fröhliche Weihnachten, und jetzt war das neue Jahr angebrochen, und Dad wollte unseren blöden Baum abschmücken, ob ich bereit war oder nicht.

Das war echt ein Tiefschlag. Klar war Weihnachten mies gewesen, aber ich wollte trotzdem nicht, dass es einfach so vorbei war.

Schon komisch. Im Fernsehen sieht man nie Leute ihren Weihnachtsbaum abschmücken. Schmücken natürlich, jedes Jahr auf allen Kanälen. Aber abgenommen wird nichts von der ganzen Pracht. Man kann keine Väter und Töchter beobachten, die Lichterketten und Plastikmistelzweige zurück in die Kartons packen wie in einem falschrum abgespielten Amateurvideo.

Aber ich brachte nicht die Kraft auf, zu protestieren. Also gehorchte ich wohl oder übel und wurde zum Grinch, der Weihnachten stahl. Und was »stahl« ich nicht alles: den Baumschmuck, Abuelos selbst gebaute Holzkrippe, Dads und meine roten Strümpfe. Ich versuchte nicht an den dritten Strumpf zu denken, Moms, der ordentlich zusammengefaltet im Keller lagerte.

Den kahlen Baum legten wir auf ein altes, verschlissenes Bettlaken, schlugen ihn darin ein und zerrten ihn zum Aufzug, um ihn nach draußen zu bringen. Dort warfen wir ihn auf den Haufen anderer weggeworfener Bäume am Straßenrand.

Kaum zurück in der Wohnung, schnappte Dad sich den Staubsauger, und Pepper nahm Reißaus. Mich störte der Krach nicht, denn beim Saugen zumindest stieg noch einmal der Duft von Tannennadeln auf – und damit die Erinnerung an glücklichere Weihnachten.

Ich sah mich prüfend um, damit wir auch ja kein Fitzelchen Deko vergaßen. Und da entdeckte ich die grün-rote Papiergirlande über einem der Fenster. Die hatten Mom und ich zusammen gebastelt, als ich in der ersten Klasse war. Fast spürte ich noch die Plastikschere in der Hand, roch den süßen Klebstoff.

Dad folgte meinem Blick. »Ich nehme sie ab«, bot er an.

»Okay«, sagte ich, überrascht über den Kloß in meinem Hals. Das kam zum Glück nicht mehr so häufig vor. An solche Momente hatte ich mich gewöhnt: die Fotos von uns dreien auf dem Nilpferd-Spielplatz im Riverside Park, am Jones Beach, auf der Plaza Mayor in Madrid. Zuerst hatte ich mich in jedem Bild verloren. Inzwischen konnte ich meistens daran vorbeigehen; hinsehen, ohne etwas zu fühlen.

»Wenn alles verpackt ist«, versprach Dad, »gehen wir irgendwo essen. Wie wär's mit dem Bodrum?«

»Von mir aus«, murmelte ich.

»Wir können über alles reden«, sagte er.

Nein, können wir nicht, dachte ich.

Als ich noch klein war und öfter nicht schlafen konnte, schlich ich immer auf Zehenspitzen ins Schlafzimmer meiner Eltern und stupste meine Mom an. Benommen quälte sie sich aus den Federn und legte sich mit mir in mein Bett. Dann flüsterte sie: »*Qué sueñes con los angelitos*«, wie man in Spanien sagt – Träum von den Engelchen. Und irgendwann schliefen wir beide unter dem rosa Baldachin meines Himmelbetts ein.

Es kam mir vor, als wäre das ewig her. Und gleichzeitig, als wäre es gestern gewesen.

Mom hatte Spanisch an der Halsey-Mädchenschule unterrichtet, und wenn ich in den letzten fünf Monaten ohne sie nicht schlafen konnte, weckte ich nicht Dad, sondern blieb liegen und lauschte darauf, wie Mrs Morris, die Informatiklehrerin aus Apartment 6 C, über uns auf und ab tigerte. Manchmal störte mich das Klacken ihrer Absätze. In anderen Nächten fand ich es fast tröstlich.

Ich versuchte wieder einzuschlafen, aber wenn man sich dafür anstrengen muss, klappt es sowieso nicht.

Seit Neustem stand ich in schlaflosen Nächten einfach auf und suchte nach Pepper. Ich setzte mich mit ihm ans kalte Fenster vor die zischelnde Heizung und guckte auf die Gebäude gegenüber, hinter deren Fenstern teils noch Licht brannte und geschmückte Bäume funkelten. Oder schaute mir Fotos von Mom an und fragte mich, ob sie mich wohl auch sehen konnte. Manchmal war ich schwer in Versuchung, Abuelo anzurufen, denn in Spanien war es schon früher Morgen. Aber ich wollte ihm keine Angst einjagen. Im Sommer hatte er mir gebeichtet, dass er jetzt jedes Mal einen Schreck bekam, wenn zu einer ungewöhnlichen Zeit das Telefon klingelte.

Ich war es, die ihm von Moms Aneurysma hatte berichten müssen. Dabei hatte ich dieses Wort bis zum 7. April noch nie auch nur gehört. Brustkrebs, Herzinfarkt, Autounfall: Solche Wörter konnten einem Angst machen. Aber Aneurysma? Intrazerebrale Blutung? Das waren allerhöchstens Aufgaben für Buchstabierwettbewerbe, aber keine Arten zu sterben.

Dad hatte mich gebeten, Abuelo anzurufen, weil er so gut wie kein Spanisch sprach, aber auch, weil er fand: »Silvio sollte jetzt deine Stimme hören.« Also hatte ich ihm die traurige Nachricht überbracht und damit das Herz gebrochen.

»*Abuelito, tengo noticias terribles ...*«

Wenn ich, wie so oft, daran zurückdachte, war ich froh, dass Abuelo wenigstens nicht gesehen hatte, was ich hatte sehen müssen.

Ich war allein gewesen, als ich Mom gefunden hatte. Ich hatte die Tür aufgeschlossen, meinen Rucksack auf den Boden geworfen und »Bin zu Hause!« gerufen. In der Wohnung war es mucksmäuschenstill, und es roch nicht wie sonst nach in der Pfanne schmorenden Zwiebeln. Normalerweise sagte Mom mir Bescheid, wenn sie eine Lehrerkonferenz hatte, darum überraschte es mich, dass anscheinend niemand da war. Doch das erschrockene Kribbeln setzte erst ein, als ich ins Wohnzimmer kam und ihren Hinterkopf in einem seltsamen Winkel über die Sofalehne ragen sah.

»Mamá?«, fragte ich.

»*Mamá?*« Das Kribbeln wurde zu Panik.

»MOM!« Beim Näherkommen erkannte ich, dass meine Mutter seitlich zusammengesackt war. Zuerst stand ich bloß da, genauso reglos wie sie. Dann schob ich ihr dunkles Haar zurück. Sie blieb still liegen, und ich sah ihr bleiches, ausdrucksloses Gesicht, die offenen Augen.

»Nein!«, schrie ich. »Nein!« Ich versuchte, sie an mich zu ziehen, aber ihr Arm war schlaff und tonnenschwer. »Nein!« Ich konnte nicht aufhören zu schreien.

Ich rief Dad an und erklärte ihm schluchzend, was passiert war. »Das kann nicht sein!«, erwiderte er. Er ließ mich nachprüfen, ob sie wirklich nicht atmete, keinen Puls mehr hatte. Erst dann fing er an zu weinen. Er sagte, er würde den Notarzt rufen und so schnell wie möglich nach Hause kommen.

Pepper starrte mich aus großen Augen an, und ich wollte ihn an mich drücken, während ich Mrs Russell anrief, die zwei Stockwerke unter uns wohnte. Aber er strampelte sich frei und zerkratzte mir dabei den Arm. Ich war froh, dass Mrs Russell auf dem Weg war, aber gleichzeitig auch nicht. Wenn niemand sonst meine Mutter so sah, blieb das alles vielleicht einfach ein grauenhaftes Missverständnis. Mrs Russell kam, dann Dad, und dann immer mehr und mehr Leute. Es war kein Missverständnis.

An diesem Abend schlug ich nach, was Aneurysma auf Spanisch hieß – so ziemlich dasselbe: *aneurisma* –, und rief meinen Großvater an. Ich erklärte ihm, dass Moms Gesicht friedlich gewirkt habe, was wirklich stimmte. Nach einer langen Weile sagte er: »*Una muerte dulce*« – ein süßer Tod.

Natürlich war uns beiden klar, dass absolut nichts Süßes daran war, wenn man mit zweiundvierzig starb.

Was ich Abuelo nicht erzählte, war, wie steif und kalt Moms Leiche gewesen war, als sie sie wegbrachten. Ich wünschte, es wäre mir nicht aufgefallen.

Zwei Tage vor dem Frag-Kate-Vortrag an der Halsey überreichte Kiki mir einen Stapel alter Ausgaben der *Fifteen*, in denen sie die Kolumne markiert hatte. »Lesen«, kommandierte sie.

»Was? Jetzt gibst du mir schon Hausaufgaben?«

»Jepp.« Kiki öffnete meinen Kleiderschrank, griff hinein und zog den Rock hervor, den ich bei Bloomingdale's gekauft hatte. »Darf ich mir den ausborgen?«, fragte sie, und ich zuckte mit den Schultern. Klar durfte sie. Dann fiel ihr Blick auf den Schrankboden. »Oh Gott!«, rief sie. »Da ist ja dein altes Puppenhaus!« Sie hob die hölzernen Mutter- und Vaterfigürchen hoch. »Die sind viel kleiner, als ich sie in Erinnerung hatte!«

Früher hatten wir uns stundenlang mit diesem Puppenhaus beschäftigt. Abuelo hatte es gebaut und mir zum fünften Geburtstag geschenkt. Als wir zum ersten Mal damit spielten, quetschten wir die gesamten Möbel – Tische, Stühle, Betten, Schränke – und Puppen in die oberste Etage. Mom ermutigte uns, uns ruhig ein bisschen auszubreiten, aber Kiki und ich kannten eben nur Wohnungen, keine ganzen Häuser, und sich derart auszubreiten kam uns unnormal vor. Wir konnten uns nicht vorstellen, dass eine einzige Familie *zwei* komplette Stockwerke einnehmen sollte.

»Wie geht es eigentlich deinem Großvater?«, erkundigte Kiki sich, während sie meinen Rock anprobierte und sich kritisch im Spiegel betrachtete.

»Ganz gut. Er kommt uns im März besuchen.«

»Cool.« Sie verriet mir, dass sie mit Derek verabredet war, aber ihrer Mom erzählt hatte, sie sei bei mir. »Nicht, dass sie anrufen würde oder so.« Derek war Kikis neuster Freund, und ich versprach ihr, sie zu decken, wenn nötig. Dann verschwand sie. Ihre Jeans und die Zeitschriften ließ sie bei mir.

Ich machte mir einen Kakao, schnappte mir Pepper und die *Fifteens* und las mir eine Kolumne nach der anderen durch. Kates Ratschläge gefielen mir, vor allem, weil sie nie schrieb »Rede doch mal mit deiner Mom darüber«. Ihr schien klar zu sein, dass Eltern im Plural nichts Selbstverständliches waren.

Februar

»Ich muss einfach wissen, woher sie die Ohrringe hat«, raunte Kiki. »Und wie cool sind denn bitte diese Stiefel?«

Kiki hatte Natalie, Madison und mir Plätze in der vierten Reihe freigehalten und umklammerte aufgeregt ihr zerlesenes *Handbuch für Mädchen*, als unsere Direktorin Mrs Milliman Kate vorstellte. Die Kolumnistin hatte jeansblaue Augen und rötlich blondes, schulterlanges Haar. Ich fragte mich, ob sie uns wohl raten würde, an uns selbst zu glauben, unsere wahre Leidenschaft zu finden und unseren Traum zu leben.

Nein. Stattdessen fing sie so an: »Ich halte oft Vorträge an Schulen, aber ich will ehrlich sein – reine Mädchenschulen wie diese sind mir am liebsten. Warum? Weil ich dann direkt ans Eingemachte gehen kann: BHs, die Periode, Cliquen und süße Jungs, darüber wollen wir doch alle reden.«

Kiki stieß mich mit dem Ellbogen an, als wollte sie sagen: *Na? Hab ich zu viel versprochen?*

»Ich weiß, ihr habt mit der Schule schon genug um die Ohren, aber jetzt ist eben auch die Zeit, in der ihr euch in euren Körpern einlebt. Also ich war ja nicht nur eine totale Spätzünderin, sondern auch Miss Bügelbrett persönlich – an Letzterem hat sich bis heute nicht viel geändert!« Kate deutete lachend an sich herunter, und das Publikum stimmte ein. »Früher hat mir das echt zu schaffen gemacht, aber heute nicht mehr. Irgendwann erwischt die Pubertät uns schließlich alle. Und ein großer Busen ist zwar nett, aber ein kleiner oder ein mittlerer ganz genauso.«

Mein Lateinlehrer, Mr Conklin, lächelte, und ich merkte, wie ich rot anlief. Obwohl Mom ebenfalls hier gearbeitet hatte, hatte ich die anderen Lehrerinnen an der Halsey nie als Frauen mit Körpern gesehen. Und was die männlichen Lehrkräfte anging, hätte Mrs Milliman sie gern bitten können, diese Schulversammlung doch lieber mal auszulassen.

»Das durchschnittliche amerikanische Mädchen bekommt seine Periode mit zwölfeinhalb Jahren«, fuhr Kate fort. »Aber das ist, wie gesagt, nur der Durchschnitt, bei vielen fängt es früher oder später an. Ich war erst mit fünfzehn so weit.«

Bei Kiki und Natalie war es letzten Winter losgegangen, bei mir erst diesen Herbst, und von regelmäßig konnte keine Rede sein. Mir war schon klar, dass ich meinen Vater hätte fragen können (schließlich war er vom Fach), aber es war alles so viel leichter gewesen, als ich noch mit Mom über solche Sachen reden konnte.

Ob dreizehn wohl das schlimmstmögliche Alter war, um seine Mutter zu verlieren? Konnte sein. Aber ein gutes Alter gab es dafür wohl sowieso nicht.

»Reden wir über Tampons«, sagte Kate fröhlich. »Für einige von euch sind sie das Normalste der Welt. Andere wiederum denken sicher: Bleib mir bloß weg mit den Dingern.« Ich sah mich um. Ein paar Mädchen kicherten, aber alle lauschten gebannt. »Wenn ihr Schwierigkeiten damit habt, dann holt euch für den Anfang doch welche mit Applikator, das sind diese Schieberöhrchen. Tupft ein bisschen Vaseline auf die Spitze und entspannt euch erst mal. Tief durchatmen und dann startet ihr den ersten Versuch, aber bitte wirklich nur, wenn ihr eure Tage habt – zwischendurch üben ist tabu!«

Auch Madison, die eben noch ihre langen blonden Haare auf Spliss untersucht hatte, beugte sich nun interessiert vor. »Wenn ihr erst mal Profis seid, könnt ihr den Applikator weglassen, das verursacht auch weniger Müll.« Natalie nickte.

»Manche Mädchen berichten mir, sie wüssten nicht, wo genau der Tampon hingehört.« Kate zog eine Augenbraue hoch. »Meine Damen, da unten befinden sich drei Löcher. Un, deux, trois. Eins für Pipi, eins für Kacka, und in der Mitte die Vagina. Wenn ihr euch nicht sicher seid, nehmt einen Spiegel zu Hilfe.«

Alle fingen an zu lachen, und die Lehrer zischten mahnend. Ich sah rüber zu Mrs Milliman – ob sie jetzt aufspringen und Kate von der Bühne zerren würde? Aber sie blieb sitzen, als hätten wir hier andauernd Gastredner, die »Pipi«, »Kacka« und »Vagina« ins Mikrofon sagten.

»Mir ist schon klar, dass das alles total intime Themen sind«, fügte Kate hinzu. »Aber ich kriege jede Menge Mails von Mädchen, darum weiß ich, was euch so umtreibt. Ich lese euch gleich mal ein paar Briefe vor – natürlich ohne Namen. Wenn ihr mir schreiben wollt, meine Mailadresse lautet: fragkate@fifteen.com. Fasst euch kurz, dann antworte ich auch.«

Ich fragte mich, was für Mädchen das wohl waren, die ihr tatsächlich schrieben, und dann fiel es mir wieder ein: Kiki zum Beispiel.

Kate hatte Briefe zu allen möglichen Themen dabei, von Amokläufen an Schulen bis hin zu transsexuellen Teenagern. Dann durften wir Fragen stellen. Eine Sechstklässlerin mit glitzernd grün lackierten Fingernägeln fragte: »Ist es in Ordnung, wenn man total besessen von Jungs ist?«

Kate antwortete: »Besessenheit ist nie ideal.«

Madison wollte wissen, wie viele E-Mails Kate pro Woche erhielt.

»Jede Menge«, sagte Kate, »und vor dem Valentinstag werden es noch mal doppelt so viele. Da komme ich kaum noch hinterher.«

Eine aus der Siebten fragte, woher die Post denn so kam.

»Kein Ahnung.« Kate zuckte mit den Schultern. »Briefe haben ja einen Absender, aber Mails sind meist anonym. Das Alter eines Mädchens kann ich zwar noch ganz gut schätzen, aber nicht den Wohnort. Namen wie Sexibabi, Iluvcandy oder Crazylady – das kann überall herkommen.« Sie lächelte. »Apropos: Wenn ihr euch mal irgendwo bewerbt, legt euch bitte vorher eine seriöse Mailadresse zu! HotChica666 kommt weder bei Arbeitgebern noch bei Collegeverwaltungen gut an.«

Plötzlich meldete sich Natalie, die die ganze Zeit eine Haarsträhne zwischen den Fingern gezwirbelt hatte, und fragte Kate, ob sie vielleicht einen Tipp für den Valentinstag hätte.

»Ich hab sogar vier«, erwiderte Kate und zählte an den Fingern ab. »Eins: Verknallt euch nicht Knall auf Fall. Zwei: Vor *Freund* kommt Freundschaft. Drei: Das Leben besteht nicht nur aus Liebe. Und vier: Amor kann manchmal ein Arschloch sein, also hört nicht nur auf euer Herz, sondern auch auf euer Hirn. Hilft das schon mal?«

»Ja«, beteuerte Natalie.

Kate beendete ihren Vortrag mit den Worten: »Falls ihr keinen Valentinsschatz habt, macht euch nur ja keinen Stress. Da geht's euch nämlich wie den allermeisten, also seid ihr in bester Gesellschaft! Und falls doch, überstürzt nichts – Hals über Kopf endet meist mit einer Bauchlandung. Nehmt ein bisschen den Turbo raus, ihr seid noch so jung. Hirn einschalten, Höschen anbehalten!«

Das Publikum brach in Gelächter aus, und Mrs Milliman enterte die Bühne. »Leider läuft uns langsam die Zeit davon, wie schade! Vielen Dank, Sie haben uns allen viel Stoff zum Nachdenken gegeben.«

Kiki sprang auf, ihr eselsohriges *Handbuch für Mädchen* unter den Arm geklemmt, und sagte: »So, Leute, mitkommen.«

»Ich muss noch meine Bio-Hausaufgaben zu Ende machen«, sagte Natalie.

»Und ich muss mein Geschichtsbuch holen«, schloss Madison sich an.

Kiki sah mich streng an. »Sofia, keine faulen Ausreden jetzt.«

»Geh doch einfach allein. Sag bloß, du traust dich nicht!«

»Och, bittebittebitte! Bevor die Schlange noch länger wird.«

Also folgte ich Kiki zur Bühne und ärgerte mich über mich selbst, weil ich mich mal wieder von ihr mitschleifen ließ. Hatte ich in dieser Aula tatsächlich mal Musical-Songs geschmettert? Kaum zu glauben.

Die Schlange bewegte sich nur schleppend voran. Als Kiki an der Reihe war, bat sie Kate, ihr Buch zu signieren, und schwärmte: »Das hier ist meine Bibel. Ich kann es streckenweise sogar auswendig!«

Kate lächelte herzlich und fragte, für wen die Widmung sein sollte.

»K-I-K-I«, buchstabierte Kiki. »Und Ihre Kolumne finde ich auch super!«

»Danke.«

»Und Ihre Ohrringe!« Kiki war hin und weg.

Kate fasste sich ans Ohrläppchen. »Die gehören meiner Tochter. Sie ist sozusagen meine persönliche Stylistin.« Sie sah uns an. »Ich weiß gar nicht, wie Mütter ohne Töchter es schaffen, sich einigermaßen trendig anzuziehen!«

»Sie ist sicher glücklich, dass sie so eine coole Mom hat«, sagte Kiki.

Kate schüttelte den Kopf. »Na ja, ich weiß nicht. Oft findet sie, dass ich gar nichts kapiere, so wie das wohl die meisten Mädchen über ihre Mütter denken.« Sie gab Kiki das Buch zurück. »Kommen eure Eltern auch heute Abend? Mein nächster Vortrag ist um sechs. Mit etwas anderem Inhalt natürlich.«

»Meine Mom auf jeden Fall. Und ihr Dad« – Kiki deutete auf mich – »vielleicht.«

Ich spürte, wie meine Wangen wieder heiß wurden, und durchforstete mein Hirn fieberhaft nach Worten. Egal, was. *Mach den Mund auf, Sofia!*

Aber nein. Fehlanzeige. Stumm wie ein Fisch stand ich da. Aber was hätte ich auch fragen sollen? Für meine Situation gab es keine praktischen Tipps.

»Darf ich vielleicht ein Foto machen?«, wollte Kiki wissen.

»Klar«, sagte Kate, und Kiki schoss ein paar Selfies mit ihr.

Schließlich bedankte sich Kiki bei Kate dafür, dass sie an unsere Schule gekommen war, während ich nur ein bisschen mit den Fingern wackelte wie ein Baby, das zum Abschied schon Winkewinke machen, aber noch nicht sprechen kann. Todpeinlich! Ob Kate diese Wirkung auch auf andere Mädchen hatte? Dass sie entweder gar nicht mehr aufhören konnten zu quasseln oder kein Wort rauskriegten?

Pepper kam mir schon an der Tür entgegen und strich mir zur Begrüßung um die Beine. Mom hatte ihn immer »Pepito« genannt. Wir hatten ihn vor drei Jahren aus dem Tierheim geholt, und wenn er sich nicht mal wieder wie ein Angsthase vor irgendetwas verkroch, folgte er mir wie ein Hündchen.

Nachts schlief er allerdings nicht bei mir, sondern rollte sich auf dem Teppich vor der Heizung im Schlafzimmer meiner Eltern – meines *Dads* – zusammen. Echt schade, denn gerade dann hätte ich so ein warmes, schnurrendes Wesen gut gebrauchen können. Meine alten Kuscheltiere Panther, Tigger und Schildi spendeten irgendwie nicht mehr so viel Trost wie früher.

Ich warf einen Blick in den Kühlschrank: Milch, Brot, Saft, ein

Karton Sesamnudeln vom China-Imbiss und zwei Plastikschälchen mit Hummus und Baba Ghanoush.

Was hatte ich mir denn erhofft? Ein bisschen Paella oder Tortilla española, das spanische Kartoffelomelett, das Mom mal eben schnell aus dem Ärmel schütteln konnte? Wann hatten Dad und ich überhaupt zum letzten Mal Manchegokäse mit Dulce de membrillo gegessen, der Quittenpaste, die Mom und ich so gern mochten?

Pepper sprang auf die Arbeitsplatte und tappte zur Spüle. Ich brachte es nicht übers Herz, ihn auszuschimpfen, als er sich hinsetzte und mich aus seinen großen grünen Augen hoffnungsvoll ansah. Also öffnete ich den Hahn gerade so weit, dass ein dünnes Rinnsal herausperlte. Pepper legte den Kopf schief und schlappte das Wasser mit seiner flinken rosa Zunge auf.

Wenn Dad zu Hause war, benahm unser Kater sich ganz anders. Dann lümmelte er weder an der Spüle herum, noch sprang er auf die Arbeitsplatte oder Tische. Aber nach der Schule waren wir zwei ja unter uns.

Ich rief Dad an.

»Hallo, mein kleiner Cupcake. Wie war's in der Schule?«

»Ich hab achtundneunzig Punkte im Spanischtest.«

»Wieso denn nicht hundert?«

»Wie wär's mit ›Super, weiter so!‹?«

»Super, weiter so! Aber wo sind die zwei Punkte abgeblieben? Du sprichst ja wohl besser Spanisch als die neue Lehrerin.« Die neue Lehrerin, die als Moms Ersatz eingestellt worden war.

Ich erzählte, dass ich einen Akzent auf einem E vergessen hatte, und fragte dann, wann er nach Hause käme.

»Gegen sechs.«

»Willst du denn nicht zu dem Vortrag? ›Ihr kleines Mädchen wird erwachsen – Geheimnisse der weiblichen Pubertät‹?«

»Weiß ich denn nicht schon genug über die weibliche Pubertät?«

»Die Frau war heute schon bei der Schulversammlung. Richtig gut.« Ich fragte mich, worüber Kate wohl mit den Eltern reden würde. Mit Sicherheit nicht über die Tücken von Tampons.

»Aber wenn ich da hingehe«, entgegnete Dad, »was machst du denn dann heute Abend?«

Kurz war ich versucht, mit *eine wilde Party schmeißen* zu antworten, aber dann sagte ich nur: »Ich bestelle mir was zu essen.«

»Na schön. Dann sehen wir uns später.«

»Okay. Hab dich lieb.«

»Ich dich auch.«

Seit April sagten wir das am Ende jedes Telefonats. Ich wusste gar nicht mehr, wer damit angefangen hatte – wahrscheinlich Dad. Zuerst war es mir ein bisschen unangenehm gewesen, so was vor meinen Freundinnen ins Handy zu murmeln. Aber es nicht zu sagen, fühlte sich viel mieser an.

Mom und ich hatten immer »*Te quiero*« zueinander gesagt, wenn auch nicht am Telefon, sondern meistens abends beim Schlafengehen, wenn sie mich zudeckte.

Ich bestellte mir bei Miyako Teigtäschchen und Avocadomaki, und Pepper leistete mir Gesellschaft. Anfangs, als beim Essen ein Stuhl leer blieb, war Pepper manchmal daraufgesprungen und hatte mit seinen runden Eulenaugen über den Tisch gespäht. Dad hatte es kaum über sich gebracht, ihn herunterzuscheuchen. Ihm war klar, dass Pepper genauso verwirrt und liebebedürftig war wie wir.

Kiki rief an. »Kommt dein Dad jetzt zu der Veranstaltung?«

»Ja.«

»Gut, meine Mom hat nämlich gerade Parfüm aufgelegt.« Sie lachte aufgekratzt. »Und ich gehe auch noch mal mit!«

»Oh Mann, Kiki, wir haben ihren Vortrag doch gerade erst gehört. Und draußen herrschen Temperaturen wie in der Arktis!«

»Mich interessiert aber, was Kate den Eltern erzählt. Schließlich will ich auch mal so werden wie sie. Ich hole dich in fünf Minuten ab.«

»Auf keinen Fall! Wir dürfen da sowieso nicht rein.«

»Auf *jeden* Fall. Wir verstecken uns einfach auf der Empore.«

»Ich muss Hausaufgaben machen«, protestierte ich. *Außerdem will ich keinen Ärger kriegen – geschweige denn mit ansehen müssen, wie deine Mom meinen Dad anbaggert.*

»Dann nimm deine geliebten Hausaufgaben halt mit!«

Ich knickte ein. »Du übst einen ganz miserablen Einfluss auf mich aus, ist dir das eigentlich klar?«

»Jepp«, erwiderte sie stolz.

Für den Fall, dass Dad vor mir nach Hause kam, kritzelte ich schnell *Bin kurz in der Bibliothek, gleich wieder da* auf einen Zettel, dann zog ich Mantel und Schal an und nahm den Aufzug runter in die Lobby, wo Kiki schon wartete. Gemeinsam huschten wir über die Straße zur Schule.

Inez vom Sicherheitsdienst hielt uns auf. »Reichlich spät, Mädels.« Sie deutete auf die Wanduhr, wobei ihre goldenen Armreifen bis zum Ellbogen rutschten. Ich bemühte mich, nicht auf ihren neuen Nasenring zu starren.

»Ich brauche mein Englischbuch aus meinem Spind«, log Kiki. »Wir schreiben morgen eine total gemeine Klausur.«

Bildete ich mir das nur ein, oder veränderte sich Inez' Gesichtsausdruck, als ihr Blick auf mich fiel? Das war etwas, was ich an der Halsey nur zu oft erlebte. Dachte auch sie: *Ach, da ist ja Señora Wolfs Tochter, das arme Ding?* Vor Moms Tod hatten alle ständig zu mir gesagt, ich sähe aus wie sie. Jetzt sagte das keiner mehr, aber jeder schien es zu denken.

»Inez, du bist unsere letzte Rettung!«, flehte Kiki.

»Na schön, aber macht flott.«

Wir liefen um die Ecke, vorbei an ein paar Motivationspostern *(Nicht meckern, einfach machen!, Selbst Einstein wusste nicht alles – also frag nach!)* und flitzten die Hintertreppe hoch auf die leere Empore. Dort hockten wir uns auf den Boden und spähten über die Brüstung. Dad saß links, in der sechsten Reihe. Und direkt neben ihm schlüpfte gerade Lan aus ihrem weichen Pelzmantel und machte es sich bequem.

Mrs Milliman tippte mit dem Finger ans Mikrofon. »Guten Abend, liebe Eltern. Unser heutiger Gast hat eine Beratungskolumne in einem Jugendmagazin und ist außerdem die Autorin des Bestsellers *Handbuch für Mädchen*, der in unzählige Sprachen übersetzt worden ist, von Koreanisch bis Kroatisch. Heute Nachmittag hat sie bereits Ihre Töchter begeistert, und ich bin mir ganz sicher, Sie werden sie ebenso enthusiastisch empfangen. Ich bitte um einen freundlichen Applaus für Katherine Baird.«

Ich duckte mich hinter Kiki, als Kate die Bühne betrat.

»Komisch, ihren vollen Namen zu hören, oder?«, wisperte Kiki.

Kate dankte allen für ihr Kommen und sagte dann: »Es sind immer die besonders guten Eltern, die an diesen Abendveranstaltungen teilnehmen. Wer von Ihnen hat denn eine elfjährige Tochter? Eine zwölfjährige? Dreizehn? Vierzehn? Fünfzehn? Sechzehn?« Bei sechzehn hob sie selbst die Hand.

Kiki wandte den Blick kaum von ihrer Mom und meinem Dad. »Wenn die beiden heiraten würden, wären wir Schwestern«, flüsterte sie.

»Pssst!«, machte ich und musste mich zusammenreißen, um nicht wütend zu werden. Natürlich verstand ich sie, aber verstand sie auch mich?

»Ich schreibe schon für Teenager, seit ich selbst einer war«, erzählte Kate. »Als ich anfing, hießen süße Typen noch coole Macker, Flip-Flops noch Zehentrenner und Istanbul noch Konstantinopel. Können Sie sich erinnern?« Leises Gelächter. »Seitdem hat sich eine Menge verändert, aber vieles ist auch beim Alten geblieben, und der beste Weg, zu erfahren, was in Ihren Kindern vorgeht, ist immer noch, mit ihnen zu reden und ihnen zuzuhören. Also führen Sie nicht bloß *das* Gespräch mit ihnen, sondern eine fortlaufende Unterhaltung.«

Eine Mutter hob die Hand. »Aber was genau sollen wir ihnen denn zum Thema Sex sagen?«

»Wessen Mutter ist das?«, flüsterte Kiki mit weit aufgerissenen Augen.

»Am Ende beantworte ich alle Ihre Fragen«, versprach Kate. »Aber schon mal vorweg, was ich den Mädchen immer rate: ›Macht langsam! Sex kann man nicht zurücknehmen.‹ Bei *älteren* Teenies füge ich immer hinzu: ›Gib erst Gummi, dann Gas. Ohne Ballon keine Party.‹«

Kiki grinste, und kurz darauf fiel auch bei mir der Groschen.

»Junge Leute brauchen Informationen«, erklärte Kate. »Einfach nur ›Sag Nein‹ bringt nichts. Eher ›Ich sag dir alles, was du wissen musst, und dann entscheidest du selbst, ob du besser Nein sagst‹.«

Ein paar Eltern nickten. »Und den Mädchen muss klar sein, wo sie Grenzen setzen sollten. Denn sosehr unsere Gesellschaft sich auch wandelt, Sex ist immer noch ein großes Thema. Er hat Konsequenzen, und über die sollten sich Männlein wie Weiblein aller Altersgruppen stets bewusst sein.«

Ich sah runter zu meinem Dad und Kikis Mom und wünschte, ich hätte mich von Kiki nicht mit hierher zerren lassen. Sex? Ich kriegte ja kaum mal einen Jungen dazu, mir zurückzuschreiben. Auch Kiki war noch Jungfrau, aber sie hatte mit mehreren Typen, ihr aktueller Freund Derek mit eingeschlossen, »mehr als bloß geknutscht«, wie sie sich ausdrückte.

Eine halbe Stunde später kam Kate zum Schluss. »Einmal blinzeln, und Ihre Töchter sind erwachsen. Meine eigene ist schon mit einem Bein aus der Tür«, fügte sie wehmütig hinzu. »Ich kann nur immer wieder an Sie appellieren, das Privileg der Elternschaft zu genießen, so lange Sie können. Denken Sie daran: Ihre Aufgabe ist es, Ihren Kindern ein sicheres Nest zu bieten, und die Aufgabe Ihrer Kinder ist es, flügge zu werden. Zum Ende will ich Ihnen noch ein Zitat von Christopher Morley auf den Weg geben: »Mit unseren Kindern hatten wir wirklich Pech. Sie sind alle erwachsen geworden.«

Ein Mann lachte. Dad? Keine Ahnung. Ich hatte ihn schon so lange nicht mehr lachen hören.

Die Eltern applaudierten, und Mrs Milliman verkündete: »Wer ein *Handbuch für Mädchen* kaufen möchte, kann sich hier an der Bühne anstellen. Und bitte möglichst passend zahlen.«

»Okay, lass uns abhauen!«, sagte Kiki. »Ich muss vor meiner Mom wieder zu Hause sein.«

»Komme schon!« Wieder mal wünschte ich mir, wir hätten Tarnumhänge wie Harry Potter.

Wir schlichen die Treppe runter, rasten an Inez vorbei, die Kiki skeptisch beäugte, und blieben vor meiner Haustür stehen. Kiki konnte gar nicht aufhören zu kichern, während meine Fingerspitzen langsam vor Kälte zu kribbeln begannen.

»Und, willst du immer noch so werden wie Kate?«, erkundigte ich mich.

»Absolut! In der Oberschule fange ich mit meiner eigenen Kolumne an: *Kiki hilft*.«

»Super Idee!«

»Und, was soll ich meiner Mom jetzt für Tipps wegen deinem Dad geben?«

Dass sie die Finger von ihm lassen soll, dachte ich, sagte jedoch: »Kiki, es ist noch nicht mal ein Jahr her!«

Kiki nickte und flitzte los zur Ecke Amsterdam Avenue und 101. Straße.

Wieder oben in der Wohnung angelangt, riss ich als Erstes meinen Zettel an Dad in kleine Fetzen. Nach zwanzig Minuten fing ich an, mich zu fragen, warum er so lange brauchte. Früher war es immer Mom gewesen, die sich bei Halsey-Veranstaltungen öfter verquatscht hatte, nie Dad.

Besonders das Singen im Eltern-Lehrer-Chor hatte ihr Spaß gemacht, und nach den Proben waren sie alle zusammen ausgegangen. Die Leute hatten immer gesagt, Mom habe so eine schöne Stimme.

Über mich sagten sie das auch – aber meine Stimme hatte schon lange niemand mehr zu hören bekommen. Beim Frühlingsfest im letzten Jahr war ich nicht dabei gewesen, und aus dem Chor war ich ausgetreten. Im Herbst hatte ich mich, anstatt für die Hauptrolle in *The Pajama Game* vorzusingen, freiwillig als Kulissenmalerin gemeldet. Auch beim Adventskonzert und dem Weihnachtssingen hatte ich nicht mitgemacht, zum ersten Mal seit der Grundschule.

Als endlich ein Schlüssel an der Tür klimperte, raste Pepper los, um Dad zu begrüßen.

»Und, wie war's?«, rief ich ihm bemüht beiläufig aus der Küche zu.

»Ganz toll.«

Toll? »Hast du Kikis Mom gesehen?«

»Die saß neben mir.«

Fast hätte ich erwidert: *Beinahe auf deinem Schoß, meinst du wohl!*

»Sie geizt nicht gerade mit Parfüm«, merkte er an. »Und sie hat mir erklärt, dass Lan auf Vietnamesisch ›Orchidee‹ bedeutet.«

»Aber hübsch ist sie, findest du nicht?«, fragte ich, gespannt auf seine Reaktion.

»Allerdings«, stimmte er zu. »Guck mal, ich hab dir ein *Handbuch für Mädchen* gekauft. Sogar signiert, deswegen hat es so lange gedauert. Und dann kam noch ein Auto mit einer leeren Batterie dazwischen, also habe ich Starthilfe gegeben und –«

Aus Furcht, er könnte doch noch über Lans liebliche Lippen reden wollen, unterbrach ich ihn. »Ich hab was zu essen bestellt.«

»Gut, was gibt's denn? Ich bin am Verhungern.«

»Sushi.«

»Sushi? An einem so eisigen Abend bestellst du Sushi?«

»Tut mir leid, ich –«

»Nein, nein, schon in Ordnung«, ruderte er zurück, offenkundig darauf bedacht, mich nicht zu kritisieren. Wir behandelten einander noch immer wie rohe Eier, die jeden Moment zerbrechen konnten. »Sushi ist prima. Hast du auch an Gyoza gedacht? Und Negimaki?«

Ich nickte. »Ja und ja.«

»Na, dann kann die Schlemmerei ja beginnen.«

»Ich hab schon gegessen. Ist es okay, wenn ich weiter Hausaufgaben mache?« Ich war nicht in der Stimmung für ein gemütliches Vater-Tochter-Dinner, geschweige denn eine »fortlaufende Unterhaltung«. Und es wäre einfach zu riskant, wenn Dad von Kates Vortrag hätte erzählen wollen, von dem ich schließlich jedes Wort mitgehört hatte.

»Aber die Gastrednerin hat gerade noch betont, wie wichtig gemeinsames Essen –«

»Dad, ich muss echt superviel lesen.«

Schweigend zuckte er mit den Schultern.

So schnell hätte Mom sich nie geschlagen gegeben. Außerdem wäre ihr meine schuldbewusste Miene aufgefallen, woraufhin sie mich sofort ins Kreuzverhör genommen hätte: »*Hija, ¿qué te pasa?*«

»Sind wir eigentlich oberflächlich – so ganz tief innen drin, meine ich?«, fragte ich Kiki, als wir in der Woche darauf Seite an Seite vor ihrem Spiegel standen und uns kritisch musterten. Ich trug meinen neuen rosa Pullover zu einem passenden Rock und Kiki ein lila Häkelkleid. Wir waren gerade dabei, uns für die Valentinsparty fertig zu machen, auf der wir alle mit unserer natürlichen Schönheit umhauen wollten – was *unnatürlich* viel Aufwand erforderte. Wir hatten uns die Nägel lackiert, die Haare geföhnt und Lipgloss, Rouge und Lidschatten aufgetragen.

Kiki lachte. »Nee. Tief innen drin sind wir total tiefsinnig.«

»Früher hab ich mich immer so auf den Valentinstag gefreut«, sagte ich. »Weißt du noch, mein rotes Haarband?«

»Wie könnte ich das vergessen? In der zweiten Klasse hattest du das jeden Tag an.«

Kurz überlegte ich, ob ich beleidigt sein sollte, entschied mich jedoch dagegen. »Und weißt du noch, als Mrs Jenkins damals diese großen roten Herzen auf Tortenspitze geklebt und an die Wand gehängt hat? Darauf hat sie dann in Schönschrift unsere Namen geschrieben –«

»Und wir saßen alle im Schneidersitz auf dem Boden«, sagte Kiki, »und haben ihr zu jedem Buchstaben in unseren Namen Wörter zugerufen.«

»Meine waren *süß, offen, fantasievoll, interessant* und *artig*. *Interessant* wahrscheinlich wegen *hablo español*.«

»Und meine *kreativ, inspirierend, kameradschaftlich* und *intelligent*. Voll komplizierte Wörter! Da war ich stolz wie Oskar.«

»Jetzt beachten die Lehrer den vierzehnten Februar fast gar nicht mehr. Na ja, wenigstens ist heute Abend die Party.«

»Genau, darum beeil dich mal! Das wird so toll!«

»Für dich vielleicht. Wenn du einen Jungen magst, mag er dich ja automatisch auch.«

Das konnte Kiki nicht leugnen. Aber ich hatte die Hoffnung, dass es ausnahmsweise auch mal für mich gut lief. Im Dezember hatte ich mich auf einer gemeinsamen Party von unserer Schule und einer Jungenschule länger mit einem Typen namens Julian über Graphic Novels unterhalten. Am Ende hatten wir Telefonnummern ausgetauscht (seine Idee), und als ich ihm danach schrieb, schrieb er tatsächlich zurück. Zumindest die ersten drei Male.

»Wen magst du denn so, also, *außer* Julian?«, fragte Kiki wie nebenbei.

»Warum muss ich denn noch jemanden mögen?« Ich warf ihr einen argwöhnischen Blick zu, allerdings mit offenem Mund, weil ich mir gerade die Wimpern tuschte. Sie antwortete nicht, also schraubte ich resolut die Mascara zu. »Was ist? Hast du etwa mit Julian über mich geredet?«

»Ich nicht, aber Derek.«

Ich atmete tief durch. »Und, was hat er gesagt?«

»Dass er dich schon nett findet, aber Angst hat, was mit dir anzufangen.«

»Weil ich so unglaublich furchterregend bin, oder was?«

»Weil er eure Freundschaft nicht zerstören will.«

»Na *klar*. Weil wir ja auch so enge Freunde sind. Und sagt so was normalerweise nicht das Mädchen?«

»Er meinte, wenn ihr erst mal zusammen wärt, könnte er ja niemals Schluss machen wegen ...«

»Im Ernst jetzt?« Mein Magen krampfte sich zusammen. »Oh

Mann, ich hab es so was von satt, dass alle immer nur Mitleid mit mir haben! Als täte ich mir nicht schon selbst leid genug.«

»Ich fand nur, dass du das wissen solltest. Damit du es nicht persönlich nimmst.«

»Super. Danke. Dann muss ich mich ja jetzt gar nicht mies fühlen, wenn er mir heute Abend aus dem Weg geht, weil ich nämlich so *verständnisvoll* bin.«

»Ach, komm.«

»Komm doch selber! Warum muss er sich denn bitte ausmalen, wie schwer es wäre, mit mir Schluss zu machen, anstatt wie toll es wäre, mit mir zusammen zu sein?« Ich pfefferte die Mascara zu Boden. »Weißt du was? *J* steht für *jämmerlich*.«

»*U* für *unnütz*!«, fiel Kiki mit ein.

»*L* für *Loser*!« Ein etwas schlechtes Gewissen hatte ich schon, so über Julian herzuziehen – aber daran war er selbst schuld.

»*I* für *Idiot*!«

»*A* für *Arschloch*!« Das erstaunte mich jetzt doch.

»Und *N* für *Neandertaler*!«, schloss Kiki grinsend.

»Ist ja nicht so, als hätte ich ihn gleich heiraten wollen«, sagte ich. »Nur ein bisschen mit ihm rumhängen.«

»Rumhängen oder rummachen?«

»Vielleicht ja beides.« Ich warf ein Kissen nach ihr.

Die Party war eine Riesenpleite. Nicht für Kiki, Madison und Natalie, die drei wunderhübschen Grazien, aber für mich, das personifizierte Mittelmaß. Ich tanzte ausschließlich mit anderen Mädchen, und am Ende stieg auch noch dieser jämmerliche, unnütze Loser-Idioten-Arschloch-Neandertaler Julian mit Britt in ein Taxi, obwohl die beiden sich gerade erst kennengelernt hatten.

Am Montag sah ich einen roten Umschlag aus meinem Spind lugen. Darin stand: *Frohen Valentinstag wünscht Kiki, die Kameradschaftliche, ihrer süßen Sofia.*

Das war wirklich mal süß. Und Kiki war die beste Kameradin, die man sich wünschen konnte. Aber vielleicht stand mein *S* ja doch eher für *schwer vermittelbar*?

Früher war es mir jedenfalls nie so vorgekommen. Mein Dad sagte immer, meine Mutter habe mich gehütet wie ihren Augapfel. Aber in letzter Zeit fühlte ich mich eher wie schimmeliges Apfelmus. Es war so absurd, dass offenbar alle erwarteten, Dad und ich würden einfach ohne Mom klarkommen, als wäre ohne sie nicht alles öd und grau.

Nach der Schule ging ich online und googelte Kate. Eine zartrosa Website öffnete sich, und ich klickte mich ein bisschen durch, sah mir ein mit *Liebes-Einmaleins* betiteltes Video an, überflog ein Interview und machte ein Quiz. Dann sah ich die Rubrik *Kontakt*.

Mein Herz fing an zu hämmern. Nach einem Doppelklick öffnete sich eine leere E-Mail mit ausgefülltem Adressfeld.

Sollte ich anfangen zu tippen?

Was wollte ich überhaupt schreiben?

Vielleicht, dass ich wünschte, ich könnte wieder glücklich sein? Und dass ich nicht so neidisch auf meine Freundinnen sein wollte?

Alle anderen hatten inzwischen ihren ersten Kuss bekommen, im Sommerlager oder während der Weihnachtsferien, auf einer der vielen Bar und Bat Mitzwas letztes Jahr, oder sogar schon davor beim Flaschendrehen. Kiki hatte bereits drei Freunde gehabt. Und auch wenn ich nicht einfach den Nächstbesten küssen wollte, um es endlich hinter mir zu haben, war es ein blödes Gefühl, die Letzte zu sein.

Ich klickte auf ein paar weitere Links. Buchrezensionen, eine Facebook-Seite, ein Foto von einer flauschigen weißen Katze und eine Schwarz-Weiß-Aufnahme von einem Mädchen mit Zahnspange und Zöpfen. War das Kate in meinem Alter? Wenn ja, war sie wirklich niedlich gewesen.

Niedlich? Auf dieses Wort konnte ich echt verzichten. Meine Freundinnen sagten immer, ich sei niedlich, und niedlich war immerhin besser als nicht niedlich. Aber es war eben auch nicht hübsch und schon gar nicht sexy.

Pepper sprang auf den Schreibtisch, stieg über die beiden Schildkröten, die ich in der dritten Klasse getöpfert hatte, machte es sich neben mir gemütlich und warf den Schnurrmotor an. »Na, mein Schöner.« Ich gab ihm ein Küsschen auf den Kopf, bevor ich mich wieder dem Computer zuwandte und zu tippen anfing.

Liebe Kate,
vor zehn Monaten und einer Woche ist meine Mutter gestorben, und ich bin noch immer nicht drüber weg. Dabei wünsche ich mir so, dass alles wieder normal wird. Ich glaube, manche Leute, besonders Jungs, haben Angst, mir zu nahe zu kommen. (Am Anfang musste ich so oft weinen, leider auch in der Öffentlichkeit.) Traurig bin ich immer noch, aber ich weine nicht mehr so viel. (Vielleicht lache ich aber auch nicht mehr so viel?) Jedenfalls fehlt sie mir schrecklich. Außerdem bin ich die Einzige in meiner Klasse, die noch nie einen Jungen geküsst hat, und jetzt hab ich ein bisschen Angst, dass ich es falsch mache. Ich bin vierzehn, also definitiv zu alt, um nur meinen Kater zu küssen.
Viele Grüße von einer, die sich ganz schön armselig vorkommt
PS: Irgendwie komisch, in derselben Mail von Tod und Küssen zu schreiben, oder? Tut mir leid.

Ich klickte auf *Senden*, und sofort krampfte sich alles in mir zusammen.

Was hatte ich getan? Ich öffnete meine gesendeten Mails, las mir das Ganze noch mal durch und musste fast würgen. *Ganz schön armselig?* Ich war mehr als nur das. Dumm und unreif. Und hatte ich als Betreff allen Ernstes *Leben, Tod und Küsse* angegeben? Oh Gott! Warum hatte ich nicht alles wieder gelöscht?

Zu spät.

Wenigstens stand in meiner Mailadresse nicht mein echter Name, sondern nur Catlover99.

Ich stand auf, um mir Popcorn zu machen, und Pepper folgte mir. Er sprang auf die Arbeitsplatte und postierte sich erwartungsvoll an der Spüle. »Bitte schön«, sagte ich und ließ den Wasserhahn tröpfeln. Er trank, während es in der Mikrowelle immer lauter ploppte.

Ich stellte das Wasser ab, schüttete das Popcorn in eine Schüssel und war kurz darauf wieder am Schreibtisch und halb in den Mathehausaufgaben versunken, als das E-Mail-Symbol auf meinem Desktop zu hüpfen begann. Eine neue Nachricht, höchstwahrscheinlich Spam. Von irgendeiner nigerianischen Witwe, die mir gern eine Million Dollar zukommen lassen wollte und dafür nur noch meine Kontonummer brauchte. Oder einer Pharmagesellschaft, die sich erkundigte, ob meine »Männlichkeit« denn auch nichts zu wünschen übrig ließ. Oder ein angeblicher Freund, der verlangte, dass ich seine Mail in fünf Minuten an zehn Bekannte weiterleitete, weil mich sonst ein extrem schlimmes Schicksal ereilen würde.

Doch da stand *AW: Leben, Tod und Küsse.* Ich klickte darauf. Bestimmt eine automatische Antwort.

Die Mail öffnete sich.

Oh Mann!

Liebe ganz und gar nicht armselige Eine,
es tut mir sehr leid, dass deine Mom gestorben ist. Dass du
noch nicht »drüber weg« bist, wundert mich kein bisschen.
So jung seine Mutter zu verlieren ist nun mal ein harter Schlag.
Zuerst fühlt es sich an, als wäre ein Riesenloch mitten in dein
Leben gerissen worden. Nach und nach lernst du dann, dieses
Loch zu umgehen. So wie früher wird es nie mehr werden, aber
du bist schon dabei, einen Weg zu finden, mit dem Verlust zu
leben. Hab Geduld mit dir! Und was das Katzenküssen angeht:
Ich bin gerade 46 geworden und küsse meine immer noch.
Im Moment döst sie neben mir auf einem Stapel Briefe.
Glaub mir, du bist mit Sicherheit nicht die Einzige in deiner
Klasse, die noch nie einen Jungen geküsst hat. Und bitte
hab keine Sorge, du könntest es »falsch« machen. Das ist im
Grunde gar nicht möglich, probier's einfach aus. Außerdem
stehen Jungs gar nicht unbedingt auf Mädchen mit perfekter
Kusstechnik, sondern vor allem auf Mädchen, die auf *sie*
stehen. Wichtig ist nicht, ob man es richtig macht, sondern
den richtigen Jungen im richtigen Moment zu küssen.

Kate

PS: Ich antworte nicht immer so schnell, aber mein Vater ist
gestorben, als ich noch jung war, darum weiß ich, wie schwer
das ist. Es gibt zwar keine Abkürzung durch den Trauersumpf,
aber vielleicht hilft dir zum Abschied ja das hier, auch wenn es
erst mal seltsam klingt: Eine Mutter kann nur einmal sterben,
also hast du das Schlimmste im Leben schon hinter dir.

Wow. Von wegen automatische Antwort! Am liebsten hätte ich sofort
Kiki oder Dad angerufen, aber die hätten mich nur gefragt, was ich
Kate geschrieben hatte, also fiel das flach.

Ich starrte auf den Bildschirm und las die Mail noch einmal. Meine Mom hatte immer großen Wert darauf gelegt, dass ich mich für alles bedankte, also klickte ich auf *Antworten* und änderte die Betreffzeile zu *Danke*.

> Liebe Kate,
> vielen Dank für den guten Rat! Den ziege ich definitiv in Betracht.
> Schönen Valentinstag!
> Catlover
> PS: Ist das deine Katze auf der Website? Und bist das du mit Zahnspange?

Ich klickte auf *Senden* und las danach noch einmal, was ich geschrieben hatte. Oh nein, »ziege« statt »ziehe«! Unsere Lehrer ermahnten uns ständig, gründlich Korrektur zu lesen, aber irgendwie hatte ich die dumme Angewohnheit, das immer erst zu spät zu machen.

Das Mailsymbol fing wieder an zu hüpfen.

> Gern geschehen. Dir auch schönen V-Tag. Was deine Fragen angeht: Ja und ja.

Ich lehnte mich zurück. *Wie cool*. Ob ich mich noch mal bedanken sollte? Aber ich wollte ihr nicht auf den Keks gehen. Vielleicht würde ich Kate irgendwann noch mal brauchen.

Dad kam mit roten Tulpen vom Laden an der Ecke nach Hause, und ich half ihm, das Abendessen zu machen. Wir waren beide keine Sterneköche, aber ich konnte Kuchen (solange eine Backmischung im Spiel war), und Dad konnte Steak und Blaubeer-Bananen-Smoothies. An diesem Abend setzte ich das Wasser auf, und er kippte die Herzchenravioli hinein, die er bei Zabar's gekauft hatte. Ziemlich deprimierend, unser Mahl, aber uns war beiden klar, dass wir in letzter Zeit viel zu oft auswärts bestellt hatten. Fahrradboten brachten uns alles von Moussaka bis Minestrone. Und wenn wir bei Saigon Sun anriefen, packte uns Kikis Mom immer noch ein kleines Extra ein: Frühlingsrollen, wenn es warm war, Currysuppe, wenn es kalt war. Letztes Mal gab es Gratis-Hühnchenspieße mit Satésoße, und dazu einen Zettel mit der Aufschrift *Guten Appetit!! Alles Liebe, Lan.* Unter die Ausrufezeichen hatte sie statt Punkten Herzchen gemalt. Ich war schwer in Versuchung, den Zettel wegzuschmeißen, bevor Dad ihn sah.

Nach dem Essen las ich noch ein bisschen was über Mesopotamien und verglich in hundertfünfzig Worten zwei Liebessonette von Shakespeare. Um zehn marschierte ich ins Wohnzimmer und verkündete: »Ich gehe dann schlafen.«

Dad blickte erschrocken auf und klappte seinen Laptop halb zu. Komisch. Genau wie ich sonst immer, wenn er nicht sehen sollte, was ich machte.

»Gute Nacht«, sagte ich. Dann fiel mein Blick auf Pepper, der auf dem Sofa lag, eine Pfote über dem Kopf, als hätte er einen harten Tag hinter sich. Ich hob ihn hoch und legte ihn mir über die Schulter. »Meinen Valentinsschatz nehme ich mit.«

»Tu das.« Dad lächelte.

Meine Gedanken wanderten zu Kiki und Madison, die heute beide richtige Dates hatten. Und laut Kiki gingen Steff und Terra aus unserer Klasse miteinander, inklusive Übernachten, während ihre Eltern keine Ahnung hatten, was da vor sich ging. Steff hatte Kiki erzählt, sie selbst sei bi, während Terra »nur« lesbisch sei. Wie konnten sie sich da bloß so sicher sein? Und was machten sie im Dunkeln miteinander? Das konnte ich mir überhaupt nicht vorstellen.

Ich war froh, dass ich Pepper hatte – und dass Dad nicht auf einem heißen Date mit Lan war.

»Was hältst du von diesem Hemd?«, fragte Dad am darauffolgenden Freitag in der Küche.

»Find ich gut.«

»Früher hat Mom immer mit mir eingekauft.«

»Ich weiß. Aber jetzt hast du es ja auch super allein hingekriegt.«

»Da bin ich aber froh, ich hab es nämlich gleich auch noch in Blau mitgenommen.« Dad und ich redeten sonst nie über Klamotten. Er war nicht gerade das, was man einen Trendsetter nannte, und auf der Arbeit trug er sowieso immer nur seinen Arztkittel.

»Wie läuft's denn in der Schule?«, fragte er.

»Ganz okay.«

»Wer hat die Hauptrolle in *Guys and Dolls* bekommen?«

»Madison und Natalie haben beide große Rollen. Madison ist ja auch wie für die Bühne geschaffen – superhübsche Blondinen machen sich da immer gut.« Meiner Meinung nach könnten sowohl Kiki als auch Madison sofort eine Modelkarriere starten. Und vielleicht auch Natalie mit ihren Sommersprossen und den zimtbraunen Locken.

»Und, ist das ... schwer für dich?«

»Ich hab ja nicht mal vorgesungen. Und ich find's völlig okay, hinter den Kulissen zu arbeiten.« *Ach, wirklich?*

»Wo treibt sich Kiki denn in letzter Zeit rum?«

»Die hat einen Freund.« Es war nicht das erste Mal, dass Kiki sich ständig mit einem Typen traf – und dafür wesentlich seltener mit mir.

»Und Natalie, hat die auch einen?«

»Daaad!« Ich zog eine Grimasse. Wieso fragte er mir denn auf

einmal solche Löcher in den Bauch?« »Die hat gerade anderes im Kopf. Ihr Dad hat seinen Job verloren, weißt du noch? Damals hat sie sich gleich bei ein paar staatlichen Schulen beworben – und jetzt wurde sie an der LaGuardia angenommen.«
»Sehr beeindruckend«, erwiderte Dad. »Also geht sie von der Halsey ab?«
»Wir können's alle noch gar nicht fassen.«
»Und was ist mit dir? Hast du einen Freund?«
»Hiermit erkläre ich dieses Interview für beendet!« Ich ging in mein Zimmer und schloss die Tür. Dass ich vermutlich nie einen Freund abkriegen würde, wollte ich ihm nun wirklich nicht erklären müssen.

Ich klappte meinen Laptop auf.

Liebe Kate,
ich bin's mal wieder, die, die noch nie einen Jungen geküsst hat. Meine beste Freundin hat einen Neuen, und ich hätte da mal eine Frage, aber wirklich ganz im Vertrauen. In letzter Zeit fällt mir immer mehr auf, wie hübsch meine Freundinnen sind, und da sowieso nie ein Junge auf mich steht, hab ich überlegt, ob ich möglicherweise bi oder lesbisch sein könnte? Mir ist schon klar, dass das völlig in Ordnung wäre und so, aber ich glaube, ich möchte es trotzdem nicht sein.
Viele Grüße von einer, die ein bisschen verwirrt ist

Ich klickte auf *Senden* – und fühlte mich sofort wieder mies. Warum in aller Welt hatte ich das denn geschrieben? So was dachte ich doch gar nicht wirklich! Es brachte mich nur manchmal durcheinander, dass meine Freundinnen ständig über diesen Kram redeten. Aber warum hatte ich es dann so formuliert?

Vielleicht weil ich keine Hemmungen hatte, mich Kate anzuvertrauen. Man konnte ihr alles schreiben, den größten Blödsinn wie auch richtig Nachdenkliches. Was immer einem in den Sinn kam. Es schien irgendwie gar nicht real. Allerdings lief mir bei dem Gedanken, dass meine Mails jemals in falsche Hände geraten könnten, ein Schauder über den Rücken.

Um irgendwas zurückzunehmen, war es zu spät, aber sicher war sicher, also löschte ich die Mail zumindest aus dem Gesendet-Ordner und dann auch noch aus dem Papierkorb.

Gerade, als ich mit meinen Hausaufgaben fertig wurde, fing das Mailsymbol an zu hüpfen.

Liebe Verwirrte,
deine Neugier ist ganz normal, und auch, dass dir auffällt, wie hübsch deine Freundinnen sind – also sortiere dich bitte nicht vorschnell in eine Schublade ein. Das lässt sich nämlich nicht mit Gewalt definieren, sondern nur ganz natürlich im Laufe der Zeit herausfinden. Es ist keine bewusste Entscheidung, man hat nicht die Wahl – wenn es so ist, dann ist es einfach so. Und jeder und jede sollte damit zufrieden sein, wie er oder sie ist! Fürs Erste meine ich jedenfalls: dass du deine Freundinnen hübsch findest, bedeutet noch lange nicht, dass du lesbisch oder bi bist, sondern bloß, dass du Augen im Kopf hast.
Kate
PS: Was deine vielbeschäftigte beste Freundin angeht – frag sie doch einfach mal, ob ihr etwas nur zu zweit unternehmen wollt. Und wenn *du* dann mal diejenige bist, die eine Beziehung hat, vergiss darüber nicht deine alten Freundinnen.

Ich diejenige, die eine Beziehung hatte? Als ob!

»Vergiss nicht, Grandma Pat anzurufen und ihr zum Geburtstag zu gratulieren«, erinnerte mich Dad. »Ich gehe gleich aus zum Essen.«

Seine Einsilbigkeit wunderte mich. Wenn er sich mit Lan traf, warum sagte er es dann nicht? Gern hätte ich ja Kiki gefragt, aber die hatte schon auf meine letzten Nachrichten nicht geantwortet.

»Nein, keine Sorge.« Hey, schließlich war ich froh über das bisschen Familie, das mir noch geblieben war: ein Vater zu Hause, ein Großvater in Spanien und eine Großmutter in Florida. Manchmal war ich echt neidisch auf Madison, die ständig zu irgendwelchen Verwandtschaftstreffen fuhr. Und wegen einer Scheidung in der Familie hatte sie nicht bloß vier Großeltern, sondern gleich sechs.

Auf dem Telefon drückte ich erst die Kurzwahltaste für den Tandoori-Express, dann für Grandma Pat.

»Grandma!«, rief ich in den Hörer. »Herzlichen Glückwunsch zum Geburtstag!«

»Wer ist da?«

»*Sofia*. Es ist gerade sicher schön in Florida.«

»Ja, sehr schön, dass du anrufst.«

»Grandma, wechsle doch lieber auf das *neue Telefon*, ja?« Wenn sie nicht die Spezialausführung mit eingebautem Verstärker verwendete, musste sie nämlich die ganze Zeit raten und ich die ganze Zeit schreien.

»In Ordnung. Sekunde.« Ich wartete eine *Minute*, keine Sekunde, und dann unterhielten wir uns über das Wetter und die Schule und meinen Babysitterjob, und ich berichtete, alles sei super. Wie sehr ich Mom vermisste, erwähnte ich nicht, und genauso wenig, dass Dad bei einem Date war und meine Freundinnen alle erwachsen wurden, während ich nicht vom Fleck kam.

Als es klingelte, verabschiedeten wir uns. Ich nahm den Aufzug nach unten, bezahlte den Lieferanten vom Tandoori-Express, fuhr wieder rauf und aß allein. Danach ging zu den Russells, die zwei Stockwerke unter uns wohnten, um auf ihren zweijährigen Sohn Mason aufzupassen. Mrs Russell war nicht nur mein Notfallkontakt, sondern auch meine ehemalige Mathelehrerin.

»Um elf sind wir wieder da«, versprach sie. »Es sind noch Rippchen von heute Mittag übrig.«

»Danke, ich habe schon gegessen«, erwiderte ich, obwohl ich natürlich fest vorhatte, später den Kühlschrank zu plündern. Bei der Neujahrsfeier, die ich diesmal hatte ausfallen lassen, brachte traditionell jeder etwas fürs Buffet mit, und alle freuten sich am meisten auf Mrs Russells Rippchen. Und früher auch auf Moms Eisdessert Omelette surprise.

Mason kam hereingestürmt und drückte sich an mein Bein. »Sofiiiiia!« Er war barfuß und trug einen gelben Schlafanzug mit Flugzeugmuster.

»Mason!« Ich streckte ihm die Hand zum Einschlagen hin, hob ihn hoch, und er umklammerte mich mit Armen und Beinen. Sein krauses Haar duftete nach Babyshampoo.

Mrs Russell sah ihn an und fragte: »Wer ist der bravste kleine Junge auf der ganzen Welt?«

»Mason!«

»Und wer hat Mason fuuuuuurchtbar lieb?«

»Mommy!«

»Gib Mommy ein Küsschen«, forderte sie, und ich hielt ihn fest, während er auf meinem Arm herumturnte und ihr einen Schmatzer auf die Wange drückte. »Gute Nacht, mein Schatzimann!«

»Nacht, Datzimommy!« Bei dieser liebevollen Verabschiedung wurde mir die Kehle eng.

Als Mrs Russell gegangen war, wurde Mason unruhig. »Mommy weg?«

»Deine Mommy trifft sich mit deinem Daddy zum Abendessen«, erklärte ich. »Wenn sie wiederkommen, schläfst du schon längst.«
»Mommy kommt zurück?«
»Ja. Mommys gehen manchmal weg, aber sie kommen auch wieder zurück.«
Es traf mich wie ein Schlag. *War meine Mommy wirklich nicht zurückgekommen? Wie konnte das nur sein? Musste ich tatsächlich den Rest meines Lebens ohne sie verbringen?*
»Mommy kommt zurück«, bekräftigte Mason und sah mich aus seinen großen, vertrauensvollen Augen an. »Feuerwehr spielen?«
»Na klar!«, sagte ich.
»Na klar!«, wiederholte er strahlend.

Stunden darauf, nachdem ich Mason ins Bett gesteckt hatte und er tief und fest schlummerte, holte ich meinen Laptop aus der Tasche und fing an zu tippen.

Liebe Kate,
ich bin's. Ich sitze gerade beim Babysitten, und es tut mir leid, wenn ich dir schon wieder auf den Wecker fallen muss, aber meinst du, ich kann den Leuten irgendwie klarmachen, was in mir vorgeht? Manchmal fühlt sich die Trauer wieder ganz frisch an, aber das kann ich niemandem sagen – nicht mal den Menschen, die ich am liebsten habe.
Viele Grüße von einer, die viel allein ist

Es half schon mal sehr, dass ich es immerhin Kate sagen konnte. Ich hatte einfach das Gefühl, ihr alles erzählen zu können.
Nachdem ich die E-Mail abgeschickt hatte, wartete ich ungeduldig auf eine Antwort, aber es kam keine. Okay, es war Samstagabend,

und selbst jemand mit einer Ratgeberkolumne schob wohl nicht rund um die Uhr Bereitschaftsdienst.

Aber am nächsten Morgen war es so weit.

Liebe Eine-Alleine,
die Leute werden nie wirklich verstehen, was du durchmachst. Aber das ist auch nicht so wichtig, sondern einzig und allein, dass es dir wieder gut geht. Schön ist es, wenn man wenigstens einen oder zwei Menschen hat, in deren Gegenwart man laut denken kann. Und die findest du bestimmt. Halte durch. Irgendwann wird alles leichter, das verspreche ich dir.
Kate

Hoffentlich hatte sie recht. Darauf baute ich wirklich.

Ich druckte mir sämtliche Mails von Kate aus und verstaute sie in der untersten Schreibtischschublade, in einem Ordner mit der Aufschrift *Notizen Geschichte*. Ich wollte ihr Versprechen immer wieder lesen können: *Irgendwann wird alles leichter.*

Und vor allem wollte ich es glauben können.

März

Über Julian war ich so was von hinweg. Hatte ich den tatsächlich mal gemocht? So ging es mir mit vielen der Jungs, auf die ich mal gestanden hatte. In der fünften und sechsten Klasse war ich regelrecht besessen gewesen von Daniel, aber sobald ich die Hoffnung aufgegeben hatte, fragte ich mich, was ich überhaupt an ihm gefunden hatte. Vielleicht hatte es daran gelegen, dass Kiki, Natalie und Madison so begeistert von ihm gewesen waren? Und Julian war sowieso allseits beliebt. Ich hatte mich einfach nur dem Massengeschmack angeschlossen.

Jetzt jedoch hatte ich das Gefühl, als wäre es wirklich ich, und ich allein, die auf Miles stand. Ich wusste nicht mal, ob ihn sonst noch jemand kannte, aber jedenfalls war er Natalie und mir eine Woche zuvor bei French Roast aufgefallen, einem Bistro an der Ecke Broadway und 84. Straße, das bei den Siebt- und Achtklässlerinnen gerade ziemlich angesagt war. Er ging in die Neunte an der Collegiate und war mit einem Mädchen von der Trinity da, von dem wir aber sofort beschlossen, dass es seine Schwester sein musste, weil sie beide hochgewachsen waren und exakt das gleiche wellige dunkle Haar hatten.

»Der ist ja süß, oder?«, hatte ich gesagt.
»Schon, aber nicht mein Typ«, lautete Natalies Antwort.
»Dann gehört er mir«, erwiderte ich, und wir lachten beide.
Heute, am Samstagabend, saß Miles mit uns im Morse Theater,

das zur Trinity gehörte, und wir sahen uns *Was ihr wollt* an. Natalie hatte mich dazu eingeladen, weil ihr Cousin mitspielte, aber womit sie mich überzeugt hatte, war: »Vielleicht ist Miles ja auch da. Ich hab gehört, seine Schwester spielt Olivia.«

Das Stück war wirklich gut. Mir gefielen die Kulissen (ganz besonders die Pappmascheepalmen), und wie verwirrt die Figuren in Liebesdingen waren. Aber was mir am besten gefiel, war, dass Miles sich neben mich gesetzt hatte.

Wir unterhielten uns ein bisschen, bevor es losging, und dann, in der Pause, fragte er: »Wie heißt du eigentlich?« Als ich es ihm sagte, wollte er wissen: »Mit *f* oder *ph*?« Er schien definitiv nicht *Hey, bist du nicht das Mädchen, dessen Mutter gestorben ist?* zu denken.

»Mit *f*«, sagte ich.

Er lächelte, also lächelte ich zurück. Dann stellte ich ihm Natalie vor und erklärte, dass ihr Cousin Malvolio spiele.

»Cool«, sagte er. »Meine Schwester ist die Olivia.« Weder Natalie noch ich gaben zu erkennen, dass wir das längst wussten. »Hey«, fügte Miles hinzu, »meine Eltern sind übers Wochenende aufs Land gefahren, und mein großer Bruder und ich feiern eine Party. Wollt ihr nach dem Stück vielleicht mitkommen?«

»Ähm ... klar«, antwortete ich, als nähmen Natalie und ich andauernd solche Einladungen an. Manchmal, wenn ihre Mutter lange arbeitete, schlich Kiki sich raus, um sich mit Jungs zu treffen, aber da ich null Sozialleben hatte, gab es keine feste Uhrzeit, zu der ich zu Hause sein musste.

»Hm, ich muss nur mal kurz telefonieren«, schaltete sich Natalie ein, packte mich beim Arm und zerrte mich mit ins Treppenhaus. »Sofia, bist du übergeschnappt? Da lässt mein Cousin uns doch nie hin!«

»Der geht doch hinterher bestimmt selbst noch feiern«, erwiderte ich, überrascht darüber, dass ausnahmsweise mal ich diejenige war, die die Regeln brach. »Unsere Eltern wissen, dass wir zusammen unterwegs sind, also können wir denen sagen, ich wäre bei dir beziehungsweise du wärst bei mir. Ich rufe mal schnell meinen Dad an.« Ich drückte DAD auf meinem Handy, während Natalie mich mit weit aufgerissenen Augen anstarrte.

»Hallo, mein kleiner Cupcake«, meldete sich Dad.

»Du, darf ich heute Abend ein bisschen später nach Hause kommen? Natalie und ich wollen uns nach dem Stück noch einen Film angucken.«

»Okay.«

Mom hätte an dieser Stelle sämtliche Details aus mir herausgequetscht: Bei wem zu Hause? Wer ist sonst noch dabei? Welcher Film? Ist der auch jugendfrei?

»Dann bist du ja gut untergebracht«, fügte Dad hinzu, »also könnte ich vielleicht auch länger wegbleiben.«

Moment mal, jetzt hatte Dad selbst was vor?!

»Übernachtest du bei Natalie?«

Ich wandte mich Natalie zu. »Kann ich bei dir schlafen?«

Sie nickte nervös. »Ja.«

»Ja«, echote ich.

»Super. Dann bis morgen früh.«

»Okay. Hab dich lieb.«

»Ich dich auch.«

Stirnrunzelnd sah ich auf mein Handy. Jetzt war ich nicht nur mit einer Lüge davongekommen, nein, es hatte fast so gewirkt, als wäre Dad froh darüber gewesen, dass ich erst morgen früh nach Hause kam. War er einfach erleichtert, dass ich heute Abend mal nicht im meinem Zimmer hockte wie ein Trauerkloß?

Aber ... waren wir bis vor Kurzem nicht *beide* noch Trauerklöße gewesen? Letztes Thanksgiving in Florida hatte er Grandma Pat erzählt, wie schwer es ihm gefallen war, Moms Handy abzumelden, weil er hin und wieder die Nummer gewählt hatte, um die Mailbox mit ihrer Stimme zu hören. Auch über die Selbsthilfegruppen, zu denen er ging, hatte er ihr berichtet. Wie oft hatte ich seine Angebote ausgeschlagen, ihn zu begleiten, aber wann war *er* eigentlich das letzte Mal dort gewesen? Wenn ich näher darüber nachdachte, war Dad in letzter Zeit auffällig gut drauf, machte kleine Spaßkämpfchen mit Pepper und ging ständig abends aus.

Moms Geburtstag war der 22. Juni, und jetzt hatte sie auch noch einen Todestag: den 7. April. War Dad überhaupt klar, dass der vor der Tür stand? Oder hatte er diese Tür etwa schon verbarrikadiert?

Irgendwann während des zweiten Akts von *Was ihr wollt* fühlte ich Miles' Bein an meinem. Oder bildete ich mir das nur ein? Ich nahm die Knie enger zusammen, aber Miles' Knie kam mit. Oha. Sollte ich den Druck erwidern, nur ein winziges bisschen? Oder lieber nicht? Solche Fragen machten es nicht gerade leichter, den shakespeareschen Liebeswirren auf der Bühne zu folgen.

Nach dem Stück nahmen Natalie, Miles und ich ein Taxi zu seinem Apartment. Ich saß in der Mitte. Miles presste während der ganzen Fahrt das Knie gegen meins, und das war definitiv kein Zufall.

Miles wohnte auf der Fifth Avenue, in der Nähe des Ärztezentrums, wo Dad arbeitete, und auch nicht weit von Natalies alter Wohnung. Das Taxi hielt, Miles bezahlte, und der Portier begrüßte ihn mit »Mr Holmes«. Durch eine marmorgetäfelte Lobby marschierten wir zum Aufzug, wo ein zweiter uniformierter Mann auf den Knopf für die 18. Etage drückte.

Wenn man in Manhattan aufwuchs, bekam man eine Menge schicker Apartments zu sehen. Kikis war zugegebenermaßen etwas eng. In unserem gab es zwei kleine Schlafzimmer, ein kleines Wohnzimmer und eine kleine Küche. Natalie dagegen hatte, bevor ihr Dad seinen Job verlor, in einem riesigen Penthouse mit Dachterrasse gewohnt. Meine Mom hatte immer gern erzählt, wie ich in der Grundschule zum ersten Mal bei Natalie gewesen war und beim Nachhausekommen gefragt hatte: »Darf man sich eigentlich selber aussuchen, wo man wohnt?« Mom hatte »Natürlich« geantwortet, worauf ich stinkwütend gefragt hatte: »Und warum habt *ihr* dann kein Penthouse genommen?«

Mom und Dad waren schon vor meiner Geburt in den Halsey Tower gezogen, der »bequemes und preiswertes Wohnen für Lehrkräfte« bot. Dad war begeistert von der günstigen Miete gewesen und Mom davon, dass sie zu Fuß zur Arbeit gehen konnte und jeder jeden kannte. Aber zum 1. August sollten Dad und ich, wie er es ausdrückte, »mit Samthandschuhen auf die Straße gesetzt« werden. Die Schule hatte uns aus Kulanz ein weiteres Jahr dort wohnen lassen, da die geschätzte Señora Wolf immerhin fast zwei Jahrzehnte bei ihnen unterrichtet hatte. Aber Regeln waren nun mal Regeln, und unsere Zeit war abgelaufen. Die Lehrerburg war nur für Lehrer, und Mom lehrte nicht mehr.

Ich mochte gar nicht daran denken, dass ich bald das einzige Zuhause verlassen musste, das ich je gekannt hatte.

»Nettes Apartment!«, sagte ich zu Miles, als wir aus dem Aufzug in das ebenfalls marmorgetäfelte Foyer traten und weiter ins riesige Wohnzimmer gingen. Dort wimmelte es schon von Teenagern. Wer waren die bloß alle? Natalie, die Hunger hatte, hielt direkt auf die Küche zu. Aber ich wollte mir als Erstes die Aussicht angucken – und ein bisschen Mut sammeln. Also schlenderte ich über den Orientteppich, vorbei an einem Klavier mit silber gerahmten Fotos von Leuten hoch zu Ross. Ich sah hinaus auf die leuchtenden Laternen im Central Park und die Skyline der Upper West Side.

»Ist ja ein Wahnsinnsausblick!«, sagte ich, als ich merkte, dass Miles hinter mir stand.

»Genau das dachte ich auch gerade.« Er sah einmal an mir rauf und runter und legte mir die Hand auf die Taille. Dann guckte er ebenfalls aus dem Fenster. »Wenn Marathon ist, laden meine Eltern immer jede Menge Freunde ein. Ist echt cool, von hier oben die Läufer zu beobachten.«

»Cool«, plapperte ich – ein Wunder der geschliffenen Konversation – nach. Aber es war wirklich ziemlich toll, hier oben mit Miles in seiner Wohnung zu stehen und über den Central Park zu blicken.

»Also, was darf's denn sein?«, fragte er. Zuerst wusste ich nicht, was er meinte. »Wodka? Bier? Wein?«

»Ich weiß nicht«, sagte ich. Super Antwort, aber ich hatte eben noch nie wirklich Alkohol getrunken – die paar Schlucke Sangria im Spanienurlaub zählten nicht.

Miles trat noch näher, spreizte die Finger und zupfte sachte am Saum meines Shirts. Zuerst berührte er nur den Stoff, dann meine Haut. Ein aufgeregter Schauder durchfuhr mich. Oder war es Nervosität? Ob ich ihm sagen sollte, dass ich komplett unerfahren war? Oder war das sowieso offensichtlich?

Ich wandte mich ihm zu, und er schob mich langsam rückwärts, bis ich an die Wand stieß. Das Licht war schummrig, und niemand befand sich in unserer unmittelbaren Nähe. Ich fühlte mich zu Miles hingezogen, aber gleichzeitig auch ein bisschen abgestoßen, wie ein unentschlossener Magnet.

Er neigte den Kopf und lehnte sich gegen mich, fast, als würden wir tanzen, nur ohne Musik. Und dann küsste er mich. Seine Lippen waren trocken und schmeckten nach Zigaretten. Ich erwiderte den Kuss und schämte mich für meine Zahnspange und meine Unbeholfenheit. Er presste sich mit dem ganzen Körper an mich, und ich merkte, dass – wie hatte Dr. G. das noch gleich im Biounterricht genannt? – »sein Schwellkörper durchblutet« war. Ich wollte Miles gern weiterhin mögen, wollte ihn gern küssen *wollen*. Aber so in die Enge getrieben zu werden gefiel mir nicht. War Miles ein netter Kerl? Oder doch nur ein notgeiler reicher Lackaffe? Und hatte ich mir das jetzt selbst zuzuschreiben – hatte ich ihn irgendwie dazu verführt?

Dad hielt mir oft Vorträge über Jungs, besonders samstags, wenn er ehrenamtlich in einer Klinik für Teenager arbeitete. Aber bis jetzt waren seine Warnungen für mich immer abstrakt gewesen. Zwar wusste ich, dass eine Menge Mädchen von der Halsey, Kiki eingeschlossen, schon erste Erfahrungen gemacht hatten, aber ich wusste auch, dass es bei vielen anderen, mich eingeschlossen, noch nicht so weit gewesen war.

»Halt«, sagte ich zu Miles und schob ihn behutsam von mir.

»Halt? Wieso?«

»Ich will dich erst noch ein bisschen besser kennenlernen.«

Er streckte mir die rechte Hand hin. »Hallo, ich bin Miles Holmes, und ich bin total verrückt nach dir.«

Ich schüttelte ihm die Hand. »Aber du kennst mich doch gar nicht.«

»Mir gefällt, was ich sehe.«

Gerne hätte ich mich dadurch geschmeichelt und nicht gedrängt gefühlt, aber er fing schon wieder an, mich zu küssen, und es war kein bisschen so, wie ich mir meine ersten Küsse vorgestellt hatte. Seine Lippen lagen auf meinen, aber romantisch war nichts daran. Es fühlte sich überstürzt an, einfach falsch. Und schwups, hatte ich seine Zunge im Mund.

Ich drückte schwach gegen seine Brust. »Vielleicht brauche ich doch mal was zu trinken«, murmelte ich. Wo war eigentlich Natalie? Ging es ihr gut?

»Kein Problem.« Er nahm meine Hand und führte mich in die überfüllte Küche.

»Habt ihr Wasser mit Geschmack?«, fragte ich.

»Wasser?« Mit hochgezogenen Augenbrauen musterte er mich.

»Guck selbst«, sagte er dann und ließ meine Hand los.

Moment mal – ließ er mich jetzt fallen, weil ich ihm nicht erlaubt hatte, sich wie ein Hund an mir zu reiben, und keine Flasche Wodka exen wollte? Als ich mich auf die Suche nach Natalie machte, hatte ich nur einen Gedanken: *Und dafür habe ich meinen Dad belogen?*

Ein Mädchen mit einer roten Sonnenbrille in den Haaren kreischte: »Miles! Da bist du ja!«, kam auf ihn zugestürmt und gab ihm einen dicken, feuchten Schmatzer.

Natalie erschien an meiner Seite. »Hab eben erfahren, dass er eine Freundin hat. Ich nehme mal an, sie steht vor uns.«

»Soll sie ihn doch haben. Von mir aus können wir gehen – oder willst du noch bleiben?«

»Nö. Nichts wie weg hier.«

Wir schlugen uns zum Aufzug durch, wo ein Typ stolperte und mir sein Bier über die Bluse kippte. »'tschulliung!«, lallte er und tatschte dann an mir herum, als würde das was helfen. *Igitt!* Natalie und ich huschten davon, und ich nahm mir vor, das müffelnde Top ohne Umweg über den Wäschekorb direkt in die Maschine zu stopfen. Am besten stellte ich sie gleich an, sobald ich nach Hause kam.

Miles' Portier winkte uns ein Taxi heran, und ich bezahlte die Fahrt, weil ich ja schließlich zu der Party gewollt hatte. Zwölf Dollar! Ich hätte mich in den Hintern beißen können. So viele Tagträume, verschwendet an einen Typen, den ich jetzt am liebsten nie wiedersehen wollte.

Bei Natalie machten wir uns Eisbecher mit Karamellsoße und Minimarshmallows.

»Deine Bat Mitzwa war so lustig«, erinnerte ich mich an den letzten Winter, als alles noch so viel leichter gewesen war – für mich und auch für Natalie. »Weißt du noch, als der Rabbi dir ein süßes Leben gewünscht hat und wir dich mit Marshmallows beworfen haben?«

Ich war froh, dass wir zu ihr nach Hause gefahren waren. »Ich hab sogar mit Daniel getanzt«, sagte ich. Er war damals der Junge gewesen, den ich angehimmelt hatte.

In der fünften Klasse waren Natalie und ich unsterblich in Daniel verliebt gewesen. Wir hatten einander geschworen, uns nicht davon entzweien zu lassen, falls er sich für eine von uns beiden entscheiden würde – was er sowieso nie getan hatte. Am Anfang der sechsten Klasse jedoch hatte er Natalie eine Blaubeere unters Shirt gesteckt, woraufhin ich rasend eifersüchtig geworden war. Aber da war Natalie sowieso schon längst in einer turbulenten On-Off-Beziehung mit einem Jungen aus der Hebräisch-Schule.

Ich war immer noch die Einzige aus unserem Viererkleeblatt, die noch nie mit einem Jungen ausgegangen war. Und zählte das vorhin mit Miles jetzt als mein erster Kuss? Hoffentlich nicht.

»Natalie?«, sagte ich. »Was ist da gerade eigentlich passiert? Hab ich Miles einen Korb gegeben oder er mir?«

»Vielleicht war es ja gegenseitig«, schlug sie vor. »Aber vielleicht spielt es auch gar keine Rolle.«

Ich nickte und hätte gern noch weiter über Miles geredet, doch da sagte sie: »Komische Vorstellung, dass wir früher auch so ein großes Apartment hatten.«

»Ich finde diese Wohnung hier total schön«, erwiderte ich, obwohl ich die alte ebenso gemocht hatte.

Sie zuckte mit den Schultern. »Och ja. Aber mein Dad hat jetzt immer so miese Laune. Er will, dass meine Mom wieder arbeiten geht. Sie haben wohl wirklich eine Menge Geld verloren.«

Ich hörte ihr zu. Gestern waren wir beide noch kleine Mädchen mit kleinen Problemen gewesen. Wurden nun tatsächlich junge Erwachsene aus uns? Waren wir dafür schon bereit?

Als ich am Sonntagmorgen nach Hause kam, hatte Dad dermaßen gute Laune, dass ich ihm fast das mit der Party gebeichtet hätte. Aber nein, halt, ganz miese Idee.

Trotzdem, irgendwem musste ich von meiner Knutscherei mit Miles erzählen. Kiki? Vielleicht. Aber was, wenn sie bloß fand, ich sollte mich nicht so anstellen?

Ich schaltete den Computer ein.

Liebe Kate,
ich hatte dir ja erzählt, dass ich noch nie einen Jungen geküsst habe. Tja, letzte Nacht hat sich das geändert, aber es war nicht so wie erhofft. Er war irgendwie ziemlich arrogant und hatte außerdem schon eine Freundin. Zumindest hab ich ihn noch rechtzeitig gestoppt, wenn du verstehst, was ich meine. Manchmal komme ich mir einfach vor wie ein kleines Kind. Und außerdem habe ich ein schlechtes Gewissen, weil ich meinem Dad nicht von der Party erzählt habe. Aber wenn ich es ihm jetzt sage, dann lässt er mich nie wieder irgendwohin. Und ich will auch nicht, dass er sich Sorgen macht, weil er in letzter Zeit auf einmal ganz glücklich wirkt. Ist das schlimm? (Dass ich gelogen habe, meine ich, nicht, dass er glücklich wirkt.)
Catlover

In die Betreffzeile tippte ich *Lügen und Küsse*.

Ich klickte auf *Senden* und starrte dann auf den Bildschirm. Das E-Mail-Symbol rührte sich nicht.

Dann eben nicht. Allein das Aufschreiben hatte mich schon etwas erleichtert. Dennoch beschloss ich, Kiki anzurufen.

Sie ging nach dem ersten Klingeln ran, und ich legte los mit meinem Epos. Sie meinte, sie habe gehört, was für ein eingebildeter Idiot Miles sei und dass er schon eine ganze Reihe Mädchen von der Nightingale und der Chaplin durchhabe. Dann berichtete sie, wie gut es mit ihrem Freund lief.

»Mit Derek?«

»Mit Tim! Der geht in die Elfte auf der Horace, Mann.«

»In die *Elfte*?! Oh Mann, deine Mutter bringt dich um!«

»Darum hab ich es ihr auch nicht gesagt.«

»Wie geht es ihr überhaupt?« Ob sie wohl irgendwas über meinen Dad gesagt hatte?

»Keine Ahnung«, sagte Kiki. »Sie arbeitet in letzter Zeit ziemlich lange – was mir natürlich gut in den Kram passt.« Sie lachte.

Ich nicht.

Zwei Stunden darauf entdeckte ich: *AW: Lügen und Küsse* in meinem Posteingang.

Liebe Catlover,
wenn ich der Papst oder deine Schuldirektorin wäre, würde ich dir wahrscheinlich erzählen, dass du immer die Wahrheit sagen musst. Aber das Leben ist nun mal kompliziert, und manchmal hat man seine Gründe, etwas für sich zu behalten. Das soll jetzt natürlich keine Ermunterung sein, deinen Dad öfter anzulügen! Deine Gewissensbisse zeigen ja schon, dass du eine liebevolle Tochter und ein verantwortungsbewusster Mensch bist. Ich will damit nur sagen, dass ich dich verstehe. Zum Glück bist du ja sicher nach Hause gekommen und klingst auch nicht so, als

hätte dieser Typ dir das Herz gebrochen. (Glaub mir, ich weiß, wie kitschig sich das anhört.) Schade, dass der Abend so enttäuschend verlaufen ist, aber es war klug von dir, die Dinge nicht aus dem Ruder laufen zu lassen. Es ist nie verkehrt, sich Zeit zu lassen und auf sein Bauchgefühl zu vertrauen. Und deines klingt ziemlich vertrauenswürdig.
Kate
PS: Keine Sorge. Das war schließlich nur dein erster Kuss, nicht dein letzter.

Vor dem Essen suchte ich nach meinem Handy, bevor mir einfiel, dass ich es beim Kulissenmalen backstage hatte liegen lassen. »Volltrottel!«, stöhnte ich.

»Na!«, protestierte Dad.

»Ich meinte *mich*, nicht dich.«

»Schon klar. Aber niemand darf meine Tochter Volltrottel nennen. Nicht mal meine Tochter.«

»Ich hab bloß mein Handy in der Schule vergessen«, erklärte ich.

»Dann gehen wir's eben holen. Ich komme mit.« Er schnappte sich seine Jacke. »Ich wollte dir sowieso was erzählen.«

»Du kannst doch nicht mit mir zur Schule gehen!«, rief ich entsetzt. »Ich bin vierzehn!« Und damit war ich aus der Tür. Außerdem wollte ich ganz bestimmt nichts darüber hören, wie er seine Abende mit Lan, der Sirene aus dem Saigon Sun, verbrachte!

Es reichte schon, dass ich ein neues Theaterprogramm in der blau-weißen Schale auf unserem Sideboard entdeckt hatte. Früher war diese Schale immer übergequollen vor Flyern und Eintrittskarten für Stücke, die Mom und Dad sich am Broadway und Off-Broadway ansahen. Doch seit fast einem Jahr war die Schale leer. Würde sie sich jetzt wieder füllen?

Abuelo kam gerade rechtzeitig zu unserer Aufführung von *Guys and Dolls*, kurz bevor die Osterferien anfingen. Er misst gerade mal eins fünfundsechzig, womit er in Spanien schon klein ist, aber in Amerika wirkt er geradezu winzig. Wie ein Weihnachtself mit buschigen Brauen und funkelnden Augen.

Abuelo, Dad und ich sahen uns gemeinsam das Musical an, und mein Großvater lobte mich für meine Kulisse zu der Szene, in der Sky Masterson Sarah Brown ins Havana mitnimmt. Ich erzählte ihm, wie ich stundenlang an diesem Diner mit den türkisblauen Sitznischen, rosa Drehhockern und Alufoliensternchen gearbeitet hatte.

»Pero, Sofía, ¿por qué no estás cantando?«

Flüsternd erklärte ich, dass mir die Kulissenmalerei völlig ausreiche. Was ich nicht sagte, war, dass ich in letzter Zeit nicht mal mehr in der Dusche sang.

Allerdings konnte ich mir die Bemerkung nicht verkneifen, dass Natalie zwar eine gute Adelaide abgab, aber ich *A Person Can Develop a Cold* vielleicht doch ein bisschen mehr Pep verliehen hätte. Und Madison spielte die Sarah auch nicht übel, aber ich hätte noch mehr Gefühl in *I've Never Been in Love Before* gelegt.

Später warteten Abuelo und Dad, während ich meine Freundinnen zu ihrer tollen Vorstellung beglückwünschen ging. Alle strahlten vor Freude und Stolz, und ich gab mir wirklich Mühe, meine Eifersucht nicht überhandnehmen zu lassen, aber Tatsache war, dass mir nicht nur das Singen an sich fehlte, sondern auch das Rampenlicht. Die Umarmungen und Gratulationen danach. Als hätte sie meine Gedanken gelesen, versicherte Natalie mir, wie großartig meine Kulissen gewesen seien.

Hätte ich mich doch zum Vorsingen durchringen sollen? Möglicherweise. Aber ich konnte mich nun mal auch nicht aufladen wie ein Handy – einfach ein paar Stunden still daliegen, um dann, so gut wie neu, wieder hundert Prozent zu geben.

Am Tag darauf stellte Abuelo eine behelfsmäßige Werkbank im Keller auf und brachte mir bei, wie man mit Hammer, Akkuschrauber und Laubsäge umging. Er zeigte mir sogar, wie er seine Weihnachtskrippen baute, wie er Rundungen sägte, Feinheiten schnitzte und raue Ränder mit der Feile glättete. Es tat gut, mit ihm zusammenzusitzen und etwas Neues zu lernen.

Natürlich spielten wir auch ein bisschen Touristen. An einem Tag gingen wir zu Fuß über die Brooklyn Bridge, abends sahen wir uns ein Musical an, und danach trafen wir uns mit Dad in dem Drehrestaurant über dem Times Square.

Abuelo sagte, umgeben von den Wolkenkratzern fühle er sich wie in einem Wald aus Gebäuden. »*A María, le encantaba New York.*«

Ich übersetzte: »Maria hat New York geliebt.«

»Allerdings«, stimmte Dad zu. »Sie war hier froh wie der Mops im Haferstroh.«

»Mopp?« Abuelo sah mich fragend an.

Ich erklärte ihm, das entspräche so ungefähr einer Redewendung wie: *feliz como una perdiz* oder *feliz como un lombriz* – froh wie ein Rebhuhn, froh wie ein Regenwurm. Und ich fragte mich, ob einem das Frohsein wohl leichter fiel, wenn man ein Mops, ein Rebhuhn oder ein Regenwurm war.

Mittlerweile flammte meine Sehnsucht nach Mom zu den seltsamsten Anlässen auf. Bei Gesprächen über spanische Redewendungen. Oder wenn mich das Piepen meines Weckers aus dem Schlaf riss anstatt ihres »*Buenos días*«. Selbst im Lebensmittelladen, wenn Dad keine Marcona-Mandeln in den Korb legte – oder mich nicht davon abhielt, Gummibärchen zu kaufen.

Es war nun fast ein Jahr her, seit ich Abuelo mit der schrecklichen

Nachricht angerufen hatte. Diese Woche hatte er mir erzählt, das sei der traurigste Tag seines Lebens gewesen.

Und jetzt gab es wieder etwas, von dem mein Großvater noch nichts ahnte: Dad traf sich mit einer Frau. Viel mehr wusste ich selbst nicht, und ich traute mich auch nicht, es Abuelo gegenüber zu erwähnen. Dafür war Dads Beziehung – mit Lan? – noch zu neu. Jedenfalls behielt ich die Sache für mich. Und als Abuelo wieder zurück nach Segovia flog, hatte er keinen Schimmer davon, wie schnell sich bei uns in New York alles wandelte.

»Darf ich reinkommen?«, fragte Dad ein paar Tage später.

»Ich sitze gerade an Latein.«

Davon ließ er sich nicht abhalten. Ich war schon im Schlafanzug, und Pepper saß auf dem Schreibtisch und putzte sich.

Dad nahm seine Brille ab, putzte mit seinem Hemdzipfel die Gläser und sagte: »Hör mal, Sofia, wie du dir wahrscheinlich schon gedacht hast, ist da jemand Neues in meinem Leben.«

Jemand Neues? Warum sagte er nicht einfach Lan?

»Dad, ich will das nicht wissen!«, erwiderte ich, und Pepper starrte mich erschrocken an. Dann hüpfte er vom Schreibtisch und huschte unters Bett.

»Doch, ich glaube schon, dass du das wissen willst, weil nämlich –«

Warum? Weil Kiki und ich dann Etagenbetten bekämen? »Da liegst du falsch!«

»Aber Schätzchen, willst du nicht –«

»Dad, ich –«

»Sofia, lass mich doch bitte wenigstens –«

»Dad, ich weiß nicht, wie ich mich noch deutlicher ausdrücken soll! Ich will nichts davon hören, klar?«

»Okay, okay.« Er zog sich aus meinem Zimmer zurück.

»Mach die Tür richtig zu!«, forderte ich.

Er tat wie geheißen, und ich unterdrückte mühevoll die Tränen.

Dann kniete ich mich hin und hielt unter dem Bett Ausschau nach Pepper. Er hatte sich neben einem staubigen Stapel Bilderbücher und Brettspiele versteckt. »Komm raus«, bat ich und streckte die Arme nach ihm aus. Aber Pepper regte sich nicht.

Ich wünschte, ich hätte mit Dr. Goldbrook reden können, unserer Beratungslehrerin. Manche Mädchen wollten sich Dr. G. nicht anvertrauen, weil sie eine Fremde war. Ich dagegen konnte es nicht, weil sie unsere Nachbarin und eine Freundin der Familie war.

Als kleines Kind war ich im Halsey Tower regelrecht berühmt gewesen für meinen Gesang. Von meinem Buggy aus beschallte ich die Lobby, den Postraum und den Aufzug mit Kinderliedern. Angeblich konnte ich sogar dann den Ton halten, wenn ich *Die klitzekleine Spinne* und *Mein Hut, der hat drei Ecken* mit den entsprechenden Handbewegungen untermalte.

Mom hatte immer gesagt, ich würde die Erwachsenen zum Lachen bringen, und Dr. G. nannte mich die kleine Nachtigall.

Was sollte ich jetzt machen? An Dr. Goldbrooks Tür klopfen und ihr gestehen, dass die Nachtigall verstummt war?

Ich wusste nicht, wohin.

Liebe Kate,
mein Vater hat eine Frau kennengelernt. Ich kann es immer noch nicht glauben, dass meine Mom tot ist. Die Krokusse sprießen, die Bäume knospen, die Eichhörnchen flitzen durch den Park, aber ich bin noch genauso traurig wie zuvor. Es fällt mir schwer, mir meinen Dad mit einer anderen Frau vorzustel-

len, wie er sie küsst und so was alles. Bitte rate mir jetzt nicht, mit meiner Beratungslehrerin zu sprechen, das geht nämlich nicht. Keine Chance.

Bald jährt sich der Todestag meiner Mom zum ersten Mal, und vorher will ich die neue Freundin auf gar keinen Fall kennenlernen. Danach allerdings auch nicht unbedingt ... Ich schätze, ich will meinen Dad einfach mit niemandem teilen. Schließlich habe ich nur noch ihn. Und muss ich diese Phantomfrau denn mögen, nur weil *er* sie mag?

Ich hoffe, du bist jetzt nicht enttäuscht von mir. Natürlich möchte ich, dass mein Dad glücklich ist, aber kann er damit nicht noch ein bisschen warten? Dass meine beste Freundin in der Versenkung verschwindet, wenn sie jemand Neuen hat, bin ich ja schon gewohnt, aber von meinem Dad hätte ich das einfach nicht gedacht.

Deine Sofia

Ausnahmsweise las ich mir die Mail vor dem Absenden noch einmal sorgfältig durch. Bestimmt hätte ich sie noch ein bisschen überarbeiten können, aber sie war schließlich kein Schulaufsatz und außerdem einfach nur ehrlich.

Das Einzige, was ich änderte, war mein Name. *Sofia* ersetzte ich durch *Eine, der ihre Mom immer noch fehlt*. Es überraschte mich, dass ich automatisch meinen richtigen Namen hingetippt hatte, aber vielleicht lag das daran, dass Kate mir immer mehr wie eine echte Freundin vorkam.

Was natürlich Blödsinn war.

Auf keinen Fall wollte ich zu einem dieser Mädchen werden, das online Leute kennenlernte und sich in Typen verknallte, die sich als Rockstars ausgaben, aber in Wahrheit Serienmörder waren.

Zumindest war Kate keine vollkommen Fremde. Ich hatte sie immerhin schon mal getroffen.

Um nicht ständig auf das E-Mail-Symbol zu starren, das sich einfach nicht regen wollte, griff ich zu *Wer die Nachtigall stört*. Unfassbar, dass wir direkt am ersten Tag nach den Ferien einen Test schreiben sollten. Und mindestens genauso unfassbar, dass es schon elf Uhr und Dad noch nicht zu Hause war. Früher, wenn er mit Mom ausgegangen war, kamen die beiden immer zurück, bevor ich ins Bett ging. Aber dieser neuen Freundin war ich wahrscheinlich egal. Ob ich Dad auch egaler geworden war? Bevor er gegangen war, hatte er schon angekündigt, dass er lange wegbleiben würde: »Wir haben uns diese Woche erst einmal getroffen, das verstehst du sicher.«

Ich wünschte, ihr würdet euch gar nicht treffen, hätte ich am liebsten entgegnet, *das verstehst du sicher*.

Ich zog meinen Schlafanzug an, schnappte mir Pepper und las das Buch von vorne bis hinten durch. Als ich fertig war, war ich fast ein bisschen traurig. Besonders hatte mir die letzte Szene gefallen, in der Atticus Scout ins Bett bringt und sagt, die meisten Menschen seien nett, man müsse sie nur kennenlernen.

Würde ich Dads Phantomfrau früher oder später auch kennenlernen müssen? Musste ich sie dann nett finden? Und wenn es nicht Lan war, wer dann? Irgendeine Witwe aus der Selbsthilfegruppe?

Ich ging so ungern in einer leeren Wohnung schlafen, aber was blieb mir anderes übrig?

Nachdem ich Panther, Tigger und Schildi um mich versammelt hatte, stieg in mir die Frage auf, ob andere Mädchen in meinem Alter auch noch ihre Plüschtiere mit ins Bett nahmen. Aus einem Impuls heraus schrieb ich Kate eine weitere Mail mit der Betreffzeile *Dumme Frage zwischendurch*. Darin wollte ich wissen: *Ab wann ist man eigentlich offiziell zu alt für Kuscheltiere?*

Ich klickte auf *Senden* und hätte mir gleich darauf am liebsten einen Tritt in den Hintern verpasst.

Auf einer Erbärmlichkeitsskala von eins bis zehn lag ich bei fünfundzwanzig.

Zuerst tat es immer gut, mir Dinge von der Seele zu schreiben, aber wenn ich dann nicht gleich Antwort bekam, ging es mir schlechter als zuvor. Ich kam mir entblößt vor und schämte mich.

Auch am nächsten Morgen blieb mein Posteingang leer. In der Schule herrschte Laptop- und Handyverbot, also ging ich nach einem hastigen Mittagessen (marokkanische Tajine mit Couscous – die Köche an der Halsey hielten viel von einer einfallsreichen Menügestaltung, die unserer »kulinarischen Bildung« dienen sollte) in die Bibliothek und setzte mich an einen der Schulcomputer. Nachdem ich mich vergewissert hatte, dass ich allein war, loggte ich mich ein und hoffte auf eine Antwort.

Und Tatsache:

Liebe Eine, der ihre Mom *natürlich* immer noch fehlt, wieso sollte ich enttäuscht sein? Das alles zeigt doch nur, wie eng das Verhältnis zwischen dir und deiner Mom war und was für ein großes Herz du hast. Es wäre viel ungewöhnlicher, wenn du überhaupt kein Problem mit der neuen Beziehung deines Dads hättest. Wie gesagt, der Tod deiner Mutter ist nichts, worüber du jemals wirklich hinwegkommen wirst, aber immerhin hast du dich jetzt bereits fast ein Jahr ohne sie durchgeschlagen. Das kann nicht leicht gewesen sein, also klopf dir dafür ruhig mal auf die Schulter!
Wie möchtest du diesen Jahrestag eigentlich begehen? Du könntest zum Beispiel ihr Lieblingslied auflegen, ein paar

Freunde einladen und gemeinsam mit ihnen in Erinnerungen schwelgen, oder in eurem Garten eine Rose für sie pflanzen. Und danach? Du wirst deine Mom nie vergessen, aber ich glaube fest daran, dass du die Kraft aufbringen kannst, dich mit deinem Dad und seiner neuen Freundin zu treffen, wenn ihm so viel daran liegt. Falls du es aber noch nicht schaffst, dann sag deinem Dad, dass du einfach noch nicht so weit bist. Ob du sie mögen musst? Nein. Aber alles ist leichter, wenn man gut miteinander auskommt. Also bemühe dich ein bisschen, offen zu bleiben, okay?
K.
PS: Was die Kuscheltiere angeht – da gibt es keine feste Regel, also ganz ruhig! Und übrigens kriege ich mehr Post, als du dir vorstellen kannst, und es war noch keine einzige dumme Frage dabei.

Später beim Tischdecken sah ich zu Dad hoch und fragte aus reiner Höflichkeit: »Und, hattest du gestern einen schönen Abend?« In der blau-weißen Kulturschale hatte ich ein neues Programmheft entdeckt: Orpheus-Kammerorchester in der Carnegie Hall.

Er stocherte in den marinierten Hähnchenschenkeln herum. »Ja, sehr schön.«

Ich hoffte, damit war der Sache Genüge getan, und er würde nichts weiter dazu sagen, kein einziges Wort.

»Sofia, ich würde sie dir wirklich gern vorstellen. Wie wär's, wenn wir uns dieses Wochenende mit ihr und ihrer Tochter treffen würden?«

Vorstellen? Also war es nicht Lan?

»Ich bin einfach noch nicht so weit«, entgegnete ich, erstaunt über meine Entschlossenheit. In dem Moment fiel mir wieder ein, wie Dad mir erzählt hatte, ich sei mit einer Woche Verspätung auf die Welt gekommen, erst nachdem bei Mom die Wehen eingeleitet wurden. »Wieso das denn?«, hatte ich damals gefragt.

»Du warst einfach noch nicht so weit«, hatte er geantwortet.

Wieder sah ich auf und fügte hinzu: »Vielleicht nach dem 7. April.«

»Das ist doch mal ein Wort«, sagte er. »Hey, hast du eigentlich dieses *Handbuch für Mädchen* schon durch, das ich dir gekauft habe?«

»Zum Teil«, antwortete ich, ohne zu verraten, wie oft ich das Kapitel *Was tun, wenn jemand stirbt, der dir nahesteht?* gelesen hatte. Es hatte mir das beruhigende Gefühl gegeben, dass ich nicht die Einzige auf der Welt war, die ihre Trauer im Schneckentempo verarbeitete.

Es krachte, und Pepper kam im Galopp aus dem Wohnzimmer geschossen. Als ich aufstand, sah ich, dass er ein Foto von Mom, Dad und mir umgeworfen hatte. Da lagen wir drei auf dem Boden und starrten durch zersplittertes Glas an die Decke.

Ich bemühte mich, nichts in dieses Bild hineinzulesen, aber mir ging unweigerlich durch den Kopf, dass meine Familie in Scherben lag. Ich war an Moms Tod zerbrochen.

Am liebsten hätte ich Kiki oder Natalie angerufen, und die beiden hätten vermutlich genau das Richtige gesagt, aber anderseits hatte ich das alles schon tausendmal von ihnen gehört: »Das muss wahnsinnig schwer sein.« – »Deine Mom war so nett.« – »Ich wünschte, ich könnte dir irgendwie helfen.«

Ich klappte den Laptop auf. Kate *konnte* mir helfen. Vielleicht hatte sie zu tun, schrieb gerade anderen Mädchen oder verbrachte Zeit mit ihrem Mann und ihrer eigenen Tochter, ab ich musste das jetzt loswerden, also fing ich an zu tippen.

Liebe Kate,
mein Kater hat gerade ein Familienfoto kaputt gemacht, und das war wie ein Omen. Ein Zeichen dafür, dass ich die Vergangenheit ruhen lassen und mich mit der Freundin meines Dads treffen sollte, auch wenn ich sie gerne hassen würde. Glaubst du an so was?
Viele Grüße von einer, die sich verloren vorkommt und so gern gefunden werden möchte

Die Antwort kam fast sofort.

Liebe ganz und gar nicht Verlorene,
nein, an Omen glaube ich nicht, aber daran, dass man akzeptieren sollte, worauf man sowieso keinen Einfluss hat. Deine Familie wirst du immer heil und sicher in dir tragen, daran kann kein Mensch und kein Kater etwas ändern. Aber es ist gut, wenn du dich langsam bereit fühlst, die Freundin deines Dads kennenzulernen. Betrachte das nicht als Untreue gegenüber deiner Mom, sondern vielmehr als Unterstützung für deinen Vater. Könnte es nicht vielleicht sogar Vorteile haben, dass er eine Freundin hat?
Und glaubst du nicht auch, deine Mom würde sich wünschen, dass er glücklich ist? Dass Ihr *beide* glücklich seid?
K.

Hatte es Vorteile, dass Dad eine Freundin hatte? Er tat mir nicht mehr so leid wie früher. Und er lag mir nicht mehr ganz so sehr damit in den Ohren, dass ich nie mein Handtuch ordentlich aufhängte – aber vielleicht hatte ich mich darin ja auch einfach gebessert? Und er summte ständig vor sich hin. Aber ob das nun was Positives war ...

Dad und ich redeten immer noch nicht viel miteinander, aber das mochte zum Teil auch meine Schuld sein. Zwischen Mom und mir war alles viel ungezwungener gewesen, wir hatten ja im wahrsten Sinne unsere eigene Sprache.

Ich beschloss, an etwas anderes zu denken, irgendwas Schönes, wie einen netten Jungen. Aber fand gerade keinen so richtig toll. Weder Daniel noch Julian und schon gar nicht Miles. Niemanden.

Da Kate offenbar gerade online war, entschied ich mich, ihr eine letzte, ziemlich heikle Frage zu stellen. Ich war mir zwar relativ sicher, wie die Antwort lauten würde, aber mir war da etwas Seltsames aufgefallen, und eine Bestätigung von ihr würde mich sicher beruhigen.

Liebe Kate,
das ist mir jetzt extrem peinlich, aber ich habe so einen kleinen rosa Pickel mit weißer Spitze. Wie im Gesicht, aber *da unten*.
Ich hatte ja noch keinen Sex (!!), darum kann das doch keine Geschlechtskrankheit sein, stimmt's?

Wieder antwortete sie in Sekundenschnelle.

Stimmt.

Puh!

Wie praktisch, Kate nur einen Mausklick entfernt zu wissen! Sie war warmherzig, wusste auf alles eine Antwort und kostete nicht mal etwas. Und über viele Themen ließ es sich so viel leichter schreiben als reden. Es war schön, mich ihr jederzeit online anvertrauen zu können. Besser, als es jemals von Angesicht zu Angesicht wäre. So eine Frage wie die gerade könnte ich im wahren Leben niemals jemandem stellen!

April

Ich freute mich nicht gerade auf Samstag. Aber schließlich hatte ich Dad versprochen, dass ich nach Moms erstem Todestag bereit sein würde, die Phantomfrau kennenzulernen.

Am 7. April nieselte es. Dad hatte veranlasst, dass der Riverside Park eine Zierkirsche zu Moms Ehren pflanzte, und jetzt machten wie beide einen Spaziergang zu dem Bäumchen, damit ich wusste, wo es stand, falls ich es mal besuchen wollte.

Es besuchen? Ich wollte dieses blöde Ding nicht sehen! Was sollte das auch bringen? Aber jetzt standen wir auf dem matschigen Hügel an der 89. Straße und betrachteten den Setzling mit der glatten Rinde. Es fiel mir schwer, ihn mir als »Moms Baum« vorzustellen.

Eine Frau im Park rief uns etwas zu. Sie hielt ein Kind an der Hand, das seinen roten Regenschirm mit gelbem Entchenaufdruck hin und her drehte. Im Arm trug es eine Babypuppe, die in eine Decke gewickelt war, sodass nur der Plastikkopf hervorlugte.

»Dr. Wolf!«, rief die Frau wieder. »Sie erinnern sich vielleicht nicht mehr an mich, aber Sie haben meiner kleinen Tochter auf die Welt geholfen!«

Dad gab seine Standardantwort. »Selbstverständlich erinnere ich mich an Sie! Und das hier ist *meine* kleine Tochter.«

Die Frau wandte sich an mich und beteuerte, das mit meiner Mutter tue ihr furchtbar leid. »Meine Nichte hatte vor Jahren Spanisch bei ihr. Sie hat sie so geliebt.«

Was sollte ich dazu sagen? Dass ich sie auch geliebt hatte? Und immer noch liebte? Ich entschied mich für ein schlichtes »Danke« und wartete dann, dass das Intermezzo mit dem Mutter-Tochter-Babypuppen-Gespann vorüberging. Ich wollte, dass der ganze graue Tag endlich vorüberging.

In der Schule erzählte ich Kiki, dass ich Dads Freundin kennenlernen musste.

»Also gibt es das Phantom tatsächlich?«, vergewisserte sich Kiki etwas enttäuscht.

»Ein Phantom plus *Tochter*«, erwiderte ich besorgt.

»Na, das könnte doch auch sein Gutes haben.«

»Bezweifle ich.« Ich berichtete, dass wir uns eigentlich beim Koreaner in der Stadt auf ein Bibimbap hatten treffen wollen, aber da die Tochter an dem Tag schon einen »Termin« hatte, mussten Dad und ich nun stattdessen zu ihnen raus nach Armonk fahren, das fast eine Stunde entfernt lag.

»Wie doof«, pflichtete Kiki mir bei. »Aber vielleicht läuft es trotzdem besser, als du denkst.« Sie deutete auf ein kitschiges Poster mit der Aufschrift: *Das Wichtigste, was man einem anderen Menschen geben kann, ist eine Chance*, und zog eine Grimasse. »Siehst du? Das Universum will dir was mitteilen.«

»Und was, wenn ich es nicht hören will?«

»Vielleicht verstehst du dich ja auf Anhieb blendend mit dem Phantom plus Tochter.«

»Oder wir können einander nicht ausstehen, und sie beschließt, dass der heiße Draht zum Frauenarzt das ganze Theater nicht wert ist.«

Kiki lachte und ich überlegte, ob ich mit Lan nicht doch besser dran gewesen wäre. Es gab ein spanisches Sprichwort, das Mom in solchen Fällen immer zitiert hatte: *Más vale diablo conocido que diablo por conocer.* Übersetzt bedeutete es so viel wie: Der Teufel, den man kennt, ist besser als der Teufel, den man nicht kennt.

Tja, auf Teufel jeglicher Art hätte ich lieber komplett verzichtet.

Kiki und ich hasteten zu Spanisch und setzten uns zu dem Dutzend anderer Mädchen in pastellfarbenen Poloshirts und Kakihosen. Der Dresscode an unserer Schule sorgte dafür, dass wir alle praktisch in Uniform herumliefen – nur freitags wurde das Ganze etwas lockerer gehalten und wir durften tragen, was wir wollten.

Die Lehrerin bat mich, eine Textpassage vorzulesen, und erklärte dann, dass »*cuando nos veamos mañana*« (wenn wir einander morgen sehen) im Subjuntivo stehe, weil sich schließlich niemand sicher sein könne, was am nächsten Tag passierte.

Wem sagte sie das.

Dad und ich gingen zum Parkhaus an der Ecke 90. Straße und Amsterdam Avenue. Unser Wagen wurde vorgefahren, und ich öffnete aus Gewohnheit die hintere Tür, wie früher, als Mom immer auf dem Beifahrersitz gesessen hatte. Um meinen Irrtum zu überspielen, warf ich meine Tasche auf den Rücksitz und stieg dann vorne ein. Dad sagte nichts.

Beim Fahren trommelte er mit den Fingern aufs Lenkrad und spähte ständig zu mir rüber. Offenbar war auch er nervös. Als wir auf die 684 auffuhren, sagte er: »Hör mal, Cupcake, jetzt musst du es aber wirklich wissen: Meine Freundin ... also, du bist ihr schon mal begegnet.«

»Wie jetzt?«

»Erinnerst du dich an Katherine Baird?«

»Nein.« Ich knibbelte an meiner Nagelhaut. »Das heißt, der Name kommt mir irgendwie bekannt vor.«

»Frag Kate?«

»Frag Kate?«

»Die den Vortrag an deiner Schule gehalten hat?«

Auf meinen Armen bildete sich eine Gänsehaut. »Was ist mit der?«

»Na, sie ist es.«

Meine Kehle war plötzlich wie zugeschnürt, und ich konnte nicht schlucken.

»Ich wollte es dir schon längst sagen, aber du hast mich ja nie gelassen.«

Ich starrte stur geradeaus.

»Du wirst sie sicher mögen. In der Schule fandest du sie doch auch gut, stimmt's? Du hast mich ja damals überhaupt erst dazu gebracht, zu der Veranstaltung zu gehen. Lan meinte, Kiki sei ihr größter Fan.«

»Kiki schon, aber ...«

»Aber was?«

Ich schloss die Augen und wandte mich ab. »Ich find's halt einfach ... komisch.« Weil ich gedacht hatte, Kate sei auf *meiner* Seite. Weil ich mich jetzt irgendwie von ihr verraten fühlte. Und weil ich nicht wollte, dass die Freundin meines Vaters meine tiefsten Geheimnisse kannte! Oh Gott, was ich ihr alles geschrieben hatte! Übers Küssen und Lügen! Über Trauer und Bisexualität! Kuscheltiere! Sogar dass ich *sie* hasste! Und – oh nein, dieser blöde, blöde Pickel!

Kann mich bitte einfach jemand erschießen?, dachte ich verzweifelt.

Dad warf mir einen Seitenblick zu. »Komisch ist doch nicht schlimm, oder? Katie weiß, was wir durchgemacht haben. Auf dem Gebiet ist sie Expertin.«

Ich fragte mich, wann Katherine bei ihm zu Katie geworden war und die größte Tragödie unseres Lebens zu einem »Gebiet«. Ich rutschte tiefer in meinen Sitz. »Mir war gar nicht klar, dass sie Single ist.«

»Geschieden.«

»Wie alt ist denn ihre Tochter?«

»Sechzehn.«

Sechzehn? Wenn sie zehn gewesen wäre, hätte sie mich vielleicht noch cool gefunden. Aber sechzehn? Da würde sie doch nie im Leben was mit mir zu tun haben wollen!

»Hast du sie schon kennengelernt?«

»Nur einmal kurz, als ich zum ersten Mal bei ihnen zu Hause war. Da hatten Katie und ich gerade festgestellt, dass wir einander eigentlich schon seit Jahren kennen.« Er erzählte, dass seine Highschool-Liebe früher mit Kates großer Schwester befreundet gewesen war. »Wir haben sie ab und zu bei Trivial Pursuit mitspielen lassen. Damals hatte Katie noch Zöpfe und hieß mit Nachnamen Dibble. Ist das nicht witzig?«

Haha.

»An der Halsey haben wir einander zuerst gar nicht erkannt«, fuhr Dad fort. »Ich hatte sie mit Zahnspange in Erinnerung und sie mich mit langen Haaren und Schnurrbart.«

»Schnurrbart?«

»Ob du's glaubst oder nicht! Sie kam mir vage bekannt vor, aber natürlich kann ich eine Frau nie fragen, ob ich sie von irgendwoher kenne – kann schließlich sein, dass sie eine meiner Patientinnen ist.« Er zuckte mit den Schultern. »Nach dem Vortrag habe ich sie in ihr Auto steigen sehen, aber dann ist sie sofort wieder ausgestiegen, und es war klar, dass irgendwas nicht stimmte. Also habe ich sie gefragt, ob etwas nicht in Ordnung sei, und sie sagte, ihr Wagen würde nicht anspringen. Ich habe ein Taxi angehalten, das Starthilfe geben konnte, mich mit ihr ins Auto gesetzt und es wieder zum Laufen gebracht. Da war sie natürlich dankbar. Wir haben nur ein, zwei Minuten dagesessen, aber als uns klar wurde, dass wir beide alleinerziehend sind ...

Stopp! Ich wollte Dads neue Kennenlerngeschichte nicht hören! Die alte war mir tausendmal lieber – von ihm und Mom im Krankenhaus, in dem Dad damals Assistenzarzt war und Mom als Dolmetscherin arbeitete. Wie oft hatte er mir von der peruanischen Frau erzählt, die in den Wehen lag, und wie er – zack! – nicht bloß Zwillinge auf die Welt geholt, sondern sich ganz nebenbei auch noch verliebt hatte.

Außerdem passte es mir nicht, dass Dad Kate schon *vor* Mom gekannt hatte. Das erschien mir irgendwie unfair.

»Und wie ist die Tochter so?«, wollte ich wissen. »Nett?«

»Wie könnte sie das nicht sein, mit einer Mom wie Kate?«

»Dad, sechzehnjährige Mädchen sind nicht gerade bekannt für ihre Nettigkeit.« Dass die Tochter nett war, war genauso wenig gesagt wie dass alle Lehrerkinder superschlau, alle Pfarrerskinder wohltätig oder alle Psychologenkinder ganz richtig im Kopf waren.

»Ihr zwei versteht euch sicher gut«, meinte Dad und tätschelte mir das Knie, als wäre ich acht.

Zumindest hatte ich jetzt aufregende Neuigkeiten für Kiki. Sie würde sich in die Hose machen, wenn sie wüsste, wohin ich gerade unterwegs war – und dass zwischen Frag Kate und Dr. Begehrter Junggeselle etwas lief.

Aber ich wollte nicht mit Kate zu Mittag essen. Ich hatte mich darauf verlassen, dass sich unsere Wege nie mehr kreuzen würden, nur darum hatte ich ja so ungehemmt drauflosgetippt. Und jetzt? Würde sie mich von der Signierstunde wiedererkennen, wo ich stumm wie ein Fisch neben Kiki gestanden hatte? Sollte ich sie darauf hinweisen, dass wir zwei quasi Brieffreundinnen waren?

Wir fuhren und fuhren, bis die Autobahnen Landstraßen wichen und die Häuserblocks Bäumen im ersten zarten Blätterkleid.

Als wir das Haus erreichten, war ich schon fix und fertig vor Aufregung. Kate musste davon ausgehen, dass sie mich zum ersten Mal traf, dabei wusste sie besser als jeder andere, was in mir vorging.

In kakigrüner Stoffhose und einem apricotfarbenen Pullover kam sie nach draußen, um uns zu begrüßen. Zum Glück schien sie nicht Kikis stummen Sidekick in mir zu erkennen.

Eine alte weiße Katze taperte über den Rasen wie ein lebendiges Sofakissen. Kate stellte sie als Coconut vor, und ich hörte mich sagen: »Ich liiiiebe Katzen! Katzen sind so toll!« Und dann plapperte ich drauflos, als gäbe es kein Morgen – ihre Katze, mein Kater, Katzen im Allgemeinen und wie sehr ich sie doch liiiiebte. Anscheinend wollte ein Teil von mir Kate unbedingt darauf stoßen, dass ich Catlover99 war und sie nicht nur meinen Dad schon gekannt hatte, sondern auch mich.

Der vernünftige Teil von mir dagegen wollte einfach nur, dass der schwachsinnige Teil die Klappe hielt. Alles wäre anders, wenn wir einfach bei null hätten anfangen und Kate mich auf weniger peinliche Weise hätte kennenlernen können. Ich wollte schließlich, dass sie die Tochter ihres neuen Freundes für ein nettes, normales Mädchen hielt, nicht für eine Irre, die sich ständig in die blödesten Jungs verknallte und an den blödesten Stellen Pickel bekam.

Im Haus zeigte Kate uns ein altes Fotoalbum mit gelb-schwarzen Hippieaufklebern darauf.

»Das ist ja dufte!«, sagte mein Dad. »Echt groovy!«

Ich sah ihn entgeistert an. »Dad! Aufhören!«

Er verwandelte sich wieder zurück in meinen Vater und fragte: »Sind das Peter-Max-Sticker?«

»Ja. Das hat meiner großen Schwester gehört. Aber wartet erst mal ab, was da drin ist. Bereit?« Kate präsentierte uns ein Foto von zwei Mädchen mit Föhnfrisuren, einem mit Zöpfen und einem langhaarigen Jungen, der einer von ihnen Hasenohren machte. »Guck mal ganz genau hin«, sagte sie zu mir.

»Wow! Dad, bist du das etwa? Und das sind Sie, Mrs Baird?!«

»Kate, bitte. Das heißt, damals haben mich noch alle Katie genannt.«

»Okay«, sagte ich, obwohl ich wohl nie im Leben ein *Okay, Kate* rausgekriegt hätte.

Sie erklärte, das Foto sei bei einem Footballspiel an der Highschool entstanden. »Vielleicht war das sogar der Tag, an dem wir uns kennengelernt haben!« Sie schenkte Dad ein Lächeln, bei dem ich das Gefühl hatte, mich hinsetzen zu müssen.

Als Nächstes führte sie uns im Erdgeschoss herum, was ihr Büro mit einschloss. In den Bücherregalen standen lauter Fachliteratur und verschiedene Ausgaben des *Handbuchs für Mädchen*, teils auch in andere Sprachen übersetzt. An der Wand hing ein gerahmtes Foto von Kate mit den Moderatorinnen von *The View*. Außerdem ein Zettel, der besagte: *Ohne Ihr Buch hätte ich meine Teenagerzeit nicht überlebt.* Und ich sah eine Liste mit Telefonnummern von Hilfe- und Seelsorgehotlines für Jugendliche. Auf Kates Schreibtisch lag ein Brief, der mit *Liebe Kate oder wen es sonst interessiert ...* überschrieben war, und der Bildschirm ihres Computers zeigte eine geöffnete E-Mail. Ich stellte mir vor, wie sie genau dort saß und las, was ich ihr geschrieben hatte.

Es war seltsam. Unter normalen Umständen wäre ich begeistert gewesen, neben der echten Frag Kate zu stehen. Aber das hier waren nun mal absolut unnormale Zustände.

»Wollen wir erst mal essen?«, fragte Kate. Sie ging zurück in die Diele und rief die Treppe hoch: »Alexa! Unsere Gäste sind da.« Als sich oben nichts regte, versuchte sie es erneut: »Alexa! Mittagessen!«, und nachdem sich nach zwei Minuten immer noch nichts getan hatte: »*Alexa!*«

Wie es aussah, war Kates Tochter auch nicht gerade scharf darauf, meine Bekanntschaft zu machen.

Schließlich kam sie nach unten, in einem Sweatshirt mit dem Aufdruck *Byram Hills Volleyball*. Wie ihre Mom hatte sie jeansblaue Augen und rötlich blondes Haar, nur dass Alexas länger und glatter war. Sie war hübsch, wenn auch ganz anders als Kiki oder Madison. Eher auf die sportlich-kräftig-toughe Art. »Hey«, sagte sie, ohne sich ein Lächeln abzuringen.

Wir folgten Kate ins Esszimmer und setzten uns, während Alexa anfing, Hühnersuppe auf die Teller zu schöpfen. »Die haben Mom und ich heute Morgen gekocht«, eröffnete sie uns.

»Sieht köstlich aus«, sagte Dad, doch als er einen Löffel probiert hatte, verzog er das Gesicht. »Hui, ganz schön scharf! Hast du schon probiert, Cupcake?«

Cupcake? Hatte er mich gerade tatsächlich vor Kates sechzehnjähriger Tochter Cupcake genannt? Ich spürte, wie meine Wangen zu glühen anfingen – ob wegen des Essens oder vor Scham, konnte ich nicht sagen.

»Vielleicht war ich etwas zu großzügig mit den geräucherten Jalapeños«, räumte Alexa ein und unterdrückte ein Grinsen. »Aber ist doch eigentlich witzig, wenn das Essen sich ein bisschen wehrt.«

Dad und ich wechselten einen Blick.

»Ich hole mal kaltes Wasser«, sagte Kate, die Alexa kurz finster ansah und dann durch die Schwingtür in die Küche verschwand.

Alexa ergriff die Gelegenheit beim Schopf. »Mom hat erzählt, dass du Gynäkologe bist, Gregg. Sofia, bist du auch bei ihm in Behandlung?«

»Ich gehe noch zum Kinderarzt«, antwortete ich und fragte mich gleich darauf, warum um alles in der Welt ich nicht einfach Nein gesagt hatte.

Alexa wandte sich Dad zu. »Sind Gynäkologen nicht meistens Frauen? Ich gehe zu einer Frau.«

»Heutzutage schon eher, aber als ich angefangen habe, war es ungefähr fifty-fifty.«

»Und wie bist du darauf gekommen, Frauenarzt zu werden?«, bohrte Alexa weiter. »Ich hab da neulich so einen alten Film gesehen, *Ich glaub', mich tritt ein Pferd* hieß der. Da wird einer von diesen Chaoten aus der Studentenverbindung später Gynäkologe in Beverly Hills. Tiefe Einblicke ins Leben der Stars!« Sie lachte.

Kate kam mit einer Karaffe Wasser zurück. »Alexa meint nur –«

»Ist doch eine legitime Frage«, sagte Dad ungerührt.

»Du interessierst dich also für den weiblichen Körper?«, erkundigte sich Alexa ganz unschuldig.

»Alexa, wenn du dich nicht benehmen kannst –«

»*Benehmen?*«, wiederholte Alexa. »Weißt du was, Mom, ich kann auch *gehen*, wie wär's damit? Wegen dieser Geschichte hier verpasse ich nämlich Nevadas Geburtstag!«

Stirnrunzelnd stellte Kate eine Platte Quesadillas auf den Tisch, doch Dad sagte nur: »Ich hatte an der Uni einen Kurs in Geburtskunde, und nachdem ich das erste Mal mitgeholfen hatte, ein Kind auf die Welt zu holen, war ich sofort Feuer und Flamme. Ärzte reden immer von Geburten, die routinemäßig verlaufen sind, aber wenn man mal darüber nachdenkt, ist nichts davon wirklich Routine, sondern jede einzelne Entbindung ein echtes Wunder. Was könnte schöner sein als die Geburt eines neuen Menschen?«

»Hm, Sonnenuntergänge? Regenbögen? Hockeyspieler? Hilf mir doch mal, Sofia.«

Häh? Jetzt wollte sie Unterstützung von mir? Mein Mund brannte noch immer von ihrem Hexengebräu.

»Und wie viele Babys bringst du so pro Woche zur Welt?«, wollte Alexa wissen.

»Tja, bei Vollmond und im Sommer steigt die Geburtenrate immer ein bisschen an«, erklärte Dad, »aber um genau zu sein, habe ich letzten Frühling nach fast zwanzig Jahren die Geburtshilfe an den Nagel gehängt.«

»Warum das denn?«

»Nach Marias Tod wollte ich nicht mehr die ganze Zeit auf Abruf bereitstehen. Ich wollte nicht mehr Hals über Kopf losflitzen müssen, wenn sich um drei Uhr nachts ein Baby ankündigte. Und wenn Sofia mich brauchte oder in einem Musical mitsang, wollte ich das nicht verpassen.«

»Also hast du quasi einen Bereitschaftsdienst gegen den anderen eingetauscht?«, witzelte Alexa.

»So würde ich das nicht ausdrücken«, wandte Dad ein.

»Ich wusste gar nicht, dass du deswegen aufgehört hast«, murmelte ich.

»Meine Kollegen sind gern für mich eingesprungen.«

»Aber Dad, die Geburtshilfe hat dir doch so viel Spaß gemacht.« Er präsentierte mir jedes Jahr stolz die vielen Weihnachtskarten, die seine ehemaligen Patientinnen ihm schickten.

»Ich habe eben beruflich eine neue Richtung eingeschlagen«, erwiderte er. »Außerdem mache ich ja jetzt auch noch die ganze ehrenamtliche Arbeit mit den Jugendlichen.«

Nun hatte ich ein schlechtes Gewissen. Mir war überhaupt nicht klar gewesen, dass Dad das teilweise auch meinetwegen getan hatte.

»Ist das nicht ulkig?«, sagte Alexa und sah mich an. »Zusammengenommen haben dein Dad und meine Mom bei jungen Frauen den hundertprozentigen Durchblick, innerlich und äußerlich, körperlich und geistig.«

Ich sagte nichts.

»Ich find's schön, dass wir gemeinsame Interessen haben«, sagte Kate, während sie in die Küche ging. Mit Mango-Sorbet und einem Teller Marshmallow-Küken kam sie zurück.

»Igitt, das eine hier ist ja total zermatscht«, sagte Alexa und hob das unförmige gelbe Ding an. »Eher ein Kackhaufen als ein Küken!« Dann wandte sie sich wieder an Dad. »Ich hab gelesen, Frauenärzte werden oft dafür kritisiert, dass sie zu viele Kaiserschnitte machen, obwohl sie eigentlich gar nichts dafür können. Die reichen Mütter wollen den Geburtstermin selbst bestimmen, und manche Frauen sind einfach zu dick, sodass ihre Riesenbabys auf normalem Weg einfach stecken bleiben würden. Ist das wahr?«

War Alexa etwa immer so, oder zog sie diese Show nur für uns ab?

»Das ist mit Sicherheit etwas zu vereinfacht dargestellt –«, fing Dad an.

Kate sprang auf. »Wie wär's mit einem kleinen Spaziergang?«

»Gute Idee.« Dad stand auf und legte ihr den Arm um die Taille.

Alexa und ich starrten erschrocken hoch. Ich hatte Dad noch nie eine andere Frau in den Arm nehmen sehen, und Alexa war es offenbar auch nicht gewohnt, ihre Mom im Pärchenmodus zu erleben. Kate schien das nicht entgangen zu sein, denn sie entwand sich Dad und ging zu der Glasschiebetür, durch die man auf die Veranda gelangte.

»Da sind wieder die Hirsche!«, bemerkte sie. Draußen hoben zwei getüpfelte Jungtiere leidlich interessiert die Köpfe. »Die sehen wir jeden Tag«, fügte Kate hinzu. »Sie sind fast zahm.«

Wir machten uns auf den Weg zum Baseballfeld hinter dem Haus.

»Die fressen alles außer Narzissen«, erläuterte Alexa. »Darum hat mein Dad auch den Garten eingezäunt.« Sie zeigte darauf, und ich fragte mich, wo ihr Dad jetzt wohl war.

Wir marschierten auf den Windmill Club zu, den Sportverein, der hinter dem Baseballfeld lag. Der Parkplatz davor war leer, und Kate erklärte, dass der Club erst Ende Mai wieder öffnete. Wir nahmen die schmale Straße um den See. Kate und Dad gingen vorweg.

Alexa ließ sich zu mir zurückfallen und verkündete: »In einer halben Stunde treffe ich mich mit meinen Freunden.« Ob sie ihrer Mom wohl versprochen hatte, sich dreißig Minuten mit mir zu beschäftigen – und nicht eine Nanosekunde länger?

Nachdem wir ein Weilchen geschwiegen hatten, fragte Alexa: »Wie ist das so, auf eine reine Mädchenschule zu gehen?«

»Ich kenne es nicht anders. Ich bin seit dem Kindergarten auf der Halsey. Und wir treffen uns ja auch superoft mit Jungs von anderen Schulen.« *Superoft?* Hatte ich das gerade wirklich behauptet? Warum nicht gleich vierundzwanzig Stunden am Tag? Wieso erzählte ich nicht, dass wir jedes Wochenende gemischte Pyjamapartys veranstalteten? Ach was, *Orgien*!

»Hast du einen Freund?«, wollte sie wissen.

»Nein. Du?«

»So halb, ist eher eine On-Off-Geschichte.« Sie hob einen Kieselstein auf und schleuderte ihn in den Wald.

»Fragst du deine Mom eigentlich auch manchmal um Rat?«

Sie schüttete sich fast aus vor Lachen. »Oh Gott, nein! Fragst du deinen Dad etwa was über deine Periode?«

Genauso gut hätte sie eine Fernbedienung nehmen und mich auf stumm schalten können.

Nach einer Weile bückte Alexa sich, um ihren Sneaker neu zuzubinden, und sagte: »Du bist vierzehn, stimmt's? Und Halbspanierin?«

»Stimmt.«

»Feierst du dann nächstes Jahr deine *quinceañera*? Das haben wir letzte Woche in der Schule durchgenommen, ›der Übergang vom Kind zur Frau‹.«

»Nee, das macht man nur in Südamerika so, nicht in Spanien.«

»Guck mal, siehst du den Rotschulterstärling da?«, wechselte Alexa das Thema. »Im Baum, ungefähr auf zwei Uhr.« Sie deutete auf einen schwarzen Vogel mit einem roten Fleck auf jedem Flügel.

»Ja«, antwortete ich und fügte hinzu: »Als ich klein war, hab ich alle Vögel für Tauben gehalten. Wenn ich eine Ente gesehen hab, hab ich immer ›Taube!‹ gerufen. Bienen und Fliegen hab ich auch lange durcheinandergebracht.«

»Warst nicht die Cleverste, was?« Was mich prompt wieder verstummen ließ.

Ein paar Minuten später, als ein Kaninchen vor uns über den Weg hoppelte und vor Schreck erstarrte, zwang ich mich, das Schweigen zu brechen. »Echt schön, dass ihr hier Häschen und Hirsche und so habt.«

»Was habt ihr denn in der Stadt? Bloß Ratten und Kakerlaken?« Ich muss ziemlich entsetzt geguckt haben, weil Alexa sofort einlenkte: »War nur ein Scherz.«

Im Weitergehen wies sie mich auf ein paar Wanderdrosseln hin, und schließlich fragte ich, um Kiki einen Gefallen zu tun: »Wie ist das so, die berühmte Frag-Kate zur Mutter zu haben?«

»Weißt du, was witzig ist? Meine Mom wird ständig von Journalisten gefragt, wie das so für sie ist, einen echten Teenager zu Hause zu haben.« Sie zuckte mit den Schultern. »Aber von mir wollte bis jetzt noch keiner wissen, wie das Leben mit der Frau aussieht, die auf alles eine Antwort hat.«

»Erzähl«, sagte ich. In meinen stillen Monaten hatte ich gemerkt, dass ich die Leute für gewöhnlich bloß zum Erzählen auffordern musste, um ein Gespräch am Laufen zu halten.

»Manchmal ist es echt anstrengend. Die meisten Mädchen kriegen sofort Sternchen in den Augen, wenn sie sie sehen. Letztes Halloween zum Beispiel haben ein Geist, eine Meerjungfrau und eine Prinzessin bei uns geklingelt, und als meine Mom aufgemacht hat, hat die Meerjungfrau nur geflüstert: »Ich hab's euch doch gesagt, dass sie hier wohnt!«

»Och, das ist doch süß.«

»Ja, schon irgendwie«, gab Alexa zu. »Aber für mich ist es meist eher nervig. Meine Mutter hat eine Million kleiner Brieffreundinnen, die sie alle für ihren besten Kumpel halten. Das frisst echt viel von ihrer Zeit. Gerade heute Morgen wollten wir zusammen joggen gehen, aber dann hat ihr wieder irgend so eine kleine Heulsuse gemailt, die drauf und dran war, von 'ner Brücke zu springen, also was sagt meine Mom? ›Alexa, ich brauche noch fünf Minuten.‹ Am liebsten hätte ich geantwortet: ›Mensch, Mom, wünsch ihr doch einfach guten Flug!‹«

Ich spürte, wie mir die Farbe in die Wangen stieg.

»Du solltest mal ihren Posteingang sehen, völlig zugemüllt«, fuhr Alexa fort. »Und was die ihr alles schreiben! Zum Totlachen!« ›Ich bekomme schon Brüste, aber meine Mom geht keinen BH mit mir kaufen.‹ Oder: ›Auf der Kirchenfreizeit hab ich aus Versehen was geklaut.‹ Oder der Klassiker: ›Tut mir leid, dass ich mich so lange nicht gemeldet habe.‹ Als wüsste meine Mom das noch. Die machen sich vielleicht Illusionen!« Alexa schnaubte. »Ha! Die barmherzige Kate, Schutzheilige aller Loserinnen!« Sie sah mich an, wohl in der Erwartung, dass ich lachte.

»Vor ein paar Wochen«, fuhr sie fort, »war ich gerade bei meiner Mom im Büro, als ihr so ein Mädel mit 'nem Pickel an der Muschi geschrieben hat. Die hat totale Panik geschoben, dass sie sich irgendwo eine Geschlechtskrankheit eingefangen haben könnte. Dabei hatte die doofe Nuss noch nicht mal Sex! Wird sie vermutlich auch nie haben. Für immer Jungfrau.« Alexa schien sich königlich zu amüsieren. »Meine Mutter verschwendet die Hälfte ihrer Zeit damit, diesen armen Würstchen Trostpflaster aufzukleben. Sie kapiert nicht, dass sie ihnen damit viel weniger hilft, als wenn sie ihnen einfach sagen würde, sie sollen sich bitte mal zusammenreißen.«

»Liest du ihre gesamte Post?« Ob ich wohl schon knallrot angelaufen war? Alexa musste langsam denken, ich hätte irgendeine seltene Hautkrankheit oder wäre allergisch gegen frische Luft.

»Nur wenn ich mir tödlich langweilig ist. Nicht mal für Geld würde ich das alles lesen – obwohl Mom gerne hätte, dass ich ihr helfe. Aber ich sage ihr immer, dass das ihre Karriere ruinieren würde. Ich würde diesen Freaks nämlich ein für alle Mal stecken, dass sie mit dem Gejammer aufhören sollen. Besonders den Wiederholungstätern, sonst lernen die's ja nie.« Alexa schüttelte den Kopf. »Aber ihre Kolumne lese ich Korrektur. Darum bettelt sie mich immer an, weil sie Angst hat, sich sonst mit ihrer Uralt-Jugendsprache zu blamieren.«

Als wir halb um den kleinen See waren, warf Alexa einen Blick auf ihr Handy. »Hey, soll ich dir mal zeigen, wo wir hier so abhängen?«

»Klar.«

»Mom!«, rief sie. »Sind in einer Viertelstunde zu Hause!«

»Okay!«, rief Kate zurück, die mit Dad Händchen hielt. Ich bemühte mich, nicht allzu offensichtlich hinzuglotzen, aber mein Magen fühlte sich ganz verknotet an.

Alexa deutete auf das Clubhaus und erklärte, dass auf dem Gelände vor Jahrzehnten irgendein steinreicher Typ sein Anwesen gebaut hatte, mit Polofeld, Stallungen und Windmühlen. Später wurde die Windmill Farm aufgeteilt und stärker bebaut und das Polofeld in ein

Baseballfeld umgewandelt. »Im Sommer«, sagte sie, »gibt's hier eine Snackbar, dann stehen überall rote Sonnenschirme, man kann schwimmen und auf die große Rutsche und Beachvolleyball spielen und so.«

Ich versuchte mir Massen von Menschen an den ruhigen Seeufern vorzustellen.

»Früher hab ich immer im Jugendraum Tischtennis und Kicker gespielt. Jetzt treffen wir uns aber meistens woanders. Ich meine, kein Jugendlicher geht in den *Jugend*raum ...«

Alexa führte mich zu einer alten roten Windmühle, an deren Tür die Farbe abblätterte. Sie fummelte eine Weile am Vorhängeschloss herum, dann zog sie den Riegel zurück und wir gingen hinein. Es war dunkel, aber sie marschierte zielstrebig auf eine Leiter zu, die nach oben führte.

Moment mal, wir waren doch nicht etwa gerade hier eingebrochen? »Warst du da oben schon mal?«, fragte ich.

»Klar.«

»Und da kann auch nichts passieren?« Ich spürte förmlich, wie Alexa die Augen verdrehte.

Wieder guckte sie auf ihr Handy und zählte zweifellos bereits die Minuten, bis sie endlich gehen durfte. »Keine Sorge.«

Also kletterten wir rauf. Oben angekommen, setzten wir uns auf eine abgenutzte Holzbank, und ich sah an den verrosteten Mühlenflügeln vorbei auf den See unter uns.

»Ist nicht gerade das Empire State Building«, räumte Alexa ein.

»Nein, aber mir gefällt's.«

»Weißt du, wie ich früher immer zum Empire State Building gesagt habe?« Ich schüttelte den Kopf. »*Vampire* State Building.«

»Ich dachte, es heißt *Entire* State Building!« Ich lächelte vorsichtig, aber sie starrte mich bloß an.

»Wann kriegst du die Zahnspange raus?«

Sofort wurde ich wieder verlegen, aber zumindest hatte ich eine gute Antwort parat. »Dienstag.«

Alexas Handy klingelte, und sie ging ran. »Bin *sofort* da!«, sagte sie. »Fangt ja nicht ohne mich an.« Sie drehte sich zu mir um. »Meine Freundin Nevada wird heute sechzehn, darum haben Amanda und Mackenzie ihr einen Wahnsinnskuchen gebacken, mit Eisbären aus Vanilleglasur obendrauf. Amanda spielt mit mir zusammen Volleyball. Wir kennen uns schon seit, ach, da war ich in der Siebten und sie in der Achten.«

Jetzt, da sie mich so gut wie los war, wurde Alexa plötzlich gesprächiger. Aber sobald wir zurück am Haus waren, raste sie davon wie ein geölter Blitz.

»Insgesamt ist es doch gar nicht schlecht gelaufen, oder?«, fragte Dad auf der Heimfahrt.

»Du meinst, abgesehen davon, dass du mich Cupcake genannt hast, mir die Suppe ein Loch in die Zunge geätzt und Alexa mich behandelt hat, als wäre ich fünf?«

»Sie ist ein zäher Brocken.«

»Das kannst du laut sagen.«

»SIE IST EIN ZÄHER BROCKEN!« Er grinste. »Hast du sie denn wenigstens ein bisschen weichkochen können?«

Ich schüttelte den Kopf.

»Sofia, ich finde es wirklich toll, dass du heute mitgekommen bist. Das bedeutet mir eine Menge.« Er hielt inne. »*Kate* bedeutet mir nämlich auch eine Menge.«

Ich wusste nicht, ob ich *Das ging aber schnell* oder *Mir auch* antworten sollte, und beschränkte mich daher auf: »Können wir Musik hören?«

»Okay, aber jetzt sag doch mal: Katie ist ganz schön nett, oder?«
»Ja«, seufzte ich. »Sie ist ganz schön und sie ist nett.«
»Dir könnte sie auch guttun. Ich meine nur, wenn du dich ihr mal anvertrauen willst.«
Ich sah stur aus dem Fenster.
Er kapierte so was von gar nichts. Wir konnten uns Kate auf keinen Fall teilen. »Dad, mir fällt das eben nicht so leicht wie dir, okay?« Ich drückte einen Knopf, und David Bowie sang: »Ch-ch-ch-ch-changes ...«
Dad drückte auf *Pause*. »Schätzchen, rede doch bitte mit mir.«
»Da gibt es nichts zu bereden.« Ich blinzelte und schluckte, doch da rannen mir schon die ersten warmen Tränen über die Wangen.
»So ist das eben: *Du* kannst eine neue Frau finden, aber ich nun mal keine neue Mom. Das ist nicht deine Schuld, und ich bin froh, dass Kate keine Oberzicke ist oder achtundzwanzig, so wie die Frauen, die Kikis Dad immer anschleppt. Aber du darfst auch nicht erwarten, dass ich sofort total begeistert bin, okay?«
»Okay.«
»Mir fällt es ja schon schwer, nur hier vorne zu sitzen. Das ist für mich immer noch Moms Platz.«
»Mir fehlt sie auch.«
»Tja, aber mir vielleicht mehr.«
Dad ließ die Schultern hängen. »Das ist kein Wettbewerb, und so was lässt sich auch nicht messen.« Seine Hände krampften sich ums Lenkrad. »Ich hab mal gehört, dass Witwen und Witwer, die in ihrer ersten Ehe glücklich waren, schneller wieder heiraten – nicht, dass ich über so was schon nachdenken würde.«
»Das will ich auch schwer hoffen!« Ich verschränkte die Arme und spähte raus zu den anderen Autos, viele mit Paaren auf den Vordersitzen. Ich stellte mir meine Eltern vor, die gemeinsam Kreuz-

worträtsel lösten, fernsahen, einkauften. Diese Erinnerungen durften nicht verblassen.

Als die Trauer bei Dad und mir noch ganz frisch war, konnten wir einander in unserem tiefen Loch zumindest Gesellschaft leisten – geteiltes Leid ist halbes Leid und so weiter. Und keiner von uns hatte Weihnachten genossen, weder die Vorbereitungen noch das anschließende Abschmücken. Aber jetzt war Ende April, Dad machte einen Schritt nach vorn – und nahm Frag-Kate einfach mit. Und dabei war er sich noch nicht mal bewusst, was ich hier für ein Opfer brachte!

In Gedanken formulierte ich eine letzte Mail an sie.

Liebe Kate,
ich kann dir nicht mehr schreiben, weil ich mittlerweile herausgefunden habe, wer mir meinen Vater wegnimmt. Du! Bitte erzähl ihm nicht, dass ich auf dieser Party war und dir all diese Fragen übers Küssen gestellt habe. Und erwähn bloß nicht den Pickel! Tut mir leid, dass ich deine Zeit so in Anspruch genommen habe.
Eine von deinen Loser-Heulsusen

Mir fiel wieder ein, wie ich heute bei der Begrüßung ständig auf meinen Nickname angespielt hatte, indem ich nicht aufhörte, über Katzen zu schwafeln, aber Kate war nicht weiter darauf eingegangen. Was vielleicht auch besser so war. Trotzdem kam es mir nicht richtig vor, unseren Mailwechsel für mich zu behalten. Wurden Geheimnisse vielleicht einfach überbewertet? Meins jedenfalls wurde mir mehr und mehr zur Last.

»Dad, wenn ich dir was erzähle, versprichst du dann, dass du nicht sauer wirst?«

»Tja, Schätzchen, kommt ganz drauf an –«

»Mann, Dad, sag doch einfach Ja.«

»Na schön. Ja. Schieß los.«

Wie würde es sich anfühlen, ihm die Wahrheit anzuvertrauen? Ich beschloss, erst mal klein anzufangen. »Als Kate den Elternvortrag an der Schule gehalten hat, haben Kiki und ich uns oben auf der Empore versteckt. Ich hatte dir einen Zettel geschrieben, aber dann bin ich vor dir nach Hause gekommen und hab ihn weggeworfen.«

Dad schien nicht so richtig zu wissen, was er davon halten sollte. »Okay ...«

»Okay«, wiederholte ich und versuchte zu ergründen, ob mir schon leichter ums Herz war.

Nein. Ich fühlte mich genau wie vorher: einfach nur leer.

Es wäre verrückt gewesen, mehr zu erzählen, also drückte ich wieder auf den Knopf und ließ David Bowie weiter von seinen Ch-ch-ch-ch-changes singen.

Dad stimmte mit ein.

»Aufhören«, stöhnte ich, »du machst das ganze Lied kaputt.« *Du machst alles kaputt.*

»'tschuldige.« Er sang nicht weiter. »Ich finde Bowie einfach immer noch toll.«

Ich wusste, er wollte, dass ich lauter drehte, aber mir war gerade nicht danach, ihm irgendwelche Wünsche zu erfüllen.

Stattdessen drückte ich auf die Skip-Taste und wünschte mir, so etwas gäbe es auch fürs echte Leben: Dann könnte man unschöne Episoden einfach vorspulen.

Aber so lief das nun mal nicht. Also machte ich die Musik schließlich ganz aus, und auf dem restlichen Nachhauseweg herrschte Stille.

Mai

»Sag, wenn es wehtut«, forderte Dr. Kossowan mich auf.
»Geh cho«, brachte ich heraus.

Mein Mund stand sperrangelweit offen, und die Kieferorthopädin und ihr Assistent entfernten mithilfe unzähliger Geräte und Sauger meine Zahnspange, Bracket für Bracket. Zwischendurch tauschten sie immer wieder speichelgetränkte und blutbefleckte Watteröllchen gegen neue aus. Ich wand mich unter der grellen Lampe auf dem Behandlungsstuhl. Aber im Grunde war ich ausnahmsweise mal froh, dort zu sitzen. Endlich wurde ich meine Zahnspange los!

Keine Röntgenaufnahmen, Abdrücke und Gummibänder mehr. Kein hässliches Metall mehr im Mund. Kein verpasster Unterricht mehr, weil ich mal wieder einen Kontrolltermin hatte. Keine albernen Tapferkeitsgeschenke mehr, keine Tütchen voller Gratis-Zahnwachs. Aus den Wachsmassen, die sich inzwischen bei mir angesammelt hatten, hätte ich mir locker einen ganzen Schildkrötenschwarm kneten können. Nach Jahren als Patientin – und zwar eine ziemlich patente Patientin, wie ich fand – würde der Schrott endlich auf dem Müll landen. Auf Nimmerwiedersehen!

Dr. Kossowan fuhr meine Rückenlehne wieder hoch und reichte mir einen Spiegel.

»Wow!«, staunte ich. Meine Zähne standen nicht über Kreuz, es waren keine Lücken zu sehen, und vor allem waren sie nicht mehr in fiese Drähte eingeschnürt, die mir in die Wangen pikten.

Ich bewunderte mein neues Lächeln – und lächelte erst recht.

»Natürlich musst du weiterhin zu Hause deine lose Spange tragen«, ermahnte mich Dr. Kossowan.

»Natürlich«, bestätigte ich, obwohl ich mich für einen Augenblick tatsächlich in Freiheit gewähnt hatte.

Am nächsten Sonntag, während Dad einen Maklertermin hatte, spazierte ich durch den Riverside Park zu Moms Baum. Ich hoffte, dass ich es diesmal schaffte, stehen zu bleiben und ein paar Worte zu sagen.

Aber es war immer noch zu schwer. Ich konnte nicht. Noch nicht.

Ich hielt einfach ein paar Augenblicke schweigend inne und ging dann weiter.

Ein paar Stunden später fuhren Dad und ich raus zu Kate nach Armonk. Diesmal schaltete er im Radio den Bildungssender ein, keine Musik.

Als wir ankamen, sagte Kate: »Alexa muss heute leider den ganzen Tag mit ihrer Lerngruppe für die Abschlussklausur büffeln.«

»Macht doch nichts«, trällerte ich und hoffte im nächsten Moment, dass ich nicht allzu offensichtlich erleichtert gewirkt hatte – statt enttäuscht. Als Dad und Kate sofort wieder mit Händchenhalten anfingen, fügte ich rasch hinzu: »Ich glaube, ich gehe mal rüber zum See.« Besonders wild war ich darauf zwar auch nicht, aber na ja.

Ich staunte, wie grün das Baseballfeld und der Wald geworden waren – und noch mehr über das Stinktier, das mir über den Weg lief, gefolgt von vier schwarz-weißen Jungen auf wackeligen Beinchen. Wer hätte gedacht, dass Stinktiere so niedlich waren?

Am See zog ich die Schuhe aus und steckte probehalber den Zeh ins Wasser. Eisig! Ich konnte mir absolut nicht vorstellen, auf die Rutsche zu steigen und mich dort hineinzustürzen. Ich fing an, nach Kieselsteinen zu suchen, und versuchte sie über die Wasseroberfläche hüpfen zu lassen. Aber sie versanken alle sofort.

»Ganz locker aus dem Handgelenk«, sagte eine männliche Stimme.

Erschrocken fuhr ich herum.

Es war ein Junge, etwas älter als ich. Groß und schlaksig, mit dunkelblondem Haar. Er trug ein verwaschenes schwarzes T-Shirt und abgewetzte Jeans und wirkte nicht sonderlich bedrohlich – Kiki hätte ihn vermutlich als heiß bezeichnet.

»Tut mir leid, dass du mein Gestümper mit ansehen musstest«, sagte ich.

»Mir auch. War kein schöner Anblick.« Langsam breitete sich ein Lächeln auf seinem Gesicht aus.

»Ich hab das noch nie gemacht«, sagte ich schüchtern.

»Wär ich nie drauf gekommen«, neckte er mich.

»Ich wohne in der Stadt«, merkte ich an, als würde das irgendwas erklären.

»*Der* Stadt? New York? London? Entenhausen?« Seine Augen waren meergrün.

Meine Wangen wurden heiß. »New York.«

»Tja, heute ist dein Glückstag. Ganz zufällig bin ich Olympiasieger im Steine-hüpfen-Lassen und könnte dir eine Gratisnachhilfestunde geben.«

»Okay ...«

»Also zunächst mal brauchen wir passende Steine.«

Ich folgte ihm, als er sich auf die Suche nach besonders runden, glatten, flachen Kieseln machte. Dann gingen wir zurück ans Ufer, er legte die Hand unter meine und zeigte mir, wie ich den Steinen den richtigen Drall versetzen musste, damit sie nicht mit einem Plumps unter Wasser verschwanden.

»Als würdest du ein Mini-Frisbee werfen«, erklärte er. Mit einer schnellen Drehung aus dem Handgelenk warf er drei Steine nacheinander, fast parallel zur Wasseroberfläche. Alle drei machten mehrere Hüpfer, bevor sie untergingen. »Siehst du? Du musst einfach nur der Schwerkraft trotzen.«

»Wenn's nur das ist.« Ich lachte.

»Klar, leicht ist es nicht. Aber du schaffst das schon.«

Ich versuchte es. Der erste Stein versank sofort. Der zweite auch. Der dritte machte ein winziges Hüpferchen. Triumphierend reckte ich die Arme in die Luft. »Juhu!« Kurz dachte ich, er müsste mir vor Begeisterung um den Hals fallen, aber er sah nur raus auf den See.

Wir ließen noch ein paar Steine springen, und er fragte, wo genau ich in der Stadt wohnte.

»An der Upper West Side.«

»Ach, bei den Dinosauriern?«

Es dauerte einen Moment, bis ich kapierte, dann lachte ich. »Na ja, nicht direkt *im* Naturkundemuseum.«

»Da hab ich mich oft mit meinen Cousins getroffen. Früher stand ich total auf T-Rex-Knochen und IMAX-Filme.«

»Wir wohnen ungefähr eine Viertelstunde von da, je nachdem, wie gut du zu Fuß bist.«

»Ich bin extrem gut zu Fuß, ich mache Leichtathletik.« Er warf einen Blick auf sein Handy. »Und jetzt muss ich auch los. Ich treffe mich mit ein paar Kumpels, die warten schon.«

»Okay.« Nachdem er sich in Bewegung gesetzt hatte, platzte es aus mir heraus: »Ich bin Sofia.«

Er drehte sich um und rief zurück: »Ich bin Sam.«

Als ich an diesem Abend im Bett lag, musste ich die ganze Zeit an ihn denken. Mir fiel zwar nicht mehr alles ein, was er über die Kunst des Steinehüpfens gesagt hatte, aber ich spürte noch immer seine warme Hand um meine.

Dad hatte einen Notruf erhalten und war gleich losgehastet. Auf seinem Desktop sah ich eine Mail von fragkate@fifteen.com. Es versetzte mir einen Stich, dass sie ihm schrieb, aber nicht mir, und fast hätte ich die Mail geöffnet. Aber ich tat es nicht.

Allerdings war ich schwer in Versuchung, Kate selbst zu schreiben. Ein Update darüber, wie sehr ich mich freute, einen Jungen kennengelernt zu haben, und wie traurig ich war, weil wir umziehen mussten. Aber das ging natürlich nicht, sonst hätte ich am Ende doch noch über das Thema geschrieben, das mir am meisten auf den Nägeln brannte: die Frage, wie es nun wohl mit Dad und seiner Nicht-mehr-Phantomfrau weitergehen würde. Und außerdem interessierte sie das vermutlich sowieso nicht die Bohne. Schließlich ertrank sie auch so in Briefen von Loserinnen.

Ich rief Kiki an. »Wollen wir uns im Riverside Park treffen? Bei den Blumen?«

»Denen aus *e-m@il für Dich*?«

»Ja.« Diesen alten Schinken hatten wir uns tausendmal mit meiner Mom angesehen. Er war einer ihrer Lieblingsfilme gewesen und hier in unserer Gegend gedreht worden. Mom hatte gern davon erzählt, wie die Crew tagelang braune Blätter an kahle Bäume getackert hatte, um es nach Herbst aussehen zu lassen.

»Ich hab aber nur eine halbe Stunde«, schränkte Kiki ein. »Dann treffe ich mich mit Trevor.«

»Trevor? Ich dachte, Tim.«

»Das ist vorbei. Der hat mir zu oft betont, wie ›exotisch‹ ich doch sei. Supergruselig! Ich will nicht, dass mich irgendwer wegen meiner Herkunft mag. Sondern gefälligst, weil ich einfach toll bin.« Diese Tirade kannte ich schon. »Egal, Trevor ist sowieso viel süßer.«

»Komm einfach, ja? Ich muss dir was erzählen.«

Zehn Minuten später standen Kiki und ich am Gemeinschaftsgarten, in dem die Tulpen und Narzissen nur so leuchteten. Die nahen Kirschbäume standen ebenfalls in voller Blüte und dufteten sogar. Zwei Hundesitter mit einem Dutzend Vierbeinern aller Formen und Größen spazierten vorbei.

»Ich hab ein Geheimnis, mehr oder weniger jedenfalls«, sprang ich direkt ins kalte Wasser. Hoffentlich würde Kiki nicht wütend sein, weil ich ihr noch nichts von der Sache mit Kate erzählt hatte, aber erst mal hatte ich schließlich rausfinden müssen, wie ich selbst dazu stand, bevor Kiki losschwärmte, was für ein Riesenglück ich hätte – oder zaunpfahlwinkend eine Einladung erwirkte.

»Ein Geheimnis?«

»Dass mein Dad eine neue Freundin hat, weißt du ja.«

»Klar, das Phantom aus dem Vorort.«

»Da ist was, was du noch nicht weißt.« Wir gingen langsam weiter. »Und du darfst es auch niemandem erzählen.« Auf dem Hudson River schaukelten Boote auf und ab.

Kiki sah mir in die Augen. »Ist gut.«

»Indianerehrenwort?« Mir war klar, wie kindisch das klang, aber ich wollte nicht, dass die ganze Schule darüber tratschte.

»Indianerehrenwort«, beteuerte sie.

»Okay, weißt du noch, als Frag-Kate bei uns an der Schule war? Tja, nach dem Elternvortrag ist ihr Auto nicht angesprungen, und mein Dad hat ihr geholfen, wie ein Ritter in schimmernder Rüstung – na ja, oder zumindest ein Retter in Daunenjacke.«

»Sofia, was faselst du da eigentlich?«

»Kate ist das Phantom!«

»Was?!« Kiki riss die Augen auf. »Oh Gott! Ich fass es nicht! Oder vielleicht doch – meine Mom hat damals erzählt, dass sie zwischen den beiden eine ›Verbindung‹ gespürt hätte, als Kate das Buch für deinen Dad signiert hat. Ich dachte, sie wäre bloß eifersüchtig gewesen.«

»Die beiden kannten sich tatsächlich schon! Nur nicht aus einem vergangenen Leben, sondern aus diesem. Kates große Schwester war die beste Freundin von Dads Highschoolliebe.«

»Im Ernst? Jetzt sag nicht, du warst schon bei ihr zu Hause?«

Ich nickte.

»Mehr als einmal?«

»Ja.«

»Ich werd verrückt! Hast du ein Glück! Warum hast du denn nichts gesagt? Beziehungsweise mich mal eingeladen?«

»Erstens hast du dich in letzter Zeit ziemlich rargemacht. Und zweitens, irgendwann vielleicht.«

»Ist sie nett? Bitte, ich will's nicht wissen, wenn Frag-Kate im echten Leben die totale Albtraumbraut ist.«

»Nein, sie ist nett.« Ich zögerte. »Aber ihre Tochter kann einem echt Angst machen.«

»Pass auf, ihr ladet sie ein, und ich komme zufällig vorbei. Oder ihr geht mit ihnen ins Saigon Sun, dann kriegt ihr auch was umsonst. Bò Lúc Lác und Phở aufs Haus!«

»Kiki, das war noch nicht alles. Du hast ihr doch mal geschrieben, weißt du noch? Und sie hat geantwortet.«

Über uns kreischten Möwen, und mir fiel wieder ein, wie ich einmal mit Kiki den Broadway entlanggelaufen war und mir ein Vogel auf die Jeansjacke gemacht hatte. Ich hatte mich furchtbar aufgeregt, weil ich sowieso schon spät dran war für die Chorprobe, aber Kiki hatte nur gesagt: »Komm, nimm einfach meine Jacke. Ich wasche deine, und morgen tauschen wir zurück.« Gesagt, getan, und ich rannte los, dankbar, so eine gute Freundin zu haben.

»Im Februar«, fuhr ich jetzt fort, »hab ich angefangen, Kate zu schreiben – ziemlich oft. Und sie hat auch jedes Mal geantwortet. Aber das war, bevor ich wusste –«

»Dass sie mit deinem Dad in die Kiste gesprungen ist!«

»Iiih! Kiki! Mit meinem Dad *zusammen* ist. Das ist so schon alles verrückt genug.«

»'tschuldige«, murmelte Kiki.

»Und jetzt weiß ich nicht, ob ich ihr sagen soll, dass ich das war, oder anonym weiterschreiben oder meine Mailadresse ändern soll, bevor sie von selbst dahinterkommt. Ich weiß ja nicht mal, ob ich mir nur eingebildet habe, dass wir irgendwie einen besonderen Draht zueinander hatten! Ihre Tochter hat jedenfalls gesagt, Kate schreibt mit einer Trillion Mädchen. Soll ich ihr erzählen, dass ich eins davon bin? Oder vielmehr *war*? Soll ich mich bei ihr bedanken? Oder soll ich einfach so tun, als wäre das nie passiert?«

»Keine Ahnung«, gestand Kiki. »Das ist echt 'ne harte Nuss.«

»Irgendwie hab ich das Gefühl, da eine Grenze überschritten zu haben. So als würdest du meinen Dad was über Tripper fragen.«

»Apropos«, sagte Kiki, »ich mache mir in ein bisschen Sorgen.«

»Worüber?«

»Über ein paar von den Sachen, mit denen Dr. G. uns immer Angst einzujagen versucht ...«

Ein bisschen wurmte es mich, dass Kiki das Thema auf sich lenkte. Schon komisch, wie man sich jemandem so nahe fühlen kann, nur um sich im nächsten Moment total über ihn zu ärgern.

»Also ... Trevor will halt gern viel mehr machen als nur küssen. Schätze, das war *mein* Geheimnis.« Sie seufzte. »Eigentlich will ich nicht, aber ich will auch nicht, dass er Schluss macht.«

»Habt ihr nicht gerade erst angefangen, miteinander auszugehen?«

»Wenn wir das mal machen würden – meistens bleiben wir zu Hause.« Kiki runzelte die Stirn. »Außerdem will er, dass ich ihm ein Foto schicke, eins, auf dem ich ...«

»Oh Gott, Kiki, darüber denkst du doch wohl nicht ernsthaft nach! Hast du vergessen, wie das bei Bettina gelaufen ist?«

»Nein, hab ich nicht.« Bettina hatte ihrem Freund mal ein Obenohne-Bild geschickt. Das er, als sie mit ihm Schluss machte, natürlich prompt an seine gesamte Lacrosse-Mannschaft weitergeleitet hatte. Innerhalb von Tagen hatte jeder ihre Brüste gesehen. Mir hatten sowohl Kiki als auch Madison das Foto geschickt. Zuerst hatte Bettina sich bemüht, das Ganze nicht an sich heranzulassen, aber jetzt wechselte sie doch an ein Internat in Connecticut.

»Kiki, normalerweise wirkst du jedenfalls glücklicher, wenn du einen neuen Freund hast.«

»Meinst du, ich sollte Kate schreiben?«

»Vielleicht. Aber erwähn bloß nicht mich! Oder mach am besten gleich Schluss mit ihm. Der hat dich sowieso nicht verdient.«

Wir kehrten um und machten uns auf den Rückweg. »Und du?«, fragte Kiki. »Irgendwer Neues in Sicht?«

»Na ja, als wir letztes Wochenende bei Kate waren, hab ich irgendwie einen Typen kennengelernt.«

»Sag mal, wie sprichst du sie eigentlich an? Etwa beim Vornamen?!«

»Mein Dad nennt sie Katie. Ich sage gar nichts.«

»Okay, also du hast einen Typen kennengelernt.«

»Ich war am See und wollte Steine hüpfen lassen, hab es aber nicht auf die Reihe gekriegt. Da ist er auf einmal wie aus dem Nichts aufgetaucht und hat mich damit aufgezogen.«

»Und?«

»Und da hab ich ihm erklärt, dass ich es halt noch nie gemacht habe.«

»Eine Jungfrau im Steine-hüpfen-Lassen, wie süß! Und war er enttäuscht?«

»Eher überrascht. Ich hab erzählt, dass ich aus der Stadt bin, und da hat er gelacht, weil das bei mir anscheinend so klang, als gäbe es nur eine einzige Stadt auf der Welt.«
»Stimmt ja auch.«
»... und dann ...«
»Hattet ihr wilden, leidenschaftlichen Sex!«
»Wieso erzähle ich dir so was überhaupt?«
»Ach, komm«, sagte Kiki. Wir beide analysierten schließlich schon seit der dritten Klasse gemeinsam unsere Jungsgeschichten.
»Er meinte, ich soll es locker aus dem Handgelenk machen.«
»Locker aus dem Handgelenk!« Sie machte eine obszöne Geste.
»Bah, du bist echt ekelhaft. Soll ich jetzt weitererzählen oder nicht?«
»Tut mir leid. Ja, weiter.«
»So war das nämlich gar nicht. Er ... er hat mehr oder weniger meine Hand gehalten.«
»Und wie heißt er?«
»Sam.«
»Sam und Sofia«, sagte sie. »Sofia und Sam. Gefällt mir.«
»Mir auch.«
»Hey, kann ich meiner Mom das von deinem Dad erzählen?«
»Nein.«
»Du weißt ja, ich hab mir immer gewünscht, die beiden würden –«
»Ich weiß.«
Wir gingen hügelaufwärts zur 89. Straße, wo ich Kiki den Baum zeigte, den Dad vor ein paar Monaten hatte pflanzen lassen. »Er ist schon ein bisschen gewachsen«, sagte ich. Kiki schwieg. »Ich hab letzte Nacht sogar von Kate geträumt. Dad und ich waren bei ihr, aber Mom war auch da. Sie saß auf einem Stuhl und hat kein Wort

gesagt. Sie war nicht traurig oder wütend oder auch nur überrascht, wieder lebendig zu sein. Sie war einfach bloß da, bei uns.«

»Vielleicht ist sie das ja wirklich«, sagte Kiki leise.

»Morgen komme ich wieder her. Zum Muttertag.«

Kiki nickte, und ich wandte mich im Gehen noch einmal um und flüsterte dem Baum zu: »Hasta mañana.«

Día de la Madre. Als Mom noch lebte, hatte ich nie viele Gedanken an den Muttertag verschwendet. Er kam und ging ohne großes Tamtam. Natürlich bekam sie von mir eine Karte und Blumen oder irgendein anderes kleines Geschenk, und abends gingen wir alle zusammen essen. Aber wir aßen ziemlich oft auswärts, nicht nur zu besonderen Gelegenheiten. Und Mom und ich verstanden uns sowieso immer gut, wen interessierte es da, was der Kalender sagte? Der Muttertag war nie so wichtig gewesen wie mein Geburtstag, Halloween, Thanksgiving oder Weihnachten – Feste, bei denen man vorher ungeduldig die Tage zählte und an die man sich danach sehnsüchtig erinnerte.

Aber diesmal war es anders. Die penetrante Werbung überall zehrte an meinen Nerven, und als der Sonntag schließlich kam, kündigte er sich an wie ein Skorpion – mit einem Stich.

»Es ist noch nicht zu spät«, plärrte es aus den Lautsprechern in der Drogerie, »um Ihrer Mutter zu zeigen, wie sehr sie Ihnen am Herzen liegt. Alles, was Sie für einen ganz besonderen Muttertag brauchen, finden Sie in Gang sechs!«

Falsch. Es *war* zu spät. Viel zu spät! Und so viele Menschen auch Maria Wolf vermissten: Ich vermisste jemand anderen. Meine Mom.

Nachmittags beschloss ich, mir alte Fotos anzusehen und Musik von Rodrigo und Granados zu hören. *Fotos y música española.* So würde ich diesen Tag begehen.

»Wollen wir heute Abend was essen gehen?«, fragte Dad, bevor er zu einer Visite aufbrach.

»Und zugucken, wie die ganzen glücklichen Familien ihre geliebten Mütter feiern?«

»Auch wieder wahr. Dann bestellen wir uns was?«

»Vielleicht Paella vom Café con Leche? Auch wenn Mom deren Chorizo immer zu salzig fand.«

»Klar.«

Ich erklärte, dass ich noch kurz bei Moms Baum vorbeischauen wollte, und wir einigten uns darauf, uns um sieben Uhr zu treffen.

Als ich die Fotos in meinen Kisten und auf dem Computer durchsah, fiel mir auf, wie viele Bilder es von meinen Freundinnen und mir gab. Viel mehr als von Mom und mir. Warum hatten wir uns nicht öfter zusammen fotografieren lassen?

Ich ging zum Park, in dem es von Familien, Pärchen, Joggern und Hunden wimmelte.

Bei der kleinen Zierkirsche angelangt, setzte ich mich auf den Boden, die Knie an die Brust gezogen. Zuerst atmete ich nur still den Duft von Erde und Frühling ein und genoss die warme Sonne. Ich sah mich um. Einige Bäume hatten ihre Blüten schon abgeworfen und standen in einem rosa Flauschteppich.

Eigentlich hatte ich gar nicht vorgehabt, etwas zu sagen, aber dann fing ich einfach an. Die Leute, die vorbeigingen, dachten wahrscheinlich, ich würde telefonieren oder irgendetwas auswendig lernen. Oder, falls sie meine Tränen sahen und sich bewusst waren, dass wir den zweiten Sonntag im Mai hatten, konnten sie sich vielleicht sogar die Wahrheit zusammenreimen.

»Mom«, sagte ich leise. »Ich weiß nicht, ob du mich hören kannst, aber irgendwie fühlt es sich ein kleines bisschen so an.« Meine Augen brannten. »Mir ist klar, dass du mich nicht ständig hier rumsitzen und weinen sehen willst, darum reiße ich mich nächstes Mal auch zusammen, versprochen.

Es ist einfach so schwer. Das ist schon mein zweiter Muttertag ohne dich. Eines Tages bist du dann zwei Jahre nicht mehr bei uns. Dann irgendwann fünf. Dann zehn. Dann fünfundzwanzig! Ich kann es immer noch nicht glauben, dass du nicht zurückkommst. Nie! Das ist doch einfach nicht möglich. Und fair schon gar nicht.«

Ich wischte mir über die Augen und sah mich verstohlen um. Da saß ich nun mitten im Park und heulte. Was für ein Spektakel.

»Du fehlst mir so. Mehr wollte ich eigentlich gar nicht sagen. Mein Leben geht weiter. Ich bekomme gute Noten, treffe mich mit meinen Freundinnen und gehe babysitten. Aber du fehlst mir so schrecklich! Manchmal werde ich richtig neidisch auf die anderen Mädchen, die ihre Moms noch haben – Moms, die zur Schulabschlussfeier kommen und irgendwann zur Abschlussfeier am College. Zur Hochzeit! Moms, die ihre Enkelkinder kennenlernen können. Das wirst du alles verpassen.«

Ich holte Luft. »Die meisten Leute kapieren einfach gar nichts. Zumindest nicht, wenn sie noch beide Elternteile haben. Ich weiß, jeder hat sein Päckchen zu tragen, aber kann denn irgendwas so schlimm sein wie das hier?« Meine Schultern bebten. »*Es tan difícil.* Und Dad ist eben auch nicht immer da.

Tut mir leid. Ich wollte deinen Baum ehrlich nicht mit meinen albernen Tränen wässern. Und ich gebe dir auch für nichts die Schuld. Ich weiß, dass du lieber noch hier wärst. Du wolltest schließlich nicht so früh gehen. Also, ich will mich nicht beklagen oder dich traurig machen – falls du mich überhaupt hören kannst. Nur manchmal bin ich eben so furchtbar unglücklich. Als wäre in mir irgendwas kaputtgegangen, und ich könnte nie wieder froh sein.

Aber ich versuche, tapfer zu sein.« Mir war klar, wie kindisch das klang. »Ich hab jetzt schon ein ganzes Jahr ohne dich durchgehalten – ein Jahr, einen Monat und eine Woche. Und es ist auch wirklich schon besser geworden, ich sitze nicht mehr die ganze Zeit traurig in der Ecke und rede mit keinem. Aber du sollst bitte trotzdem nicht denken, dass ich dich vergesse. Das tu ich nämlich nicht. Nicht mal für eine Minute! Ich lerne nur wohl einfach langsam, ohne dich zu leben.«

Ich wischte mir die Augen mit dem Ärmel. »Ich hab dich noch genauso lieb wie eh und je. Ich trage dein Foto im Portemonnaie und dein Bild im Herzen.«

Ich schwieg.

»Bei jetzt weiß ich nicht, ob ich dir das sagen soll oder nicht, aber ich mach's einfach: Eine neue Mom werde ich nie haben. *Claro.* Für mich gibt es nur dich. Der Muttertag ist dein Tag. Aber Daddy hat eine neue Freundin. Und ich versuche wirklich, es zu akzeptieren, weil er so lange traurig gewesen ist. Aber ich kann einfach nicht.

Na, jedenfalls, wenn du von da oben runterguckst, also, falls das überhaupt so läuft, dann siehst du mich vielleicht mal mit einer fremden Frau. Aber dich kann niemand ersetzen. Das lasse ich nicht zu. Du bist meine Mom, und du hast immer einen Platz hier drin. *Dentro de mí. Aquí, Mami.*

Nächste Woche am Versetzungstag, da bist du bei mir, oder? Und wenn wir in eine neue Wohnung ziehen, auch. Und wenn ich irgendwann mal eine Tochter bekomme, nenne ich sie mit Zweitnamen Maria und erzähle ihr alles über dich.« Letzteres war vollkommen ungeplant aus mir herausgeplatzt.

»Aber fürs Erste versuche ich, mich weiter durchzuschlagen, weil ich weiß, dass du es so wollen würdest – und weil es Dad hilft. Aber egal, was kommt: *te quiero ahora y para siempre.* Ich liebe dich, jetzt und für immer.« Und damit stand ich auf.

Ich sah den Baum an, halb in der Erwartung, dass der Wind durch die Zweige fahren, eine Blume daran erblühen oder ich sonst irgendeine Antwort bekommen würde. Aber nein, nichts. Die Luft war kühl, ich rieb mir die Arme und schlang sie um meinen Oberkörper. Ich wusste nicht, wie ich mich verabschieden sollte, weder auf Englisch noch auf Spanisch, also warf ich dem Baum einfach eine Kusshand zu.

An diesem Abend stellte ich überrascht fest, dass in meinem Posteingang eine E-Mail von Kate wartete.

Hi, Catlover,
normalerweise schreibe ich meinen Mädchen nicht unaufgefordert, sondern antworte nur, aber ich musste gerade an dich denken und habe deshalb deine Mailadresse rausgesucht. Wie geht es dir? Ich wette, der heutige Tag war nicht leicht. Nachdem mein Dad gestorben war, hätte ich am Vatertag am liebsten alle Grußkarten aus den Auslagen gerissen! Ich kann diesen Tag noch heute nicht ausstehen, aber ich habe gelernt, ihn zu ignorieren.
Na ja, pass jedenfalls auf dich auf, okay?
Kate

Wow.
Vielleicht hatte Alexa ihrer Mom unrecht getan, und Kate waren ihre Brieffreundinnen doch wichtig. Ich rief Kiki an und fragte: »Meinst du, sie musste an Catlover99 denken, weil sie mich kennengelernt hat? Oder wegen des Muttertags?«
»Keine Ahnung«, erwiderte Kiki, »aber mir hat sie auch geschrieben.«

»Was?!«
»Ich hatte ihr geschrieben, dass ich vierzehn bin und gerne wüsste, was das richtige Alter für Sex ist.«
»Ist nicht wahr!«
»Und ob. Und jetzt lese ich dir vor, was sie geantwortet hat. Hör gut zu, danach lösche ich es nämlich!«
»Okay«, sagte ich, und Kiki fing an zu lesen.

Liebe Vierzehnjährige,
so was wie ein »richtiges Alter« gibt es nicht, aber vierzehn ist viel, viel, viel zu jung, wie du vielleicht selbst ahnst, denn sonst hättest du mir wohl nicht geschrieben. Du weißt schließlich selbst, was das alles nach sich ziehen kann: Krankheiten, Schwangerschaften und nicht zuletzt das gute alte gebrochene Herz. Sex hat man nicht mal eben so, genauso wenig wie ein Baby oder eine Abtreibung. Merk dir bitte: Zu jemand anderem Nein zu sagen bedeutet manchmal, Ja zu sich selbst zu sagen. Viele Mädchen (und Jungen genauso) bleiben ihre gesamte Teenagerzeit über Jungfrau. Es kommt einem immer nur vor, als würden *alle* anderen es machen.

»Hast du zurückgeschrieben?«
»Nee. Du?«
»Ja.«
»Lass mal hören«, forderte Kiki mich auf.
Ich zögerte und las dann vor:

Liebe Kate,
danke für deine Mail. Mir geht's ganz okay. Meine Mom fehlt mir, allerdings habe ich mittlerweile die Freundin meines Dads

kennengelernt, und sie ist sehr nett. Heute war wirklich ein harter Tag, aber ich habe dem Baum, den wir für meine Mom gepflanzt haben, einen Besuch abgestattet.

Catlover

Ich gestand Kiki, dass ich zehn Minuten gebraucht hatte, um mich zu entscheiden, ob ich *Viele Grüße, Deine* oder *Drück dich* unter die Mail setzen sollte, bevor ich einfach nur mit Catlover unterschrieben hatte.

Was ich nicht erzählte, war, dass ich noch eine kurze Mail hinterhergeschickt hatte, für die ich mir ganz schön clever vorkam, weil sie mir die Möglichkeit eröffnete, weiter um Rat zu bitten.

Liebe Kate,
entschuldige, ich habe doch noch eine Frage. Ich habe nicht nur die Freundin meines Dads kennengelernt, sondern auch deren Zwillingstöchter. Ich glaube, die mögen mich nicht.
Hast du da irgendwelche Tipps?
Danke schon mal!
C.

Zuerst kam keine Antwort, und ich hatte schon Angst, dass Kate sich jetzt wahrscheinlich schwarzärgerte, weil sie sich bei mir gemeldet hatte. Aber dann:

Hallo noch mal,
für diese Zwillinge hat sich eine Menge geändert, genau wie für dich. Dir macht es zu schaffen, dass du jetzt deinen Dad mit jemandem teilen musst, und für sie gilt dasselbe in Bezug auf ihre Mom. Es ist ganz normal, dass sie ihr Territorium verteidi-

gen wollen. Bestimmt werden sie noch zugänglicher – besonders, wenn du dahinterkommst, wo eure gemeinsamen Interessen liegen: Backen? Biken? Reiten? Paragliden? Mögt ihr vielleicht dieselben Filme, Bands, Sportarten, Fernsehsendungen, Orte, Spiele? Und wenn sie dir weiterhin die kalte Schulter zeigen, dann lass das *ihr* Problem sein, nicht *deins*. (Leichter gesagt als getan, ich weiß.) Eins noch: Sollten dein Dad und seine Freundin sich trennen, spielt das alles sowieso keine Rolle mehr. Also zerbrich dir nicht zu sehr den Kopf.
K.

Sich trennen? Ich war doch gerade erst dabei, mich daran zu gewöhnen, dass Dad und Kate zusammen waren!

»Kiki, willst du morgen mit nach Armonk kommen?« Wir standen gerade bei ihr in der Küche und machten uns vietnamesische Teigtäschchen in der Mikrowelle warm. »Dass Sam und Alexa da sind, kann ich nicht versprechen, aber Kate auf jeden Fall.«

»Oh Mann! Ich dachte schon, du fragst nie!«

Ich erzählte ihr, dass ich bei meinem letzten Besuch in Kates Hängematte eingeschlafen war und beim Aufwachen direkt vor mir ein Hirsch gestanden hatte. Zuerst hatte ich Angst gehabt, aber dann war mir klar geworden, dass die Hirsche in Armonk ungefähr so aggressiv waren wie Golden Retriever. Allerdings hatte Dad mir danach einen Vortrag über Zecken gehalten und mich ermahnt, mich gründlich danach abzusuchen. »Borreliose ist wie Gonorrhoe«, hatte er gesagt. »Leicht übertragbar, leicht zu heilen, aber unbehandelt ein Albtraum.«

»Miesmacher«, murmelte Kiki.

»Ich glaube, Ärzte wissen einfach zu viel. Dad ist übervorsichtig.«

Am nächsten Tag, während Dad sich durch Immobilienanzeigen wühlte, fragte ich Kiki, ob sie nicht rüberkommen wolle. Ich konnte es immer noch nicht glauben, dass wir die Lehrerburg tatsächlich verlassen mussten. Nachdem Dad beruflich Fuß gefasst hatte, hatten Mom und er zwischenzeitlich überlegt, in eine größere Wohnung zu ziehen, sich aber dagegen entschieden, weil Miete, Lage und Nachbarn schwer zu toppen gewesen wären und wir uns hier einfach zu Hause fühlten.

Das würden wir aber wohl nicht mehr lange. Am 1. August sollten ein junger Lehrer und seine Familie, die Gidumals, in Apartment 5 C einziehen.

Dad und ich hatten uns ein paar Eigentumswohnungen angesehen, aber er war mit dem Herzen nie so recht bei der Sache gewesen. Alles war entweder zu teuer, zu eng oder zu duster, und beim einzig annehmbaren Angebot kam uns ein Pärchen (es waren immer Pärchen, nie Vater-Tochter-Gespanne) zuvor.

»Vielleicht finden wir ja was Schönes zur Miete«, sagte Dad, aber eigentlich hielt er das für rausgeschmissenes Geld.

Rausschmeißen, wegschmeißen – das konnte ich alles nicht. Auf Spanisch benutzte man für Souvenirs und Erinnerungen dasselbe Wort: *recuerdos*. Und wer schmiss schon gern Erinnerungen weg?

Dad hatte auch eine sentimentale Seite. Als ich ihm sagte, er solle sein Hawaiihemd mit dem Ananas-Print aussortieren, sagte er nur: »Geht nicht. Das mochte deine Mom immer so gern.«

Das verstand ich gut, denn in meinem Schrank hingen nun zwei von Moms Kleidern, links und rechts von meinen eigenen, wie Buchstützen. Manchmal strich ich mit der Hand darüber, roch daran. Es stand völlig außer Frage, dass ich sie auch in unser nächstes Zuhause mitnehmen würde, wo immer das sein mochte.

In Armonk angekommen, schüttelte Kiki Kate die Hand und plapperte gleich überschwänglich drauflos wie damals im Februar nach dem Vortrag. Später, als wir im Garten unter der Trauerweide saßen, gesellte sich Alexa zu uns. Zum Glück hatte sie Kikis Schwärmerei nicht mitbekommen. Ich hatte sie seit dem Scharfe-Suppe-Tag nicht mehr gesehen und hoffte, dass Kiki und sie sich gut verstanden.

»Passen wir alle drei in die Hängematte?«, fragte Kiki.

»Na klar.« Alexa ging voran, und wir kletterten hinein.

»So lässt sich's aushalten!« Kiki spähte durch die Kiefernzweige hoch zum Himmel. »Ich fasse es nicht, dass Kate wirklich deine Mutter ist.«

»Die Frau, die auf alles eine Antwort hat«, erwiderte Alexa, ohne das Gesicht zu verziehen.

»Und ich fasse es nicht, dass ich wirklich bei ihr – bei dir – zu Hause bin! Sofia, mach doch mal ein Foto von Alexa und mir.«

Alexa lächelte; sie schien Kiki zu mögen. Das tat jeder. Und vielleicht hielt Alexa mich jetzt auch für ein bisschen cooler, weil Kiki meine beste Freundin war. Genüsslich streckten wir uns in der warmen Spätfrühlingssonne aus. Wenn ich die Augen zumachte, leuchtete es rosig hinter meinen Lidern.

Kiki studierte die Veranda. »Wollen wir ein Foto von uns machen, wie wir von der Treppe springen?«

Wäre der Vorschlag von mir gekommen, hätte Alexa wahrscheinlich nur abgewinkt. Aber so sagte sie: »Klar, warum nicht?«, und wir wälzten uns aus der Hängematte. Ich richtete meine Kamera auf einer Bank aus, schaltete den Selbstauslöser ein, und dann flitzten wir die Stufen rauf und sprangen. Ein Bild gelang uns tatsächlich, auf dem wir alle drei in der Luft schwebten.

»Was würdet ihr jetzt machen, wenn ihr in New York wärt?«, fragte Alexa.

Kiki zuckte mit den Schultern. »Keine Ahnung. Ins Kino gehen. Oder shoppen. Oder zu Starbucks. Vielleicht zur Maniküre? Oder für die Schule büffeln? Sofia hilft manchmal samstags in einer Suppenküche aus und ich bei meiner Mom im Restaurant.« Ich wusste, wie sehr Kiki es wurmte, dass sie sich ihr Taschengeld selbst verdienen musste, während Dad mir meins einfach so gab und in letzter Zeit sogar ab und zu noch ein bisschen was drauflegte.

»Mein Vater wohnt in New York«, erzählte Alexa, »aber ich kann mir nicht vorstellen, selbst da zu leben.«

»Du musst uns einfach mal besuchen kommen!«, schlug Kiki vor.

Och nö, dachte ich.

»Geht nicht. Die Abschlussprüfungen stehen an. Am Montag schreibe ich Spanisch.«

»Da kann Sofia dir doch helfen. Sie hat mir schon tausendmal den Hintern gerettet. So was muss man ausnutzen!«

Alexa sah mich schräg von der Seite an, und ich brachte ein Nicken zustande, auch wenn ich eigentlich keine Lust hatte, von ihr »ausgenutzt« zu werden.

»Warte, ich hole mal kurz mein Heft.« Alexa ging nach oben und ließ Kiki und mich allein auf der Veranda zurück.

»Ich dachte, sie ist so ein Biest«, flüsterte Kiki.

»Ich hab gesagt, sie *kann* ein Biest sein. Und jetzt, wo du hier bist, ist sie viel netter.«

Kiki legte sich zurück in die Hängematte und blätterte in einer Zeitschrift, während ich Alexa mit einem Aufsatz half, in dem sie *imperativo* und *preterito* verwenden sollte. Danach bot sie Kiki und mir eine Besichtigungstour durch Armonk mit ihrem Auto an. »Nicht dass es da so viel zu sehen gäbe«, fügte sie hinzu. »Die Hauptstraße, einen Pavillon, einen Ententeich und *mi escuela*.«

»Du hast ein eigenes Auto?«, fragte Kiki ungläubig.

»Ist bloß ein alter Jetta, aber er fährt.«

»Hast du ein Glück«, sagte Kiki, drehte eine Runde um den Wagen und lachte über die Aufkleber am Heck. *Keine Bälger mit blöden Namen an Bord* und *Macht rum, keinen Krieg.*

»An unserer Schule kenne ich keine Einzige, die ein Auto hat«, sagte Kiki.

»Die meisten haben nicht mal einen Führerschein, auch nicht die aus der Oberstufe«, fügte ich hinzu.

»Nicht mal meine *Mom* hat einen!«, sagte Kiki. »Und ich wahrscheinlich auch nicht vor dreißig.«

Alexa war schockiert. »Aber wie kommt ihr denn dann zur Schule?«

»Kiki und ich laufen. Viele nehmen den Bus oder die U-Bahn. Manche fahren auch Fahrrad oder kommen mit dem Taxi.«

»Nur die richtig Reichen werden gebracht. Das gibt manchmal einen richtigen Limousinenstau morgens vor der Schule«, ergänzte Kiki.

»Also, hier macht jeder so schnell wie möglich den Führerschein«, sagte Alexa.

Wir stiegen ein. Ich ließ Kiki vorne sitzen und schnallte mich hinten an. Das war das erste Mal, dass ich überhaupt bei einem Teenager im Auto mitfuhr.

Alexa fuhr mit uns die Hauptstraße entlang, dann auf die Route 22 und die Tripp Lane hinunter. »Das ist meine Highschool, die Byram Hills«, sagte sie. »Hier ist normalerweise der Parkplatz für die aus der Zwölften, aber am Wochenende stellt sich jeder hin, wo er will.« Wir stiegen aus. »Meine Mom war auch hier auf der Schule.«

»Deine Mom? Ehrlich?« Kiki war schon wieder ganz aus dem Häuschen.

In der Hoffnung, Sam beim Training zu sehen, hatte ich die ganze Zeit zu dem ovalen Sportplatz hinübergespäht. Jetzt schwenkte mein Blick zum Footballfeld, und ich versuchte, mir Dad mit »Katie« und ihrer großen Schwester dort vorzustellen.

»Ein paar ihrer Lehrer von früher sind immer noch an der Schule«, fügte Alexa hinzu.

»Muss ja komisch sein, bei Lehrern Unterricht zu haben, die schon deine Mom hatte«, sagte Kiki.

»*Komisch* ist«, warf ich ein, »wenn deine Lehrer zu den Partys deiner Eltern eingeladen sind und dich im Schlafanzug sehen.«

»*Komisch* ist«, führte Alexa das Spielchen fort, »wenn deine Mom Vorträge über Brüste, Perioden-Apps und Liebeskummer hält. Sie musste mir schwören, nie in meine Klasse zu kommen.« Sie sah mich an. »Sag bitte, dass dein Dad keine Vagina-Monologe hält.«

»Zum Glück nicht.« Das Theaterstück kannte ich von einem Programmheft aus der blau-weißen Schale meiner Eltern.

»Hey, was haben ein Tierarzt und Gynäkologe gemeinsam?«, fragte Alexa, als wir auf den Schuleingang zugingen.

»Die kümmern sich beide um deine Muschi!«, sagte Alexa, und Kiki lachte. »Ach, Mist! Abgeschlossen.«

Ich legte meine Hände um die Augen und spähte in den leeren Flur.

»Wie ist eure Schule denn so?«, fragte Alexa, als wir wieder ins Auto stiegen.

»Über zweihundert Jahre alt«, fing Kiki an. »Und sie geht vom Kindergarten durch bis zur zwölften Klasse. Das Gebäude ist ganz hoch, und man steigt mit jedem Schulabschnitt weiter nach oben.« Kiki wandte sich zu mir. »Ich kann's immer noch nicht glauben, dass wir jetzt schon in die Oberschule kommen. Weißt du noch, anfangs in der Unterschule? Da kamen einem die Älteren immer vor wie Riesen.«

»Oberschule, Unterschule – wow, klingt ja vornehm«, sagte Alexa. »Als Mom mir erzählt hat, wie viel ihr dafür bezahlt, dachte ich erst, sie veräppelt mich – und dass Sofia der totale Snob sein würde.«

Was sie wohl inzwischen von mir dachte?

»Es gibt natürlich auch Stipendien«, sagte Kiki. »Aber stimmt schon, wir kennen eine Menge reicher Kids mit Landhäusern.«

»Landhäusern?«, wiederholte Alexa.

»Du weißt schon, fürs Wochenende. Unsere Freundin Natalie zum Beispiel hatte früher ein Penthouse in New York und ein Strandhaus in Southampton«, erklärte Kiki.

»Und wie groß ist euer Jahrgang?«, wollte Alexa wissen.

»Wir sind nur noch fünfzig«, sagte Kiki. »Und bald verlässt uns auch noch Natalie.«

»Ist ja winzig!«, staunte Alexa. »Wir sind zweihundert, das finde ich genau richtig. Wenn meine Clique mir auf den Keks geht, hänge ich halt einfach mit anderen Leuten rum.«

»Unsere Stufe ist aber ziemlich bunt gemischt«, steuerte ich bei. Wollte ich die Halsey verteidigen?

»Bunt gemischt?« Kiki lachte. »Sofia, wir zwei sind beide ›bikulturell‹, und, klar, ein paar ›persons of color‹ gibt es auch. Aber dafür keine Jungs! Verdammte Geschlechtertrennung – wäre doch viel netter, wenn sich die Geschlechter mal so richtig schön mischen würden.«

»Hast du einen Freund?«, fragte Alexa.

»Seit Kurzem nicht mehr«, antwortete Kiki.

»Ach?« Ich sah sie fragend an.

»Das mit Trevor ist vorbei. Ich weiß nicht mal genau, wer mit wem Schluss gemacht hat.«

»Passiert«, befand Alexa. »Wieder was für den Erfahrungsschatz.« Verschlagen grinste sie Kiki an. »Meine Mom geht heute

Abend mit Sofias Dad in die Oper«, sagte sie, »also hab ich mir diesen scharfen Typen aus der Neunten eingeladen. Schließlich fahre ich ja diesen Sommer nach Kanada, darum soll er mich gefälligst anständig verabschieden. Nicht *zu* anständig natürlich!«

Kiki lachte.

Ich überlegte, Alexa zu fragen, ob sie Sam kannte. Aber ich wollte nicht, dass sie sich über mich lustig machte oder Sam als Nerd bezeichnete oder verkündete, er sei schon vergeben, oder etwas in der Art. Das wollte ich lieber alles selbst rausfinden.

Ich konnte nur hoffen, dass ich nicht zu viel in diese Lektion im Steine-hüpfen-Lassen hineinlas. Die Steine lagen jetzt schließlich alle am Grund des Sees.

Aber ein paar waren gehüpft.

Sie hatten der Schwerkraft getrotzt, wenn auch nur kurz.

Ende Mai, am Memorial Day, blühten in Armonk die Iris, Pfingstrosen und Azaleen, und der Windmill Club hatte geöffnet. Dad, Kate, Alexa und ich gingen zur Party am See und luden uns dort die Teller mit Hotdogs, Salat, Baked Beans und Wassermelone voll. Mein Blick schweifte über Kate und Alexa hinweg, deren blaue Augen und rotblondes Haar in der Sonne leuchteten, und weiter in die Menge, auf der Suche nach Sam.

Später ging Dad Beachvolleyball spielen, und Kate und Alexa kletterten auf die große Rutsche und sausten runter ins kalte Wasser. Mutig tat ich es ihnen nach, bevor wir gemeinsam zu der Badeplattform im See schwammen.

»Ich will braun werden.« Alexa schob ihre Bikiniträger runter.

»Hast du dich denn auch eingecremt?«, fragte Kate.

»Ist nicht dein Ernst, Mom. Die Sonne hat doch noch gar keine Kraft!«

Ich streckte mich aus und hoffte, dass ich mich nicht zu sehr in ihre gemeinsame Mutter-Tochter-Zeit drängte.

»Ich hab heute Morgen eine E-Mail bekommen, die war zu niedlich – wollt ihr mal hören?«

Ich wollte gerade *Na klar* sagen, als Alexa mir mit ihrer Antwort zuvorkam: »Warum sollten wir?«

»Früher fandest du meine Briefe immer total interessant.«

»Da war ich zehn!«

Kate runzelte verletzt die Stirn. »Oh, dann entschuldige bitte vielmals.«

Eine Weile lang sagte keine von beiden etwas, und ich tat so, als döste ich vor mich hin. Schließlich sagte Alexa: »Na schön, dann erzähl halt. Machst du ja früher oder später sowieso.« Kate blieb stumm. »Wie du willst, betteln werde ich ganz sicher nicht«, fügte Alexa hinzu.

Nach ein paar weiteren Sekunden Schweigen murmelte ich: »Ja, bitte erzähl«, wenn auch so leise, dass ich nicht sicher war, ob Kate mich überhaupt gehört hatte.

»Also«, fing Kate an, »ein Mädchen schrieb, dass sie im Ferienlager immer furchtbares Heimweh hat, aber wenn sie wieder zu Hause ist, bekommt sie Lagerweh. Ist das nicht süß? Lagerweh!«

Die Spannung verflüchtigte sich, genau wie Kate – sie machte einen Kopfsprung ins Wasser und schwamm an Land. Ich setzte mich auf, ließ die Beine über den Rand der Plattform baumeln und suchte erneut das Ufer nach Sam ab.

»Hör mal«, sagte Alexa schließlich, »ich weiß, du vergötterst meine Mutter –«

»Gar nicht.«

»Doch, total. Und Kiki genauso. Ist ja auch okay. Aber ich merke halt, wie schief du mich immer anguckst –«

»Ich gucke dich überhaupt nicht schief an.«

»Jetzt lass mich doch mal ausreden! Ich will nur sagen, und tut mir leid, wenn das jetzt unsensibel klingt, aber wenn deine Mom noch da wäre –«

Sie ist noch da!, hätte ich am liebsten geschrien.

» – dann würdet ihr zwei euch auch ständig an die Gurgel gehen. So ist das nun mal zwischen Müttern und Töchtern. Sobald du in meinem Alter gewesen wärst, hätte sie dich in den Wahnsinn getrieben, garantiert! Und wenn du mir nicht glaubst, schreib doch eine Mail an *Frag Kate*.« Ich antwortete nicht. »Im Ernst, wen interessieren denn ihre kleinen Brieffreundinnen mit ihren Endlosproblemen? Manchmal hört sie sich auch einfach nur gern reden ...«

Hey! Ich war selbst eine von diesen Brieffreundinnen! Und ich würde alles geben, um meine Mom reden zu hören! Außerdem hatte ich keine Lust, mir auszumalen, worüber wir uns gestritten hätten.

»Denk mal drüber nach«, fuhr Alexa fort. »In der fünften Klasse findet man es vielleicht noch toll, wenn Mommy mit auf den Schulausflug kommt. Aber in der Highschool betet man drum, dass sie an dem Tag keine Zeit hat, weil man einfach ein bisschen Freiraum braucht, weißt du?«

Nein, wusste ich nicht. »Ich schwimme mal zurück«, murmelte ich.

»Na schön«, sagte Alexa, sprang als Erste ins Wasser und pflügte im Schmetterlingsstil davon. Kate lag schon in Sommerkleid und Strohhut im Gras, ein Hemd lose um die Schultern drapiert.

»Mom, darf ich dein Hemd überziehen?«, fragte Alexa.

»Klar.« Kate reichte es ihr. »Für dich geb ich doch gern mein letztes Hemd.«

Wie kann man so viel Liebe nur für selbstverständlich halten?, dachte ich. Vielleicht würde ich Kate wirklich eine Frage über Mütter und Töchter stellen. Ich könnte ihr unter Kikis Nickname schreiben.

»Okay, Leute, ich bin dann weg«, verkündete Alexa. »Ich will noch zu Amanda.«

Kate wirkte kurz enttäuscht, aber dann gingen wir rüber zum Beachvolleyballfeld, wo Dad noch immer spielte. Moment. War das etwa Sam da in der anderen Mannschaft? Tatsache! Das war er! Und er trug nichts als Badeshorts. Mein Blick wanderte über seinen Bauch und seine Schultern, und ich musste mich zusammenreißen, damit mir die Kinnlade nicht runterklappte. Er hatte, wie Kiki sich wahrscheinlich ausdrücken würde, einen »Hammer-Body«. Ich sah zu, wie er sich reckte und hinkauerte, baggerte und pritschte. Er war ganz schön wendig. Nach einem besonders harten Schmetterball gaben seine Mannschaftskameraden ihm High Five.

»Hach, er ist schon ein toller Kerl«, sagte Kate.

Ich errötete, bevor mir klar wurde, dass Kate natürlich von meinem Vater redete, nicht von Sam.

»Wollen wir ein bisschen näher ran, damit wir besser sehen?«, schlug Kate vor.

»Äh, nö, hier ist doch in Ordnung!«, lehnte ich etwas zu hastig ab.

Nachdem Kate Richtung Spielfeld davongeschlendert war, ging ich zur Außendusche, um mich abzubrausen. Danach blieb ich in sicherer Entfernung stehen und winkte schüchtern. Dad winkte zurück.

Sam auch.

An diesem Abend, zurück in Manhattan, mailten Kiki und ich Kate von Kikis Computer aus, dann brachte Kiki mir ein bisschen chinesische Selbstverteidigung bei und machte uns Gewürztee.

»Na, kapiert?«, fragte sie und wirkte extrem zufrieden mit sich.

»Was?«

»Tai-Chi und Chai-Tee! Ist doch witzig, oder? Ich hab die ganze Zeit gewartet, ob du's von alleine merkst.«

Ich verdrehte die Augen. In dem Moment machte es *Ping* – eine E-Mail war in ihrem Posteingang gelandet.

Kiki warf einen Blick auf den Bildschirm. »Die ist von Kate!«

Kiki hatte ihr Mailprogramm so eingestellt, dass ganz oben die Nachricht des Absenders angezeigt wurde und danach die des Empfängers, also las Kiki zuerst meine Frage vor und dann Kates Antwort:

Liebe Kate,
müssen Teenager und ihre Mütter einander eigentlich immer in den Wahnsinn treiben?
Kikiroo

Hallo, Kikiroo,
nicht immer. Wenn nicht, ist das schön. Aber wenn ja, ist das völlig normal.
Kate

Juni

Das Schuljahr ging zu Ende. An der Halsey waren schon alle halb im Urlaubsmodus, freuten sich aufs Ferienlager und andere Reisen oder einfach auf freie, unverplante Wochen, in denen man ausschlafen und rumhängen konnte. Selbst Kiki, die jede Menge Schichten im Restaurant ihrer Mutter würde schieben müssen, konnte es kaum erwarten.

Den letzten Sommer hatte ich verpasst. Er war einfach an mir vorübergezogen. Abgesehen von einem Augustwochenende in den Hamptons, an das ich mich erinnerte – damals, als Natalie und ihre Familie noch ihr Strandhaus hatten. Natalie und ich ließen uns von den Wellen des Atlantiks schaukeln, und ich dachte daran, wie sehr meiner Mom die Vorstellung gefallen hatte, dass dieser Ozean New York mit Spanien verband. Mit einem Mal schlug eine Riesenwoge über mir zusammen, und ich fing verstört an zu weinen. Natalie bemerkte jedoch gar nichts davon, weil unsere Gesichter beide nass vom Meerwasser waren.

Sie brachte mir Wasserskifahren bei. Zuerst erschien es mir nahezu unmöglich, auf den Dingern zu stehen, und ich war schnell erschöpft und entmutigt. Aber irgendwann kam ich doch auf die Beine und sauste – nein, *flog* – die Bucht entlang! Endlich hatte ich das Gleichgewicht gefunden! Zumindest für einen Augenblick. Ein paar Sekunden darauf verlor ich es und ging wieder unter.

Dieses Jahr dagegen freute auch ich mich auf den Sommer – tiefrote Tomaten und Maiskolben vom Grill, Straßenfeste in der Stadt und Schwimmen in Armonk, Spaziergänge durch den Central Park mit einem Eis in der Hand. Wir mussten nur noch ein paar Klausuren schreiben, dann war die Ziellinie erreicht, der Nachmittag, an dem der letzte Lehrer mahnte: »So, die Zeit ist um, legt bitte die Stifte weg«, und das letzte Mädchen sagte: »Ich hab ein total mieses Gefühl« oder »Ich hab ein total gutes Gefühl«, und jeder – jeder! – wusste, es zählte nur, dass es endlich vorbei war. Das Schuljahr war so gut wie geschafft.

»Ich hab mir den Vormittag freigenommen«, sagte Dad und drückte mir einen Blaubeer-Bananen-Smoothie in die Hand.

»Die ersten drei Reihen sind für die Eltern der Achtklässler«, erinnerte ich ihn. Früher hatte Mom für uns bei Schulveranstaltungen Plätze immer reserviert. Auf den Versetzungstag hatte sie sich jedes Jahr besonders gefreut, selbst wenn die Töchter anderer Mütter im Mittelpunkt standen.

Ich trug ein neues Blümchenkleid und Schuhe mit Absatz. Da ich allein im Aufzug war, musterte ich mich im Spiegel. Mein Haar war ganz schön lang geworden, und mein Lächeln glitzerte nicht mehr metallisch. Ich hatte sogar Eyeliner und Mascara aufgelegt. »*Spanish Eyes*«, dachte ich. Diesen Song hatte Mom so gemocht.

Kiki wartete schon in einem eng anliegenden korallenroten Kleid in der Lobby. »Frohen VST«, sagte Kiki.

»VST?«

»Versetzungstag.«

»Du Spinnerin.« Ich lachte.

Wir versammelten uns in unseren Klassenräumen und zogen dann in die Aula ein. Was hatte sich in diesem Saal nicht schon alles abgespielt! Ich hatte im Chor und in Musicals mitgesungen, Kate kennengelernt. Und vor etwas mehr als einem Jahr war hier der Gedenkgottesdienst für Mom abgehalten worden.

Damals war die komplette Schule erschienen, von Inez, der Wachfrau, bis hin zu all unseren Lehrern und Nachbarn. Dennoch hatte ich mich wie ausgewrungen gefühlt, und der einzige Mensch, mit dem ich hätte reden wollen, war nicht da.

Mrs Morris aus Apartment 6 C hatte mir geholfen, eine Diashow zusammenzustellen. Guckt mal, da ist Maria als Baby in Spanien! Als Kleinkind im Flamencokleid! Als junges Mädchen auf dem Fahrrad! Als Teenager bei einer Tanzveranstaltung! Als Braut! Guckt, das glückliche Paar erwartet Nachwuchs! Und da ist Sofia: Baby – Kleinkind – junges Mädchen – Teenager!

Unterlegt hatten wir das Ganze mit dem Stück Iberia, gespielt von Alicia de Larrocha. Ein fröhliches Bild folgte auf das andere, aber natürlich wusste jeder, wie es enden würde, und dann war es plötzlich und viel zu schnell vorbei. Das letzte Bild zeigte Mom allein und von Nahem, ihr schönes Gesicht, ihre spanischen Augen.

Danach hielt die Schulleiterin eine Rede, anschließend der Schulgeistliche und dann Mrs Milliman, die Direktorin der Mittelschule. Mr Isaacson las Auszüge aus E-Mails von ehemaligen Schülerinnen vor. Im Anschluss gab es einen erstaunlich eleganten Empfang, ausgerichtet vom Chefkoch der Cafeteria. Ich zählte die Minuten, bis alles vorbei war, aber Mom hätte es vermutlich schön gefunden.

Jetzt nahmen meine Stufe und ich im hinteren Bereich des Saals Platz. Das Licht wurde gedimmt, und auch jetzt gab es eine Diashow, wenn auch diesmal nicht über meine Familie, sondern einen Teil der Halsey-Familie: fünfzig Achtklässlerinnen – auf dem Schulhof, auf dem Spielfeld, im Chemielabor.

Hatten wir die Mittelschule wirklich geschafft?

Im Gänsemarsch gingen wir nach vorne. Der Dekan überreichte

jeder von uns eine stachellose weiße Rose, und schließlich betraten wir die Bühne, so wie die Absolventinnen der Halsey es schon seit zwei Jahrhunderten taten. Mrs Milliman bat das Publikum, erst zu klatschen, nachdem alle Namen aufgerufen worden waren, und dann stellte sie uns eine nach der anderen der Direktorin der Oberschule vor.

»Sofia Wolf«, sagte sie und ich war an der Reihe. Ich hielt die Rose links und schüttelte mit der Rechten erst Mrs Milliman, dann Mrs Kapur die Hand. Nachdem das letzte Mädchen (Xia Zhu) auf die Bühne gekommen war, verkündete die Schulleiterin: »Und jetzt kommt der Moment, auf den ihr alle gewartet habt. Liebe angehende Neuntklässlerinnen, haltet eure Rosen bereit!«

Wir wandten uns den Zuschauern zu. So viele Eltern hatte ich hier noch nie auf einem Haufen gesehen. Kikis Dad war extra mit dem Bus aus Washington, D. C., gekommen, und sogar ein paar der berühmten Eltern und Großeltern gaben sich die Ehre. Ich erspähte eine bekannte Schauspielerin, einen ehemaligen Bürgermeister von New York, eine Weltranglisten-Tennisspielerin. Meine eigene Familie war so ... *winzig*. Saß Dad wirklich ganz allein dort unten? Hätten wir Abuelito einfliegen sollen? Oder Grandma Pat überreden, ausnahmsweise noch mal Florida zu verlassen? Schon verrückt, dass Dad *seine* Mom noch hatte. Eine Sekunde lang wünschte ich, wir hätten Kate eingeladen. Aber nein. Die Halsey war Moms Schule, und in diesem Saal war Kate nur Frag-Kate. Außerdem stand ich immer noch nicht voll und ganz hinter dieser Sache mit ihr und Dad.

Die Schulleiterin beugte sich über das Mikro. »Auf die Plätze. Fertig. Werft!«

Ich warf meine Rose, die zusammen mit den neunundvierzig anderen durch die Luft segelte wie Pfeile. Jede Familie fing eine auf – oder bekam sie weitergereicht – und winkte damit ihrer Tochter zu.

Viele Mütter und Väter hatten Tränen in den Augen, und bei dem Anblick wurde auch mir die Kehle eng.

Unsere Reihen lösten sich in einer Gruppenumarmung nach der anderen auf, und jedes Mädchen machte sich auf die Suche nach seiner Familie. Im Stillen gratulierte ich mir selbst – nicht, weil ich die Mittelschule gemeistert hatte, sondern die letzten vierzehn Monate.

»Es nervt einfach«, schimpfte Alexa ins Telefon. »Sofia kriegt sich gar nicht mehr ein vor Stolz über ihre Versetzung, und wir müssen noch ackern wie die Blöden.«

Ich war gerade oben im Bad und hatte ehrlich nicht vorgehabt zu lauschen, aber Alexas Beschwerde drang laut und deutlich durch ihre geschlossene Zimmertür.

»Wir haben gerade in Englisch *Neun Erzählungen* gelesen, und jetzt soll ich dazu noch eine zehnte schreiben! In Geschichte muss ich eine Europakarte mit fünfundvierzig Ländernamen zeichnen, inklusive Andorra, Armenien und Aserbaidschan. Und jedes Mal wenn ich aus dem Fenster schaue, ist da Señorita Sofia, die sich in der Hängematte einen lauen Lenz macht!«

Wie bitte? Was konnte ich denn dafür, dass ich früher Ferien hatte als sie? Das zu hören versetzte mir echt einen Stich, und außerdem ärgerte es mich, dass sie mit ihren Freundinnen über mich tratschte.

Aber zum Glück würde Alexa ja bald zu einem Campingtrip in die kanadischen Rocky Mountains aufbrechen – ganze sechs Wochen! Dad hatte mir erzählt, ihr Vater hätte ihr Flugmeilen spendiert.

Wunderbar. Ein bisschen Abstand würde uns guttun.

Je mehr, desto besser.

Dad hatte angeboten, Alexa ein Abschiedsessen zu kochen, und mich zu seiner Assistentin auserkoren. Am Tag darauf würde Kate Alexa nach Boston fahren und dort den Leiter der Gruppe treffen, bevor er mit den Teilnehmern nach Calgary flog.

Als wir, schwer bepackt mit Tüten voller Steaks, Spargel und Erdbeeren, das Haus betraten, platzten wir mitten in einen Streit zwischen Kate und Alexa.

»Tut mir ja leid, wenn ich hier die Spielverderberin geben muss«, sagte Kate, »aber der Rucksack ist viel zu schwer!«

»Klar bist du eine Spielverderberin, Mom, das ist schließlich deine Spezialität!«

Dad und ich wechselten einen Blick und verschwanden schnell in der Küche.

»Du brauchst lange Hosen, kurze Hosen, T-Shirts, Wanderschuhe, Sneakers, Badeanzug, Kappe und Sonnencreme«, zählte Kate auf. »High Heels oder Miniröcke haben da drin nichts zu suchen. Und außerdem hieß es *keine* Handys – ihr habt doch sowieso keinen Empfang, wenn ihr da draußen in der Wildnis auf Achse seid.«

»Mom, du kapierst einfach gar nichts!«, erhob Alexa die Stimme. »Und kein Mensch sagt ›auf Achse‹!«

»Ruf deinen Vater an. Oder Brian. Die werden dir dasselbe sagen: Weniger ist mehr. Und was, wenn dein Gepäck verloren geht? Pack nichts in den Rucksack, ohne das du nicht auskommen könntest. Den Pass hast du ja hoffentlich im Handgepäck? Und Unterwäsche zum Wechseln?«

»Mensch, Mom, als wäre ich noch nie verreist!«, rief Alexa. Coconut, die Katze, flüchtete zu uns in die Küche.

»Tja, jedenfalls hilft dir niemand, dein Gepäck zu schleppen«, beharrte Kate auf ihrem Standpunkt. »Und was willst du mit Make-up? Du gehst *wandern*!«

»Kriege ich vielleicht manchmal Pickel?!«

»Willst du nicht lieber was zum Spielen mitnehmen? Ich hab irgendwo ein Reiseschach.«

»Das ist ja wohl das Lächerlichste, was ich je gehört habe! Weißt du was? Vergiss das mit dem Abendessen. Ich gehe zu Amanda!« Damit stürmte Alexa aus dem Haus und knallte die Tür hinter sich zu.

Zwei Stunden später rief Kate auf Alexas Handy an, aber niemand ging ran. Sie schrieb ihr eine Nachricht. Nichts. Sie versuchte es bei Amanda auf dem Festnetz. Ohne Erfolg. Sie schrieb nochmals, und schließlich antwortete Alexa: »Haben Pizza bestellt. Wird spät.«

Was für eine herzerwärmende Abschiedsfeier.

»Müsste ich nicht auch irgendein Ferienprogramm haben?«, fragte ich Dad, als wir im City Diner Rührei aßen. »Mom hätte mich bestimmt für einen Malkurs angemeldet oder Klavierstunden oder vielleicht Jazztanz oder ein gemeinnütziges Projekt.«

»Klar könntest du in Panama Hütten für Obdachlose bauen«, gab er zu. »Aber Spanisch kannst du ja schon, und ich hab dich nun mal gern um mich. Findest du das egoistisch?«

»Schon, aber ist okay.« Um ehrlich zu sein, gefielen mir die unstrukturierten Tage ebenso, und ich hing ja nicht bloß faul zu Hause rum – ich arbeitete daran, dass es mir besser ging. Und wenn ausschlafen, lesen, Kiki treffen und Online-Videos schauen mir dabei half, warum nicht? »Außerdem besuchen wir ja in ein paar Wochen schon Abuelito«, merkte ich an, obwohl ich mich nicht gern an die Aufgabe erinnerte, die in Spanien auf uns wartete.

Dad spießte ein Stück Bratkartoffel auf. »Vorher müssen wir noch eine neue Wohnung finden.«

»Bisher haben wir uns beim Suchen ja nicht gerade verausgabt«, sagte ich. Dad verbrachte seine Freizeit lieber mit Kate, als irgendwelche Makler zu treffen, also fuhren wir, wann immer er keinen Notdienst hatte, Richtung Norden. Wenn er erreichbar bleiben musste, kam Kate manchmal in die Stadt. Letztes Wochenende hatten wir alle drei im Bootshaus im Central Park zu Mittag gegessen und waren hinterher auf dem großen See Gondel gefahren.

In der Gondel hatte ich ein Foto von den beiden gemacht. Kate trug ein mintgrünes Kleid und Sonnenbrille, und ob ich wollte oder nicht, musste ich zugeben, dass die beiden sehr süß zusammen aussahen. Glücklich. Auf den Computer geladen hatte ich das Bild allerdings noch nicht. Fürs Erste reichte es, wenn es sein Dasein in meinem Handy fristete.

Dad hüpfte die Verandatreppe rauf und klingelte an Kates Tür. »Schatz, wir sind da!«, schmetterte er. Wäre Alexa zu Hause, klänge er sicher nicht ganz so überschwänglich.

»Kommt rein!« Sie öffnete die Tür und umarmte uns beide.

»Es ist so schön heute«, sagte ich. »Ich glaube, ich gehe mal rüber zum See.«

Für so viel Rücksicht hatte ich definitiv ein goldenes Sternchen verdient, aber ich hatte noch einen ganz anderen Grund, den beiden ein bisschen traute Zweisamkeit zuzugestehen: Vielleicht würde Sam ja am See sein. Manchmal fragte ich mich, ob es verrückt war, so oft an ihn zu denken. Woher sollte ich denn wissen, ob er keine Freundin hatte? Wir hatten einmal zusammen Steine springen lassen und einander zugewinkt – lächerlich. Aber ich hatte einfach das Gefühl, dass da etwas zwischen uns war, und hoffte, dass ich nicht komplett danebenlag.

»Bestell dir an der Snackbar was auf meinen Namen!«, sagte Kate.

»Viel Spaß!«, fügte Dad hinzu.

Beinahe hätte ich *Euch auch!* gesagt, aber nein. Das wäre dann doch zu weit gegangen.

Im Club warf ich einen Blick auf die Speisekarte und überlegte, ob ich mir ein gefülltes Fladenbrot oder getrüffelte Kichererbsen bestellen sollte. Aber eigentlich hatte ich gar keinen Hunger. Auf der Liegewiese wurde Karten gespielt und im See Fangen, und ich überlegte, ob ich da wohl mitmachen durfte. Eine Sekunde lang wünschte ich mir fast, Alexa wäre hier. Kiki hatte immerhin ein bisschen das Eis zwischen uns gebrochen, und wenn wir uns anstrengten, könnte es vielleicht noch etwas weiter tauen? Die Spanisch-Nachhilfe hatte auch *un poquito* geholfen.

Ach, wem machte ich hier eigentlich was vor? Bei meinen letzten Begegnungen mit Alexa hatte sie über Mütter gelästert und ihr eigenes Abschiedsessen abgeblasen. Es war schon gut, dass sie gerade nicht da war. Besser, mich ein bisschen einsam zu fühlen, als mich von ihr angiften zu lassen.

Ich stieg die Stufen zur Wiese hinunter, kämpfte eine Weile mit einem roten Liegestuhl, mit einer weißen Windmühle darauf, und machte es mir, nachdem ich es endlich geschafft hatte, ihn auseinanderzuklappen, mit *Die Brautprinzessin* darin bequem. Vorsorglich zerrte ich den Saum meines blau karierten Sommerkleids tiefer. Ich hätte ja gern Selbstbewusstsein ausgestrahlt, aber wie genau macht man das beim Lesen?

Hinter mir fragte jemand – ein Rettungsschwimmer? –: »Entschuldigung, Ma'am? Sind Sie Mitglied hier?«

Oh nein! Hätte ich mich etwa auf irgendeiner Liste eintragen müssen? Ich war das erste Mal allein hier und kannte die Regeln nicht.

»Ich bin Gast von –« Ich drehte mich um.

Hinter mir stand Sam und lächelte. »Lange nicht gesehen«, sagte er. Er trug schon wieder Shorts und kein T-Shirt, und ich bemühte mich, ihm nicht auf die Brust zu starren. »Wie läuft's mit den Steinen? Fleißig geübt?«

»Nein, ich musste Abschlussklausuren schreiben. Aber jetzt kommen wir bestimmt öfter her.«

»Wer ist denn *wir*?«

»Mein Dad und ich. Ich glaube, ihr habt schon mal Volleyball gegeneinander gespielt.« Ich spürte, wie ich errötete.

»Was ist mit deiner Mom?«

Mit dieser Frage hatte ich nicht gerechnet und antwortete rundheraus: »Sie ist vor einem Jahr gestorben, einem Jahr und zwei Monaten, um genau zu sein.« Wenn ihn das abschrecken würde, dann besser sofort.

Sterben. Tod. So kurze, simple Wörter, und doch änderten sie alles. Konnte man das nicht irgendwie netter ausdrücken? *Sie ist verschieden. Sie weilt nicht mehr unter uns.* Nichts davon gefiel mir, und ich zog den Beschönigungen noch immer die bittere Wahrheit vor.

Ich wartete darauf, dass Sam die unvermeidliche Frage stellte: *Wie?* Ich konnte diese Frage nicht ausstehen, weil dann jedes Mal mir die Aufgabe zufiel, den Leuten zu versichern, dass solche Aneurysmen sehr selten seien und sie sich keine Sorgen um *ihre* Mütter zu machen brauchten. *Ihre* Mütter würden natürlich viel älter als zweiundvierzig werden – zweiundachtzig, zweiundneunzig oder hundertzwei!

Aber Sam sagte nur: »Oh, tut mir leid. Das war sicher hart für dich.«

»Danke. Ist es immer noch.«

In einer der Kondolenzkarten, die Dad und ich nach Moms »tragischem Tod« (das stand in fast allen) erhalten hatten, stand: *Die Zeit heilt nicht alle Wunden, aber sie lehrt uns, mit dem Schmerz zu leben.*

Zuerst war mir das banal vorgekommen, doch inzwischen wusste ich, dass es stimmte. Seit jenem Aprilnachmittag vor vierzehn Monaten war es tatsächlich leichter geworden.

Als ich das letzte Mal von meiner Mom geträumt hatte, hatte sie still auf dem Sessel in meinem Zimmer gesessen. Als ich aufwachte, war der Sessel leer gewesen. Die Trauer traf mich wie ein Schlag. *Ist Mom wirklich tot? Wie soll ich ohne sie nur weiterleben?*, dachte ich, während ich mich aufsetzte, aber dann wurde mir klar, dass ich längst genau das tat. Ich lebte weiter.

»Mein Grandpa ist letzten Herbst gestorben«, sagte Sam. »Meine Mom war völlig fertig.«

Manchmal ärgerte es mich, wenn die Leute mit ihren eigenen Geschichten kamen. Wir reden hier über *meine* Mutter, dachte ich dann. Aber um ehrlich zu sein, konnte man bei diesem Gespräch wohl auch nichts richtig machen. Es gab keine ideale Antwort auf »Meine Mutter ist gestorben«. Niemand konnte darauf etwas Passendes erwidern, aber nichts zu sagen war noch schlimmer.

»Dein Grandpa, wie traurig«, sagte ich. »Wie war er denn so?«

Hoffte ich, jemand würde einmal *mir* diese Frage stellen? *Wie war sie denn so?* anstelle von *Wie ist sie denn gestorben?*

»Interessiert dich das wirklich?«, erkundigte er sich.

Ich sah in seine meergrünen Augen und nickte.

»Komm, wir gehen eine Runde spazieren.« Sam streckte mir die Hand hin und zog mich hoch, und es war, als ginge ein Ruck durch uns beide. Hatte er es auch gemerkt? An einem Liegestuhl in der Nähe blieb er stehen, schlüpfte in seine Flip-Flops und ein weißes T-Shirt mit Tar-Heels-Aufdruck. Schüchtern beäugte ich den feinen blonden Flaum unter seinen Achseln, als er die Arme hob.

»Grandpa Fritz war ein waschechter Südstaaten-Gentleman«, fing er an zu erzählen und führte mich Richtung Seeufer. »Aber irgendwann ist er hierher an die Ostküste gezogen und hat sich ein kleines Strandhäuschen gebaut.« Er sah mich kurz an und dann wieder weg. »Warst du schon mal auf Fire Island?«

Ich schüttelte den Kopf.

»Das liegt nur ein paar Stunden von hier, aber es ist wie eine andere Welt. Es gibt keine Autos, und alle fahren auf rostigen alten Fahrrädern durch die Gegend. Mein Grandpa hat den Sommer immer in einem Örtchen namens Kismet verbracht. Wir sind mit der Fähre übergesetzt, und er hat uns mit seinem klapprigen roten Handkarren vom Anleger abgeholt. Sonntags sind meine Eltern wieder zurückgefahren, weil sie montags arbeiten mussten, dann hatten er und ich die ganze Woche für uns. Er hat mir das mit dem Steinehüpfen beigebracht. Wir haben sogar Muscheln gesammelt – also, um sie zu essen. Hast du das schon mal gemacht?«

Wieder schüttelte ich den Kopf. Ob er aus dem gleichen Grund so gesprächig war wie ich stumm? Schon witzig, dass Nervosität sich so unterschiedlich auswirkte.

»Man gräbt die Zehen in den nassen Sand, bis man einen Stein spürt, nur dass es gar kein Stein ist, sondern eine Muschel. Wir haben eimerweise davon gesammelt und Spaghetti dazu gekocht. Geangelt haben wir auch. Als Köder haben wir tiefgefrorene Elritzen verwendet und Bambusruten mit Korken als Schwimmer. Wenn die jungen Blaufische gerade wanderten, war das unser Abendessen. Grandpa hat mir gezeigt, wie man ihnen die Köpfe und Schwänze abhackt, dann haben wir sie paniert und gebraten. Wenn bei meinen Eltern damals Muscheln oder Fisch auf den Tisch kamen, habe ich immer den Teller weggeschoben, aber was mein Grandpa gekocht hat, hab ich anstandslos gegessen. Magst du Fisch?«

»Ich habe früher jeden August in Spanien verbracht. Die Spanier sind total verrückt nach allem, was aus dem Meer kommt, und mit zwölf war ich sogar mal für ein paar Monate Pescetarierin. Aber erzähl doch weiter.«

»Langweile ich dich auch nicht?«

»Kein bisschen.« Ich lächelte, er lächelte zurück, und wieder war da diese Energie, die wie ein Pingpongball zwischen uns hin und her hüpfte.

»Jedenfalls bin ich immer größer geworden, während mein Grandpa, tja, anfing zu schrumpfen. Ich hab ihn weiter jeden Sommer besucht, aber irgendwann hat nicht mehr er sich um mich gekümmert, sondern wir beide uns umeinander.« Sam hob einen Plastikbecher vom Boden auf und warf ihn in den Mülleimer am Parkplatz. »Bis ich mich letzten Sommer fast nur noch um ihn gekümmert habe. Aber er hat immer noch alles Mögliche repariert – seine Holzveranda, seine Außendusche, seinen Wildzaun. Sogar die Löcher in seinen Hosen hat er geflickt, um keine neuen Sachen kaufen zu müssen. Manchmal sind wir noch zusammen angeln gegangen, aber alleine ist er nicht mehr losgezogen. Oft kamen die Nachbarn vorbei und ließen ein Eimerchen von dem da, was sie gefangen hatten. Da hat er sich gefreut. Er fand es sowieso toll, gratis zu essen, also von dem zu leben, was Land und Wasser zu bieten hatten. Gärtnern ist auf Fire Island nicht leicht – der Boden ist zu sandig –, aber irgendwie hat er es geschafft, Tomaten, Kopfsalat und Rucola zu ziehen. Auf den Rucola war er richtig stolz.« Er hielt inne. »Sofia?«

»Ja?«

»Sag mir, wenn ich die Klappe halten soll.«

Ich lachte. »Das will ich aber gar nicht.«

»Soll ich dir was zeigen?«

»Klar.«

Er führte mich zu genau der Windmühle, die Alexa mir gezeigt hatte, und wirkte so zufrieden mit sich, dass ich es nicht übers Herz brachte, *Kenn ich schon* zu sagen. Vielleicht gab es in Armonk einfach nicht so viele Sehenswürdigkeiten?

Als wir die Holzleiter hochkletterten, sagte er: »So viel habe ich seit der Beerdigung nicht mehr über meinen Großvater geredet. Normalerweise denke ich nur an ihn.«

»Das kenne ich.«

»Und deine Mom? Siehst du ihr ähnlich?«

»Ja.«

Wir waren oben in der Windmühle angekommen.

»Dann hatte sie schöne Augen.« Er wandte sich ab und sah raus auf den See.

Wir nahmen Platz auf derselben Holzbank, auf der ich auch mit Alexa gehockt hatte. Die Mühlenflügel drehten sich knarzend. Die warme Sonne strömte herein, ließ Staubkörnchen in der Luft glitzern und zeichnete ein Streifenmuster auf Sams Shorts und T-Shirt. Schweigend saßen wir da, und ich bemühte mich, nicht auf seine Oberschenkel zu starren.

Fast konnte ich schon Kiki und Natalie quietschen hören: *Oh Gott, Sofia, ist der* süß*!* Hoffentlich guckte ich ihn nicht an, als wäre er ein Schokoladenkuchen und ich kurz vor dem Verhungern.

Ich war ja schon nervös gewesen, als ich mit Alexa hier oben saß, aber das war kein Vergleich zu jetzt. Allerdings war das hier die glückliche, aufgeregte Art von Nervosität, nicht diese Hoffentlich-sage-ich-nichts-Falsches-Panik.

»Meine Mom war wirklich hübsch«, sagte ich. »Vielleicht erzähle ich dir irgendwann mal von ihr.« Meine Augen brannten. »Nur nicht jetzt, okay?« Immer wenn ich versuchte, ernsthaft über meine Mom zu reden, konnte ich meiner Stimme nicht trauen. »Dann muss ich nämlich meistens weinen, und das ist echt das Letzte, was ich gerade will.«

Ich war immer noch sehr nah am Wasser gebaut. Ob das jemals wieder aufhören würde? Nach dem Tod meiner Mom hätte ich einfach ewig weiterschluchzen können. Da das aber nun mal ziemlich unpraktisch war, hielt ich meine Tränen unter Verschluss. Doch sie lauerten weiter auf den richtigen Moment.

Sam legte den Arm um mich. »Und was willst du stattdessen?«

Ich sah ihm in die Augen, legte den Kopf schief und kam mir vor wie die Heldin in einem Liebesfilm. Und dann küsste ich ihn – zuerst sachte und zögernd, aber dann, als er den Kuss erwiderte, mit vollem Einsatz.

Hoffentlich hielt er mich jetzt nicht für leicht zu haben, eine abgeklärte Stadtgöre. Ob er wohl schon viele Mädchen geküsst hatte? Wir kannten einander ja kaum, obwohl ich bereits jetzt schon viel mehr über ihn wusste als je über Miles, Julian oder Daniel.

Sam zu küssen war großartig, aber machte ich es überhaupt richtig? Hätte ich den ersten Schritt vielleicht lieber ihm überlassen sollen? Wohin mit meinen Händen? Ich schloss die Augen und versuchte, all diese Fragen zu verdrängen, und schließlich spielte nichts mehr eine Rolle außer unserem Kuss und seiner Nähe. Ein schönes Gefühl, von jemandem in den Armen gehalten zu werden.

Und geküsst natürlich! Es war, als würde ich mit ihm verschmelzen. Sein T-Shirt roch wie frisch aus dem Trockner, und seine Brust presste sich fest an meine. Kurz machte ich mir Sorgen, er könnte über meine nicht gerade üppige Oberweite enttäuscht sein, aber diesen Gedanken verscheuchte ich sofort wieder – enttäuscht wirkte er jedenfalls nicht.

So, das war also Küssen. Kein Wunder, dass so viele Sänger, Maler und Schriftsteller sich davon inspiriert fühlten. Küssen! *Küssen! KÜSSEN!* Ich hoffte, Sam irgendwann nicht nur von Mom erzählen zu können, sondern auch davon, wie der heutige Tag für mich gewesen war. Dann würde ich ihm sagen, dass diese Küsse – jetzt, mit ihm – meine ersten richtigen waren, die ersten, die zählten.

Ich wünschte, es hätte ewig so weitergehen können, also prägte ich mir diesen Juninachmittag so gut wie möglich ein: das Gefühl, im Arm gehalten zu werden und Sam zu umarmen, zu küssen und geküsst zu werden, die warmen Sonnenstrahlen und das Knarzen der vorbeigleitenden Windmühlenflügel. Was auch immer geschah, diese Stunde war jetzt sicher in mir verwahrt. Das war wichtig, denn mittlerweile hatte ich gelernt, wie unberechenbar die Zeit und mein Gedächtnis sein konnten. Ich hatte gelernt, dass die Wochen und Monate oft nur so an einem vorbeirasten, aber dass es Augenblicke gab, schöne wie schreckliche, die für immer waren. Augenblicke, die das Leben in *vorher* und *nachher* unterteilten.

Vielleicht waren diese Küsse ja auch für immer – natürlich auf gute Weise. Sams Lippen waren so weich, seine Schultern kräftig. Ich erhaschte einen Blick auf seine geschlossenen Augen mit den langen Wimpern und wünschte mir, die Zeit wäre so dehnbar wie Karamell und dabei genauso süß. Ich musste an Sarah Brown aus *Guys and Dolls* denken, die sang: »I've never been in love before ...«

Anscheinend hatte ich kichern müssen, denn Sam fragte: »Lachst du etwa über mich?«

»Ich hab nicht gelacht«, sagte ich. »Nur laut gelächelt.«

»Dann ist ja gut.«

Wir küssten uns weiter. Mein Herz schien in meinem Brustkorb anzuschwellen, und ich konnte es immer noch nicht glauben, dass ich heute nicht nur meinen ersten richtigen Kuss bekam, sondern auch gleich die nächsten fünfzig. So konnte es also gehen?

Irgendwann löste ich mich von Sam, um auf mein Handy zu gucken. Was, schon halb sechs? »Ich muss langsam los«, sagte ich. »Sonst macht mein Dad sich noch Sorgen.«

»Ich bringe dich. Wo wohnt ihr denn?«

»Nirgends, wir fahren heute Abend zurück in die Stadt.«

»Und wann kommst du wieder?«

»Ich glaube, nächstes Wochenende.« Sein Eifer gefiel mir.

»Warum denn nicht unter der Woche?«

»Dad muss arbeiten. Er ist Arzt.«

»Und du, bist du auch Ärztin?«

Ich lachte. »Mal sehen, vielleicht kann ich ja schon eher kommen, darüber hatte ich noch gar nicht nachgedacht.« Wir gingen am See entlang und überquerten das Baseballfeld. »Da vorne muss ich hin.«

»Wo? Zu dem Haus da?« Er starrte es an, als wäre es ein Spukschloss.

»Mein Dad ist mit Katherine Baird zusammen.« Er schwieg. »Die Kolumnistin, kennst du sie?«

»Hier kennt jeder jeden. Aber erzähl niemandem was, okay? Was in Windmühlen passiert, das bleibt auch in Windmühlen.«

»Okay.«

War er plötzlich komisch, oder bildete ich mir das nur ein? Ich wünschte, ich könnte eine private Sprechstunde mit Frag-Kate ausmachen, um zu erfahren: *Wie kommt es, dass alles sofort furchtbar kompliziert wird, wenn man einen Jungen küsst?* Das hatte ich auch schon von anderen Mädchen gehört.

»Gibst du mir noch deine Nummer? Ich hab allerdings mein Handy nicht dabei«, sagte Sam.

Ich kramte in meiner Tasche nach einem Stift, und als ich einen fand, stellte ich erleichtert fest, dass es ein ganz normaler war und keiner von denen, die Dad manchmal mit nach Hause brachte, mit Werbung für irgendwelche Vaginalcremes darauf. Ich kritzelte meine Nummer auf ein Stück Papier und speicherte seine in meinem

Handy. Gerne hätte ich ihm einen Abschiedskuss gegeben, aber er war schon halb im Gehen.

»*Adiós*, richtig?« Heißt doch so? Sorry, ich hab nur Französisch.«

»*Adiós* ist richtig, aber *hasta pronto* wäre besser.« Das heißt: bis bald.«

Als Sam verschwunden war, wandte ich mich zum Haus um und hüpfte die Verandastufen hoch. Es fühlte sich an wie Fliegen. Dennoch ließ mich das Gefühl nicht los, dass irgendetwas nicht stimmte. Warum hatte es Sam so eilig gehabt, sich zu verabschieden?

Als ich mit Kate und Dad auf der Veranda zu Abend aß, wäre ich am liebsten mit der großen Neuigkeit herausgeplatzt: *Ratet mal, wo ich heute Nachmittag war! In einer Windmühle, wo ich mit dem süßesten und heißesten Typen auf der ganzen Welt geknutscht habe!* Aber stattdessen sagte ich nur: »Ich weiß nicht, ob das zu viel verlangt ist, aber könnte ich nächste Woche wohl ein bisschen länger hierbleiben? Also, wenn ich vielleicht schon am Mittwoch kommen würde und Dad dann Freitag nach der Arbeit? Es ist so schön hier, mit der frischen Luft und allem. Ist aber nur so eine Idee, ich will dir keine Umstände machen, Kate.«

Dad sah mich erstaunt an. Normalerweise war er es, der immer nach Armonk fahren wollte. Er hatte sich sogar schon entschuldigt, weil er mich von meinen Freundinnen fernhielt. Nicht dass das so schlimm gewesen wäre. Kiki war schon zweimal mit mir hier gewesen, und die meisten anderen waren sowieso nicht da – im Ferienlager, im Urlaub oder anderweitig beschäftigt. Natalie besuchte gerade ihre Cousinen in New Hampshire, und Madison war in China, wo sie, laut Kikis Bericht, einen Seestern gegessen hatte.

Dads Staunen wich Zufriedenheit – offensichtlich glaubte er, dass sein Stadtmädchen dem Zauber des Landlebens verfallen war. Und ich würde ihm ganz bestimmt nicht auf die Nase binden, dass es vielmehr Sams Zauber war.

»Weißt du was?«, sagte er. »Warum räumst du nicht den Tisch ab, und Kate und ich unterhalten uns kurz darüber?«

»Okay.«

Während ich mit Tellern und Gläsern zwischen Küche und Veranda hin und her lief, schnappte ich ein paar Gesprächsfetzen auf.

»Umstände? Machst du Witze? Das Haus ist ohne Alexa sowieso viel zu still. Ich flattere hier durch mein leeres Nest und beantworte den ganzen Tag E-Mails, während das einzige Mädchen, von dem ich wirklich etwas hören will, mir nie schreibt.« Dad seinerseits beteuerte, dass ich nicht viel Aufsicht brauchte.

Sie riefen mich wieder nach draußen, und Kate verkündete, dass sie mich am Mittwoch sehr gern am Bahnhof abholen würde. »Je nachdem, wie du arbeiten musst, Gregg«, fügte sie hinzu, »könntest du ja Freitag nachkommen, und ihr bleibt zusammen bis Sonntag.«

Dads Augenbrauen schossen nach oben. So einfach verwandelten sich unsere Tagesausflüge also in ganze Wochenenden inklusive Übernachtung? Na ja, wenn Kate es in Ordnung fand, musste Dad sich denken, würde er bestimmt nicht widersprechen.

Aber was ist mit Mom?, kam mir albernerweise in den Sinn.

Eine Sekunde lang fragte ich mich, wo Dad wohl schlafen würde. Ich kam schnell auf die Antwort.

Mir fiel ein Song von Stephen Sondheim ein: *Not a Day Goes By*. Das hatte der Chor der Oberschule im letzten Herbst gesungen, und seitdem schwirrte es mir immer wieder durch den Kopf.

Ich schrieb Sam, dass ich Mittwoch wiederkäme, und er antwortete: *Hervorragend!* Wir machten aus, uns um drei Uhr vor dem Club zu einer Fahrradtour zu treffen.

Am Mittwochmorgen, als Dad bei der Arbeit war, duschte ich ausgiebig, rasierte mir die Beine, wusch mir die Haare, und zu meiner eigenen Überraschung sang ich dabei. Das letzte Mal war so lange her, dass mein Repertoire – die Beatles, Disney-Songs, spanische Balladen – schon ganz schön eingerostet war.

Ich zog mich an, föhnte mir die Haare und nahm die U-Bahn zur Grand Central Station. Ich war noch nie mit der Metro-North gefahren, aber Dad hatte mich genau instruiert und gesagt: »Tu einfach so, als hättest du das schon tausendmal gemacht.«

Im Hauptbahnhof suchte ich den richtigen Bahnsteig und fragte sicherheitshalber noch mehrere Leute, ob das auch wirklich der Zug nach North White Plains sei, bevor ich einstieg. Schließlich suchte ich mir einen Platz und schlug die neueste *Fifteen* auf.

Der Zug setzte sich in Bewegung, und ich nahm mir Kates Kolumne vor; etwas nervös, dass eine meiner Fragen darin auftauchen könnte. Aber Fehlanzeige. Kate hatte erwähnt, dass die Arbeit für eine Zeitschrift anders verlief als für Zeitungen, Blogs oder Websites und sie oft Monate vorausarbeiten konnte. Ihre alljährliche Jetzt-geht-die-Schule-wieder-los-Kolumne hatte sie sogar schon eingereicht, bevor die Sommerferien überhaupt angefangen hatten, was ich regelrecht deprimierend fand.

Es war kalt im Zug, und ich fühlte mich fehl am Platz. Alle anderen Passagiere waren viel älter als ich. Ich erinnerte mich, als ich zum ersten Mal allein Taxi gefahren war, zur Bat Mitzwa einer Freundin – meine Eltern waren an dem Abend zum Essen eingeladen gewesen. Ich hatte es geschafft, ein Taxi anzuhalten, es aber dann mit der Angst bekommen und Mom angerufen. Was, wenn der Fahrer ein Entführer war? Mom redete übers Handy auf mich ein wie eine Fluglotsin auf eine nervöse Pilotin – »*No te preocupes*«, sagte sie – Mach dir keine Sorgen –, bis ich sicher angekommen war.

Alleine Taxi fahren war so was wie ein Initiationsritus für uns Stadtkinder. Nach besagtem erstem Mal war das Ganze kein Problem mehr, und ich hoffte, mit dem Zug würde es nicht anders sein.

Ich machte ein Quiz (*Bist du leicht zu beeinflussen?*) und las einen Artikel (*Die hohe Kunst des Flirtens*), bis ich den Schaffner »White Plains!« rufen hörte. Hastig sprang ich auf und stieg aus. Die Zugtüren schlossen sich zischend hinter mir.

Ich ging zum Parkplatz und sah mich suchend um. Wo war Kate?

Erst nach ein paar Minuten erkannte ich meinen Fehler. Ich war zu früh ausgestiegen!

Also rief ich Kate auf dem Handy an. »Tut mir so leid! Du hattest ja *North* White Plains gesagt, das wusste ich auch eigentlich –«

»Schon gut, bleib einfach, wo du bist, ich komme dich holen. Dauert nur ein paar Minuten.«

Ich bedankte mich bei ihr, entschuldigte mich abermals und wartete dann eine gefühlte Ewigkeit am Straßenrand. Als Kate kam, musterte sie mein Outfit. »War dir nicht kalt im Zug?«

»Ich hatte nicht an die Klimaanlage gedacht.« Ich sah hinunter auf mein kurzes rosa Röckchen und das weiße Tanktop. Darunter trug ich ein Set aus rosa BH und String, zu dem Kiki mich vor einiger Zeit bei Victoria's Secret überredet hatte. »Ein String ist *das* Ding!«, hatte sie behauptet. »Wenn man sich erst mal dran gewöhnt hat, sind die viel bequemer als normale Unterwäsche.« Und ich Idiotin hatte auf sie gehört. Bis jetzt allerdings fühlte es sich mehr nach »Arsch frisst Hose« an.

»Ich hab für sieben Uhr einen Tisch beim Inder reserviert«, sagte Kate. »Dein Dad meinte, du magst so gern diesen Käse mit Spinat?«

»Palak Paneer! Au ja, ich liebe Indisch«, sagte ich.

»Schön. Hör mal, Sofia, morgen früh ist meine Oktoberkolumne fällig, an der ich gerade noch arbeite. Falls es dich interessiert, würdest du dann vielleicht mal einen Blick drauf werfen, wenn ich fertig bin? Damit ich sichergehen kann, dass ich, na ja, nicht an der Zielgruppe vorbeigeschrieben habe?«

»Supergern!« Kiki würde aus den Latschen kippen, wenn sie das hörte! Aber was, wenn nun *diese* Kolumne eine meiner Zuschriften enthielt? Die übers Lügen oder die darüber, dass mir hübsche Mädchen auffielen, oder die über den blöden Pickel an der peinlichen Stelle? Mir war klar, dass ich irgendwann entweder ein Geständnis ablegen oder meinen Nickname ändern musste. Je länger ich wartete, desto verlogener würde ich rüberkommen. Auf keinen Fall durfte Kate es selbst herausfinden.

»Während ich arbeite, könntest du ja schwimmen oder lesen oder es dir sonst irgendwie gemütlich machen, was meinst du?«

»Klar. Eventuell treffe ich mich auch noch mit jemandem zu einer Radtour.«

»Warum nicht? Ich nehme mal an, dein Dad hätte nichts dagegen?«

»Bestimmt nicht.«

»Okay. Du kannst deine Freundin nachher auch gern mit nach Hause bringen.«

»Ehrlich gesagt ... ist es ein Freund.«

Kate warf mir einen Blick zu. »Aha, jetzt wird mir so einiges klar.« Sie nickte vor sich hin. Hoffentlich fühlte sie sich jetzt nicht überlistet oder ausgenutzt. Hätte ich früher erwähnen sollen, dass ich mich mit einem Jungen traf?

»Da wäre mir tatsächlich wohler, wenn wir das erst mal mit deinem Dad besprechen, in Ordnung? Warum rufst du ihn nicht kurz an? Man muss ja gar kein Riesentamtam darum machen, aber wir wollen doch offen und ehrlich bleiben, stimmt's? Solange man mir nichts verschweigt, bin ich nicht sonderlich streng, wie du dann sehen wirst.«

Mit einem flauen Gefühl im Magen wählte ich Dads Nummer. »Er geht nicht ran.« Also hinterließ ich ihm eine Nachricht auf der Mailbox. »Hi, Dad, ich bin jetzt bei Kate, und ich will mich gleich mit einem Jungen am Windmill Club treffen. Der ist sehr nett und kein schlechter Umgang oder irgendwie so was. Wir wollen eine kleine Radtour machen, und heute Abend um sieben gehen Kate und ich zusammen essen. Ruf doch mal zurück. Oder komm nachher dazu! Hab dich lieb.«

»Prima«, sagte Kate.

»Ist das in Ordnung, dass ich gesagt habe, er kann dazukommen?«

»Natürlich. Aber es wäre genauso in Ordnung, wenn wir bloß zu zweit blieben.«

Jetzt hatte ich ein schlechtes Gewissen: Zuerst war ich an der falschen Haltestelle ausgestiegen, dann hatte ich versucht, Kate die Sache mit Sam zu verheimlichen, Dad zu unserem Mädelsabend eingeladen, und obendrein hatte ich ihr immer noch nicht die Wahrheit über Catlover gesagt. »Du lernst den Phantomjungen auf jeden Fall noch kennen«, versprach ich und bereute meine Worte im selben Moment. Hatte ich *sie* damals in meinen Mails nicht als die *Phantomfrau* bezeichnet? »Ich weiß selber nicht, warum ich ihn noch gar nicht erwähnt habe.«

»Och, ich schon. Jugendliche erzählen Erwachsenen nun mal nicht alles. Aber ich hätte schon gern, dass wir miteinander so ehrlich wie möglich sind, besonders während ich, na ja, für dich verantwortlich bin. Okay?«

»Okay«, sagte ich und war kurz in Versuchung, ihr mehr über

Sam zu erzählen. Catlover hätte sicher eine ellenlange E-Mail über ihn geschrieben. Aber seit ich die echte Kate kannte, war irgendwie alles komplizierter geworden. Ich konnte ihr ja wohl kaum auf die Nase binden, dass ich in einer Windmühle mit einem Jungen geknutscht hatte, den ich kaum kannte.

»Deine neue Bekanntschaft kann ja nach der Radtour mal kurz mit reinkommen und Hallo sagen.«

»In Ordnung.«

Ich musterte sie nachdenklich und überlegte, ob ich reinen Tisch mit ihr machen sollte – oder zumindest annähernd. Doch gerade als ich nach einem guten Anfang suchte, rief Kate: »Guck mal, da!«, und deutete auf einen großen rötlich-braunen Hirsch mit samtigem Geweih am Waldrand. »Ein junger Bock. Ist der nicht prachtvoll? Die Männchen bekommt man selten zu Gesicht.« Kate plapperte weiter von Hirschen, und dann bogen wir auch schon in ihre Einfahrt ein, ohne dass ich mein Geständnis losgeworden war.

Vielleicht fand ich ja beim Essen einen Weg, es ihr zu sagen – erst recht, wenn wir nur zu zweit waren.

Sam wartete am Club auf mich. »Kate würde dich später gern kennenlernen«, eröffnete ich ihm. Ich wollte nicht, dass er mich für überbehütet hielt oder dachte, ich hätte allen schon groß unsere Verlobung verkündet. Aber mir blieb ja keine andere Wahl.

»Du, ich glaube, ich muss dir was sagen.«

Sams Blick war ernst, und ich dachte: *Wie jetzt, will er etwa schon Schluss machen? Sind wir überhaupt richtig zusammen?* Aber dann veränderte sich sein Gesichtsausdruck, und er fragte: »Wo ist denn dein Fahrrad?«

»Mein Fahrrad?«

»So was ist bei einer Radtour ganz nützlich.«

Ich lachte verlegen. »Vielleicht hat Kate ja eins, das ich mir leihen kann.«

»Zufällig weiß ich, dass sie eins hat.« Wir gingen zurück zum Haus, und er schob sein Rad. Er sagte nicht, was ihn beschäftigte, und ich vermied es, ihn zu drängen. In der Garage marschierte Sam schnurstracks in die Ecke und zog Alexas Rad hinter einem Schlitten hervor.

»Ist ein bisschen groß, aber wird schon gehen«, befand ich.

»Hier, setz den Helm auf.«

»Haha.« Meinte er das etwa ernst?

»Ich mein's ernst«, sagte Sam.

»Ich will keinen Helm aufsetzen.«

»Musst du aber.«

Und dafür hatte ich mir so sorgfältig die Haare geföhnt!

Sam half mir, sein Gesicht nur Zentimeter vor meinem. Als er die Schnalle unter meinem Kinn schloss, streiften seine Finger meine Wange. In der dumpfigen Kühle der Garage gab er mir einen hastigen Kuss, der mich dafür entschädigte, dass ich jetzt den ganzen Nachmittag mit Helmfrisur herumlaufen musste.

Sam blieb bei den Rädern, während ich kurz ins Haus ging und rief: »Sind bald wieder da. Ich leihe mir Alexas Fahrrad.«

»Viel Spaß!«, rief Kate aus ihrem Arbeitszimmer.

Mir gefiel, dass sie mich wie einen verantwortungsbewussten Menschen behandelte. Dieses Vertrauen wollte ich nicht enttäuschen.

Sam und ich fuhren los. Die Einfahrt runter, auf die Straße, an ein paar Häusern vorbei und huch! – hier ging es ja ganz schön steil bergab! Wollten wir da ernsthaft runter?

Ich strampelte drauflos, in der Hoffnung, dass ich von hinten einigermaßen ansehnlich aussah und mein Rock sich nicht allzu sehr im Fahrtwind blähte. Schließlich hatte ich nichts drunter außer dem rosa Ministring. Warum hatte ich bloß auf Kiki gehört? Was hatte ich mir dabei gedacht? Ich guckte mich um. Sam sah sogar noch süßer aus als letztes Wochenende, und das wollte was heißen. Ich drehte mich wieder nach vorn, dann noch mal zurück zu Sam und lächelte ihm zu, während ich versuchte, meinen Rock festzuhalten, eine Hand am Saum, die andere am Lenker. Mein Haar flatterte mir ums Gesicht, und ich wurde immer schneller, schneller. Das war aufregend, aber ein bisschen Angst machte es mir auch, und dann ...

Erde, Steine, Teer.
Meine Knie. Meine Schulter. Mein Kopf.
Irgendwer stöhnte.
Moment mal. War ich das etwa? Kamen diese Laute von mir?
Was war passiert?
Jemand hielt meinen Kopf und sagte immer wieder: »Ist ja gut, ist ja gut.« Das war Kates Stimme, aber sie klang so besorgt. Sie strich mir übers Haar, und ihre Finger fühlten sich seltsam nass an. Wieso hatte sie nasse Hände? »Hat jemand einen Notarzt gerufen?«
»Der Krankenwagen ist schon unterwegs.«
»Kann bitte jemand ihrem Vater Bescheid geben?« Wieder Kate.
»Wie ist seine Nummer?«
»Ich habe mein Handy nicht hier. 917 ... 917 ... 917 – er arbeitet im Mount-Sinai-Ärztezentrum. Gregg Wolf. Kann jemand ihn anrufen?« Kate klang so aufgewühlt.
Ich wollte ihnen die Nummer meines Vaters geben, versuchte, sie laut zu sagen, aber heraus kam nur: »Aua, aua, aua.« Alles tat weh.
Ich öffnete die Augen, schloss sie wieder, öffnete sie erneut. Eine Frau hielt Sam im Arm. Sam! Ich hatte Sam ganz vergessen! Wer war das da bei ihm?

Eine Sirene heulte. Lauter, näher.

Rotes Flackern.

Es roch nach heißem Gummi. Der Krankenwagen? Zwei Männer kamen herbeigerannt. Wie im Fernsehen. Wer war das? Sanitär ... nein, Sanitäter?

»Was ist passiert?«

»Wir sind Fahrrad gefahren.« Sams Stimme. »Sie muss über einen Stein gefahren sein. Oder vielleicht hat sie aus Versehen die falsche Bremse benutzt. Jedenfalls ist sie auf einmal über den Lenker geflogen. Und dann auf dem Boden hat sie ganz komisch gezittert.« Sams Stimme zitterte auch.

»Wo ist ihre Mutter?«, wollte ein Mann wissen. Ich hätte ihm gern von meiner Mutter erzählt und versuchte es ... aber aua, aua.

Jemand beugte sich über mich und legte mir etwas aus Plastik um den Hals.

»Ihre Mutter ist letztes Jahr gestorben«, sagte Kate. Das stimmte, obwohl ich am liebsten gerufen hätte: *Ist sie gar nicht!* – oder zumindest hätte ich gern irgendwas anderes über meine Mutter gesagt. Interessierte die Leute denn immer nur, dass sie gestorben war?

Starb ich auch? Ob sich das so anfühlte? Wie ein stilles, diffuses Verblassen?

»Ich bin mit ihrem Vater zusammen«, sagte Kate mit ganz fremder, hoher Stimme. »Ist es schlimm?«

Schlimm? Was denn? Was war hier überhaupt los?

»Wir tun, was wir können.« Zwei Männer hoben mich auf eine Trage und schnallten mich fest.

»Vorsicht!« Kate.

»Gehen Sie bitte zur Seite, Ma'am, und lassen Sie uns unsere Arbeit machen.« Sie schoben mich in den Krankenwagen wie einen Laib Brot in den Ofen.

Die Stimme eines anderen Mannes: »Okay, dann kommen Sie mit, aber schnell! Hier vorne einsteigen!«
Eine Tür knallte zu, Sirenen heulten los. Eine Frau – eine Krankenschwester? – saß neben mir.
Ein Mann redete. Der Fahrer? »Valhalla ist nicht am nächsten dran, aber mit Kopfverletzungen fährt man am besten dorthin.«
Valhalla? Das aus der nordischen Mythologie? Kamen da nicht die gefallenen Helden hin?
Wieder Kates Stimme, aber irgendwie heiser. »Sofia, ich bin bei dir. Ich fahre vorne mit. Du hattest einen Unfall mit dem Rad, aber das wird wieder.«
Einen Unfall?
»Oh nein! Ist das Fahrrad noch ganz?« Hey, das klang ja jetzt wie *meine* Stimme!
»Ach, Schätzchen!« Jetzt hörte Kate sich erleichtert an. »Ja! Dem Fahrrad ist nichts passiert! Und dir geht's auch bald wieder gut.«
Erneut platzten dieselben Worte aus mir heraus. »Oh nein! Ist das Fahrrad noch ganz?« Alexa würde mich umbringen, wenn ich ihr Fahrrad kaputt gemacht hatte!
»Alles in Ordnung. Wie geht es *dir*?«, fragte Kate.
»Oh nein!« Ich wieder. »Ist das Fahrrad noch ganz?«
»Ja, das ist noch heil. Mach dir keine Sorgen.« Dafür klang jetzt *Kate*, als machte sie sich Sorgen. Warum nur?
»Sprechen Sie weiter mit ihr«, sagte jemand neben mir. »Halten Sie sie wach. Ich habe einen Infusionsbeutel hier, falls sie noch mal anfängt zu krampfen.«
Ich war so müde, sooo müde. So müde wie noch nie.
Kate redete weiter auf mich ein, und dann hörte ich wieder die Stimme des Fahrers – telefonierte er? Er schien ganz weit weg.
»Mädchen ... vierzehn Jahre ... mögliches Hirntrauma ... Fahrradun-

fall ... kurzzeitiger Bewusstseinsverlust ... Krampfanfall ... Schnittwunden und Abschürfungen an Kopf, Schulter, Ellbogen, Knien ...«

Kates Stimme: »Ich weiß die Nummer wieder!« Dann, leiser: »Gregg, Sofia hatte einen Unfall mit dem Fahrrad. Wir sind mit dem Krankenwagen unterwegs ins Klinikum nach Valhalla. Sie ... spricht. Fahr bitte vorsichtig – oder nimm lieber ein Taxi. Ich habe mein Handy nicht dabei, aber ich rufe wieder an, sobald ich mehr weiß.«

Ah, jetzt kapierte ich! Kate rief meinen *Dad* an. Sie sollte auch meiner Mom Bescheid sagen. Oh nein, meine Mom ...

Ich schloss wieder die Augen.

Ich wollte nur noch schlafen, musste schlafen, schlafen, schlafen.

Die hintere Tür des Krankenwagens wurde aufgerissen, und Tageslicht strömte herein. Ich wurde hochgehoben, ins Gebäude gebracht und auf einen Tisch in einem viel zu hellen Raum verfrachtet. Es war wirklich wie im Fernsehen. Ärzte in Weiß und Grün sprachen davon, dass sie Brustkorb, Becken und Halswirbelsäule röntgen wollten. Sie nahmen mir den Plastikkragen ab. Und schnitten meinen Rock auf und ... Moment, war das etwa gerade das Gummiband von meinem *String*?

Hey, Sekunde mal! War ich *nackt*? Vor diesen ganzen Leuten?! Hilfe! Ich hörte meine Stimme, hörte die Frage, die in mir hochblubberte und hervorsprudelte: »Oh nein! Ist das Fahrrad noch ganz?«

Niemand beachtete mich, aber die Worte quollen immer wieder aus meinem Mund: »Oh nein! Ist das Fahrrad noch ganz?«

»Wir kümmern uns jetzt erst mal darum, dass *du* wieder ganz wirst«, antwortete eine Ärztin.

Ich sah eine Frau gegen die Wand sacken. Wer war das? Kate?

»Kannst du dich daran erinnern, wie du dich verletzt hast?«, wollte ein Mann wissen.

»Sprungbrett?«, riet ich.

Kate sagte: »Ein Fahrradunfall. Sie ist einen steilen Berg runtergefahren.«

»Aber ich bin eine gute Radfahrerin«, protestierte ich.

Kate machte ein schockiertes Gesicht. Warum das denn? Fand sie etwa, dass ich keine gute Radfahrerin war?

»Oh nein! Ist das Fahrrad noch ganz?«, fügte ich hinzu.

»Ja, mit dem ist alles in Ordnung«, sagte Kate. »Um das Fahrrad machen wir uns keine Sorgen.«

Eine Schwester mit quietschenden Sneakers rollte mich auf den Flur. »Wir führen erst mal eine Computertomografie durch.« Sie drückte Kate ein paar Formulare in die Hand.

Wo war meine Mom? Ich wollte zu Mom. Ach ja ... richtig ...

Wenn sie doch einfach mal das Licht ausmachen würden, damit ich in Ruhe schlafen konnte. Aber halt, zuerst musste ich noch was fragen: »Oh nein! Ist das Fahrrad noch ganz?«

»Alles okay«, sagte Kate so leise, dass ich Angst bekam, ich könnte das Rad komplett geschrottet haben, ein Totalschaden.

Ein Arzt näherte sich Kate. »Kopfverletzungen sind eigenartig«, murmelte er. »Solche Wiederholungen kommen häufig vor. Manche Patienten verlieren vorübergehend ihr Kurzzeitgedächtnis, aber dann kehrt es wieder zurück.«

»Danke«, sagte Kate.

»Ich kann natürlich nichts versprechen. Aber gehen Sie nicht gleich vom Schlimmsten aus.«

Mein Kopf fühlte sich an wie voller Watte. Und alles tat weh. Lag ich jetzt in einem Bett? Wie war ich denn dahin gekommen?

»Kate?«

»Ja?« Sie beugte sich über mich, die Augen erwartungsvoll.

»Nicht weggehen«, sagte ich.

»Ich gehe nirgendwo hin.« Sie streichelte mir über die Hand und drückte sie. »Ich bleibe bei dir.«

Ich hätte gern zurückgedrückt, aber ich konnte nicht, dafür war ich einfach zu müde. Ich spürte, wie sich ihre Finger fest um meine schlossen. Das war schön, so tröstlich.

»Wir müssen sie jetzt für das CT fertig machen«, sagte eine Schwester.

Ich wurde einen langen Korridor hinuntergeschoben. »Oh nein! Ist das Fahrrad noch ganz?«

Die Schwester antwortete fröhlich: »Ach, Schätzchen, wen interessiert denn so ein olles Fahrrad? Wir kümmern uns jetzt erst mal um dich, klar?«

Dann gab mir jemand eine Spritze, und der Schmerz verschwand ...

Ein kleiner weißer Raum. Ein Krankenhaus? Eine Infusionsnadel in meinem Arm. An der Wand ein Monitor mit verschiedenfarbigen Zickzacklinien. Dann sah ich Dad und Kate nebeneinander auf zwei Stühlen. Kate hatte sich bei ihm angelehnt, sie wirkten beide angespannt und bleich.

»Daddy.«

»Cupcake!« Er sprang auf und eilte zu mir ans Bett.

»Werde ich wieder gesund?«, flüsterte ich.

»Aber natürlich!« Er gab mir einen Kuss auf die Stirn und nahm mich in den Arm. »Erzähl mir, was passiert ist.«

»Ich weiß nicht. Wir sind Fahrrad gefahren. Hoffentlich hält mich Sam jetzt nicht für einen totalen Tollpatsch.« Kate spähte mich über das Seitengitter des Betts an, als hätte ich gerade etwas furchtbar Tiefsinniges von mir gegeben. »Ich hatte mich so auf die Radtour gefreut.«

»Die kann man wiederholen«, sagte Dad, der schon wieder jünger und mehr wie er selbst aussah.

Ein Arzt kam herein. »Sofia?«

»Ja?«

»Ich sage dir jetzt drei Wörter, und in ein paar Minuten frage ich dich, welche es waren, okay?«

»Okay.«

»Kuh. Ball. Flasche. Gespeichert? Mom, Dad, nicht helfen.«

Es wurmte mich, dass der Arzt Kate als meine Mom bezeichnet hatte und die beiden ihn nicht berichtigt hatten. Aber klar, vermutlich wirkten sie wie ein Elternpaar, obwohl Kate überhaupt nicht aussah wie meine Mom. Sie war nicht klein und hatte kein schokobraunes Haar oder spanische Augen. Wir ähnelten uns kein bisschen.

Der Arzt beugte sich über mich und untersuchte meine Kopfhaut, schob Haarsträhne um Haarsträhne beiseite. Meine Haare fühlten sich komisch an, voller Erde, Staub und ... getrocknetem Blut? »Sobald ich Zeit habe, tackere ich die Wunde«, versprach er.

Dad dankte ihm, so von Arzt zu Arzt.

Nachdem er weg war, beschwerte sich Kate: »Wieso macht er das denn nicht sofort?«

»In der Notaufnahme gibt es gewisse Hierarchien«, erläuterte Dad. »Glaub mir, du willst hier nicht Patient Nummer eins sein. Du kannst von Glück reden, wenn du vernachlässigt wirst.«

Kate nickte. »Ist das schön, dich wieder etwas anderes sagen zu hören, Sofia!«

»Wie meinst du das?«

»Ein Weilchen lang hast du immer nur dasselbe wiederholt.«

»Echt?«

Kurz darauf Arzt steckte wieder der Arzt den Kopf durch die Tür. »Na, Prinzessin, weißt du noch die drei Wörter?«

Häh? Was für Wörter? Keine Ahnung, wovon der Mann redete.

»Macht nichts«, sagte Doktor Superlässig. »Ich komme später noch mal zurück und gebe dir drei neue Wörter. Und dann kümmere ich mich auch um deinen Kopf.« Er verschwand.

Kate wirkte so beklommen, dass ich das Gefühl hatte, einen wichtigen Test versemmelt zu haben. Mein Magen zog sich zusammen.

»Dad, was ist denn jetzt mit meinen Abschlussprüfungen?«

»Gute Neuigkeiten: Die hast du schon längst hinter dir. Und du hast großartig abgeschnitten.«

»Ehrlich?«

»Überall außer in Mathe, aber auch das lief ganz okay. Entspann dich ruhig, du hast Sommerferien.«

»Ja?« Sehr verwirrend, das alles. Ich konnte mich weder an die Prüfungen noch an meinen Unfall erinnern und anscheinend ja nicht mal an drei kleine Wörtchen.

Mehr Ärzte, mehr Wörter. Als ich Stunden später endlich »Auto, Papier, Eule« sagte, als wäre das alles kein großes Thema, gab der Arzt mir High Five, Dad führte sich auf, als hätte ich bei Jeopardy gewonnen, und Kate sah aus, als würde sie jeden Moment in Tränen ausbrechen. Dann setzte der Arzt sich an mein Bett und nahm sich meinen Kopf vor. Er gab mir eine Spritze, fing an, von seinem kleinen Sohn zu erzählen, und tackerte ganz nebenbei die Wunde zusammen. Ich bedankte mich und klagte ein bisschen über Kopfschmerzen und Durst. Leider, sagte er, dürfe er mir noch kein Wasser und auch nichts gegen die Schmerzen geben, und dann wurde er weggerufen.

»Sie wird über Nacht hier im Krankenhaus bleiben müssen«, verkündete ein Pfleger. »Zur Beobachtung.«

»Natürlich«, sagte Dad.

»Sobald ein Zimmer frei wird, verlegen wir sie nach oben.«

»Ich hab solchen Durst«, jammerte ich wieder.

Als ich die Augen schloss, hörte ich Kate fragen: »Warum darf sie denn nichts trinken?«

»Sie soll keine Flüssigkeiten zuführen, damit sie sich nicht übergibt«, erklärte Dad. »Das ist auch wichtig für den Fall, dass sie noch mal krampft oder wegen eines Subduralhämatoms operiert werden muss.«

»Subdural-*was*?«

»Eine Hirnblutung.«

Kate hörte auf, Fragen zu stellen, und ich döste ein bisschen vor mich hin. Irgendwann wachte ich auf und starrte eine Weile auf den Monitor. Als ich merkte, dass ich eine der Zickzacklinien mit meinem Atem kontrollieren konnte, übte ich ein wenig wie bei einem Videospiel und sagte dann: »Guck mal, Dad.«

Ich nahm drei kurze Atemzüge, dann drei lange. Bei jedem davon schlug die grüne Linie in der Mitte des Monitors nach oben, oben, oben aus und sackte dann stufenweise wieder runter, runter, runter.

Dad lachte. »Mein albernes kleines Wolfsmädchen. Kannst du Wolfsmädchen rückwärts buchstabieren?«

Nach kurzem Überlegen gelang es mir: N-E-H-C-D-Ä-M-S-F-L-O-W.«

Kate umarmte uns mit feuchten Augen und entschuldigte sich dann, nur um mir kurz darauf eine durchsichtige Plastiktüte mit meinem BH und Oberteil zu bringen. »Rock und Unterhose waren leider nicht mehr zu retten«, erklärte sie – ich wäre am liebsten im Erdboden versunken. »Und der Helm auch nicht. Der ist mittendurch gebrochen.«

»Sam hat mich gezwungen, ihn aufzusetzen. Ich wollte mir nicht die Frisur ruinieren.«

»Das hat dir vermutlich das Leben gerettet«, merkte Dad an.

»Könnt ihr ihm sagen, dass es mir gut geht?«

»Es ist schon fast zehn, aber wahrscheinlich ist er sowieso noch auf. Wie heißt er denn mit Familiennamen?«

»Davison«, sagte Kate. »Bei uns kennt jeder jeden, wir sind halt ein ziemliches Kuhdorf.«

»Ich rufe ihn an«, sagte Dad und erhob sich. »Und danach kannst du nach Hause fahren und ein bisschen schlafen, Katie. Nimm ruhig mein Auto.«

»Eigentlich würde ich lieber bleiben. Wenn das in Ordnung ist.«

»Mehr als das.« Er küsste sie, sie umarmte ihn, und dann hörte ich meinen Dad »Ich liebe dich« flüstern, was Kate leise erwiderte.

Mein erster Gedanke war: *Uff.*

Aber dann war ich überrascht, dass ich nicht überraschter war. Sie würden die Nacht mit mir im Krankenhaus verbringen. Weil sie ein Paar waren, in guten wie in schlechten Zeiten.

Als Dad den Raum verließ, um Sam anzurufen, machte er das Licht aus.

Kate murmelte: »Ich bin hier, wenn du mich brauchst, Sofia.« Ich nickte erschöpft.

Später, nachdem Dad zurückgekommen war, versuchten wir alle zu schlafen – mitten in der Notaufnahme, weil noch kein Bett in einem anderen Zimmer frei war.

Irgendwann in der Nacht gellten Schreie über den Flur. »Nein! Nein! Nein! Nein!«

Mit einem Ruck war ich wach.

Verstört setzte ich mich auf. Trotz der Dunkelheit sah ich, dass Kate und Dad ebenfalls hochgeschreckt waren.

Dad stand auf und ergriff meine Hand.

Das Geschrei hielt an: »Nein! Nein! Nein! Nein!«

Was war das? Beinahe klang es wie das Heulen eines Tiers. Es ging mir durch Mark und Bein.

Dann fiel mir wieder ein, dass ich ja im Krankenhaus war. Und mir war klar – ohne jeden Zweifel –, dass das die Schreie einer Mutter waren, der man das Unerträgliche mitgeteilt hatte.

Sie tat mir furchtbar leid, aber ihr Klagen weckte in mir auch den Wunsch, das Krankenhaus so schnell wie möglich zu verlassen. Raus hier. Gesund werden. *Leben.*

Am nächsten Morgen erschien eine Sprachtherapeutin im weißen Kittel in meinem Zimmer. Ein Klemmbrett vor sich, forderte sie mich auf, meinen Finger auf die Nase zu legen, zweimal zu blinzeln und ihr den Namen des derzeitigen Präsidenten zu nennen.

Ich tat wie geheißen.

»Weißt du, wo du hier bist?«

»Im Krankenhaus.« Ich sah mich um. Im Laufe der Nacht hatte man mich offenbar doch noch auf ein anderes Zimmer verlegt, ich musste also irgendwann tief und fest geschlafen haben.

»Und weißt du, wo das Krankenhaus ist?«

»Nein.«

»Sie ist nicht von hier«, schaltete Kate sich ein. »Darum kennt sie Valhalla nicht.« Ich freute mich, dass sie mich so in Schutz nahm, und mir fiel auf, dass sie immer noch denselben Pullover trug wie am Vortag. Dad war Kaffee holen gegangen.

Die Frau winkte bloß ab. »Was ist denn dein Lieblingsessen?«, wandte sie sich an mich, den Stift gezückt.

Darüber musste ich erst mal nachdenken. »Paella, Tortilla española, Gambas al ajillo, Siu Mai, Saag Gosht, Shrimps Tikka Masala«, fing ich an. »Sushi, Jiaozi, Phở …«

Die Sprachtherapeutin blickte verwirrt.

Wieder sprang Kate mir bei. »Sie kommt aus New York City und hat einen ziemlich anspruchsvollen Gaumen.«

Die Frau fragte: »Was ist mit Hamburgern, Sofia? Isst du die auch manchmal?«

»Klar, die liebe ich. Hot dogs genauso. Burger mit Ketchup und Hot dogs mit Senf.«

Endlich ein Lächeln. »Und Apfelkuchen?«

»Na klar, und Schokokuchen auch. Ach, und da wir gerade davon reden, ich bin am Verhungern. Wann kann ich denn hier raus?«

»Sobald die Entlassungsformulare ausgefüllt sind. Du hast wirklich Glück gehabt.«

»Glück?« Zweifelnd inspizierte ich meine aufgeschlagenen Knie und die schmerzende Schulter.

»Oh ja«, bekräftigte sie.

»Aha.« Dad sah von seinem Handy hoch. »Wir kriegen Besuch. Sam kommt gleich vorbei.«

Mir wurde ganz warm. Meine Knie, meine Schulter und mein Kopf taten weh und ich war todmüde, aber trotzdem spürte ich, wie mit einem Schlag das Leben in mich zurückkehrte. »Wann?«

»Jeden Moment. Er ist schon unterwegs.«

Dad ließ mich einen Blick auf sein Handy werfen: *Bitte richten Sie Sofia aus, dass ich um zwölf da bin. Sam*

»Ich würde mir so gern die Haare waschen! Und dieses Krankenhausnachthemd ist auch nicht gerade –«

»Du bist wunderhübsch«, unterbrach mich Dad.

Das war natürlich lieb gemeint. Dad selbst sah grässlich aus, total zerknittert und unrasiert. Hatten er und Kate wirklich die ganze Nacht hier verbracht? Ich warf Kate einen raschen Blick zu – so zerzaust hatte ich sie noch nie gesehen, und spätestens das ließ Dad und sie wirken, als gehörten sie zusammen. Was beunruhigend war, aber auch ein winziges bisschen tröstlich. (Obwohl mich *das* direkt wieder beunruhigte.)

Mit Kates Hilfe wankte ich ins Bad, wo ich mich im Spiegel musterte. »Immerhin nicht ganz so schlimm wie befürchtet«, gab ich zu.

»Du siehst toll aus. Wie machst du das nur?«

»Dafür fühle ich mich wie *caca*, wie meine Mom es ausdrücken würde. Was das heißt, kannst du dir sicher vorstellen.«

Kate fing meinen Blick im Spiegel auf. »Das ist das erste Mal, dass du mir gegenüber deine Mutter erwähnst.«

»Ehrlich gesagt, nein, ist es nicht.« Vielleicht war ich gerade nicht so in Habachtstellung wie sonst, oder es lag an den Medikamenten, aber ich wollte die Situation nutzen und ihr von Catlover erzählen. Ich wollte ehrlich zu ihr sein, so wie in meinen Mails. Doch bevor ich loslegen konnte, klopfte es an die Tür.

»Der Besuch ist da! Sam und Lori Davison!«, verkündete Dad.

Kate nahm meinen Arm und führte mich mit langsamen, vorsichtigen Schritten zurück zu meinem Bett.

»Hi!«, sagte Sam befangen.

»Hi!« Ich lächelte. »Ich glaube, du und mein Dad kennt euch schon vom Volleyballspielen.«

Dann versuchten wir alle gemeinsam, die Bruchstücke der Ereignisse zusammenzusetzen. Anscheinend war ich ganz kurz nachdem ich mich von Kate verabschiedet hatte, über den Fahrradlenker geflogen. Sam hatte mit seinem Handy den Notarzt angerufen und danach seine Mom, die daraufhin zu Kate gefahren war und, wie Lori es ausdrückte, »wie eine Irre gehupt« hatte, bis Kate rausgekommen und zu ihr ins Auto gestiegen war.

Ich erinnerte mich vage an Kate und das Flackerlicht des Krankenwagens, aber an den Unfall selbst kein bisschen, was wahrscheinlich auch besser war.

Lori reichte mir eine Tüte. »Ein Kleid«, erklärte sie. »Das kannst du anziehen, wenn du nach Hause fährst, und Kate bringt es mir dann irgendwann zurück.«

»Dafür darfst du die hier behalten«, sagte Sam und überreichte mir einen Strauß gelber Rosen. »Tut mir echt leid.« Er wirkte angespannt.

»Wie schön, danke.« Ich wünschte, ich wäre mutig genug, die Erwachsenen zu bitten, Sam und mich einen Augenblick allein zu lassen. Ein Augenblick allein und ein Kuss, dann würde ich mich bestimmt gleich wohler fühlen.

»Ich habe dir auch zu danken, Sam«, sagte Dad, »dafür, dass du auf dem Fahrradhelm bestanden hast.«

»Die in der Notaufnahme haben ihn weggeworfen, weil er durchgebrochen war«, sagte ich. Da fiel mir Alexas Fahrrad wieder ein und ich fragte: »Oh nein! Ist das Fahrrad noch ganz?«

Kate riss die Augen auf und zog eine Grimasse, aber Sam sagte: »Dem geht's gut. Ich hab es schon wieder zurück in die Garage gestellt.«

Völlig groggy und mit schmerzenden Gliedern wachte ich in einem Bett mit frischen lavendelblauen Laken und einer Patchworkdecke auf. Von draußen drang Vogelgezwitscher herein und das schwache Knarzen von ... Windmühlenflügeln?

Eine Flut von Erinnerungen stürzte auf mich ein: Zug, Helm, Fahrrad, Krankenhaus.

Mein Blick fiel auf eine Vase mit gelben Rosen auf dem Nachttisch. Ich betrachtete ihre zarten Blütenblätter und das fragil wirkende Innere. Berührte eine von ihnen, dann eine zweite. Hielt das Gesicht in den Strauß, atmete tief ein und dachte: *Sam*. Genau. Jetzt wusste ich, wo ich war. In Kates Gästezimmer. Auch wenn ich mir gar nicht wie ein Gast vorkam, was schön war.

Ich ging nach unten. Dad und Kate tranken blaue Smoothies und lösten gemeinsam das Kreuzworträtsel in der *Times*. Seine Sprechstundenhilfe hatte anscheinend seine Termine verschoben.

Es kam selten vor, dass Dad nicht zur Arbeit ging (außer nach Moms Tod), aber wie er mal gesagt hatte, durften sich ab und zu sogar Ärzte krankmelden. Immerhin wurde auch sein privater Terminplan durcheinandergewürfelt, wenn bei einer Frau die Wehen einsetzten. Ich war zweimal an seiner Stelle mit Mom in der Oper gewesen. Mom hatte damals gewitzelt, wenn sie und Dad für irgendwas Karten hätten, bekomme unweigerlich jemand Zwillinge. Dad sagte, das sei nun mal das Berufsrisiko von Geburtshelfern, und nahm das mit Humor: »Ich biete vierundzwanzig-Stunden-Zervix«, sagte er gern. Oder: »Das große Pressen tagein, tagaus.«

Als ich in die Küche kam, machten Dad und Kate erneut ein Riesenaufhebens um meine sämtlichen Blessuren. »Wer kümmert sich denn jetzt um Pepper?«, wollte ich wissen.

»Der hat genug Futter und Wasser für ein, zwei Tage«, versicherte Dad mir. »Und ich hab Mrs Russell gebeten, ab und an mal nach ihm zu sehen. Sie hat ja einen Schlüssel.«

Wie aufs Stichwort kam Coconut angetappt und strich mir um die Beine. Ihr flauschiger Schwanz schmiegte sich an meine bandagierten Knie. Ich hockte mich hin, um sie zu streicheln, und kraulte ihr den Nacken. Sie fing laut an zu schnurren.

»Du kannst wirklich gut mit Katzen«, bemerkte Kate.

»Ja, ich liebe Katzen einfach.« Ich musterte Kate. »Da ist übrigens noch was, was ich dir sagen wollte.«

Dad musste den ernsten Unterton in meiner Stimme registriert haben, denn er sah von seiner Zeitung hoch. Eigentlich hatte ich nicht vorgehabt, Kate in seiner Gegenwart die Wahrheit zu sagen, aber ich wollte die Chance nicht wieder verstreichen lassen. Ich musste es endlich loswerden. »Ich bin nämlich ein echter Fan von Katzen«, fing ich an. »Ich liebe sie einfach. Und wenn ich könnte, hätte ich neunundneunzig Stück davon.«

Dad guckte nur verwirrt und fragte sich vermutlich gerade, ob das die Spätfolgen des Unfalls waren.

Kate dagegen klappte die Kinnlade runter, und ihre Augen weiteten sich. Lächelnd stand sie auf. »Komm mal her«, sagte sie und breitete die Arme aus.

Ich ließ zu, dass sie mich an sich zog. Und dann fing ich aus heiterem Himmel an zu weinen. War das die plötzliche Erleichterung darüber, nicht mehr lügen zu müssen? Löste sich erst jetzt die Anspannung des Vortags? Oder lag es an dem bittersüßen Gefühl, von einer Mutter in die Arme genommen zu werden?

»Wow«, murmelte Kate. »Dann bin ich also die Phantomfrau?«

Ich nickte.

»Hab ich was nicht mitgekriegt?«, fragte Dad. Inzwischen hatte auch Kate feuchte Augen. »Kann mich eine von euch mal aufklären?«

»Ich nicht«, sagte Kate.

»Dad«, fing ich an. »Nachdem Kate damals den Vortrag bei uns an der Schule gehalten hat, habe ich angefangen, ihr zu schreiben, und sie hat geantwortet. Zuerst habe ich ihr von Mom erzählt und dann, dass du jemanden kennengelernt hast, und das ging immer so hin und her, bis ich irgendwann rausgefunden habe ... dass ihr zwei zusammen seid.«

»Das Verrückte dabei ist«, sagte Kate, »dass mich bei all den vielen E-Mails, die ich bekomme, die von Catlover99 immer richtig berührt haben. Ich dachte, das ist mal ein liebes Mädchen, das wirklich viel durchgemacht hat.« Kate sah uns beide an, und Dad lächelte. Er schien ebenfalls mit den Tränen zu kämpfen. »Maria muss jedenfalls eine tolle Frau gewesen sein«, sagte Kate und fügte dann hinzu: »Obwohl ich mich gar nicht mehr an so viele Details aus den Mails erinnere.«

»Das macht gar nichts!«, entfuhr es mir ein bisschen zu schnell.

»Natürlich könnte ich noch mal nachlesen. Hättest du das gern?«

»Nein!«

Sie lachte. »Soll ich sie dann vielleicht lieber löschen?«

»Ja!«

»Gut. Dann machen wir das zusammen. Gleich nach dem Frühstück.«

»Da steht nichts Schlimmes drin, aber ...«

Sie hob die Hand. »Ich verstehe schon. Ihr Mädchen schreibt mir ja genau deswegen, weil ihr etwas loswerden müsst, ohne dass es euch irgendwann aufs Butterbrot geschmiert wird.«

»Danke!« Ich seufzte erleichtert. »Darf ich trotzdem noch deine Kolumne Korrektur lesen?«

»Ach, tut mir leid, die musste ich schon abschicken. Aber nächstes Mal gern, okay?«

»Okay.«

Sie füllte Dads Kaffeetasse auf und goss mir ein Glas Orangensaft ein. »Und wo wir gerade schon so offen miteinander sind: Sofia, da ist etwas, was du wissen solltest, obwohl dir das eigentlich Sam sagen müsste.«

Ich sah sie fragend an.

»Es ist so: Sam ist ein netter Junge. Und das weiß ich so genau, weil ... na ja, weil er mal mit Alexa zusammen war.«

»Alexa?«, wiederholte ich. »*Deiner* Alexa?«

»In letzter Zeit habe ich ihn nicht mehr oft gesehen, aber Alexa hat erwähnt, dass er mal abends hier war, bevor sie nach Kanada gefahren ist, um sich zu verabschieden. Vergangenen Winter sind sie jedenfalls noch zusammen zum Schulball gegangen. An deiner Stelle würde ich ihn also mal fragen, wie gerade der Stand zwischen den beiden ist.«

Mir hatte es die Sprache verschlagen. Kein Wunder, dass Sam so bleich geworden war, als er mit mir vor dem Haus der Bairds stand. Kein Wunder, dass er sofort Alexas Fahrrad gefunden hatte.

Auch Dad wirkte ziemlich perplex, und als keine von uns etwas sagte, fragte er: »Möchten die Damen vielleicht noch mehr Bomben platzen lassen?«

»Nein, jetzt bist *du* an der Reihe«, erwiderte Kate. »Irgendwelche Geheimnisse, Dr. Wolf?«

»Ach, was soll's«, sagte er. »Wo wir schon mal dabei sind ...«

Kate blickte etwas ängstlich, und ich versuchte mich zu wappnen. Was hatte Dad uns vorenthalten?

»Weißt du noch, als ich im Februar zum ersten Mal hier war? Da hab ich behauptet, ich hätte ein Meeting in der Gegend und wollte, dass du ein Buch für meine Nichte signierst.« *Nichte?* »Tja, es gab weder das Meeting noch die Nichte«, beichtete Dad. »Das war alles Taktik.«

Kate sah mich lächelnd an. »Und, Sofia, was sagen wir jetzt dazu?«

Ich zuckte mit den Schultern – was tierisch wehtat. »Autsch.«

Kate streichelte mir sanft über den Rücken und wandte sich dann wieder Dad zu. »Weißt du was, Gregg, das werte ich jetzt mal nicht als Lüge, sondern eher als gute Planung.«

»Hat jedenfalls funktioniert«, sagte er.

»In der Tat«, stimmte Kate zu.

Ich schrieb Sam, und wir verabredeten uns unter dem großen Ahorn beim Club. Ich musste einfach wissen, woran ich war.

»Ich gehe zum Club«, verkündete ich und schnappte mir einen Apfel. »Aber können wir vielleicht zuerst die Mails löschen, Kate?«

Kate nahm mich mit in ihr chaotisches Büro, wo ich ein gerahmtes Schwarz-Weiß-Foto zur Hand nahm, auf dem Alexa als kleines Mädchen eine Riesenrutsche hinuntersauste.

»Das Bild hat Alexas Vater gemacht«, sagte Kate. Dann klingelte ihr Handy. Sie warf einen Blick aufs Display: »Das ist meine Redakteurin. Ein Minütchen, okay?«

»Klar.«

Sie ging mit dem Handy auf den Flur.

Auf ihrem Computerbildschirm war ein Chat geöffnet, den ich mit einem Hauch von schlechtem Gewissen überflog.

FragKate Es geht alles so schnell. Ich will mich da nicht kopflos in irgendwas reinstürzen.
DieBryans Du bist die am wenigsten kopflose Person auf dem ganzen Planeten. Du bist das Gegenteil von kopflos. Gibt es dafür ein Wort?
FragKate Hm, eine Hydra?
DieBryans Haha, genau, das bist du, eine Hydra, mit ganz vielen Köpfen. Ist ja auch in Ordnung, aber wenn dein Herz deinem Hirn etwas mitzuteilen versucht, warum hältst du dann nicht einfach mal die Klappe und hörst zu?
FragKate Da könntest du recht haben.
DieBryans Und ob ich recht habe. Geht es Sofia wieder gut?
FragKate Ja, Gott sei Dank!
DieBryans Puh!

FragKate Habt ihr was von Alexa gehört?
DieBryans Ein Anruf, eine Postkarte.
FragKate Bei mir dasselbe. Auf meiner Karte stand: Die Rockies rocken total!
Die Bryans Auf unserer: Kaum zu fassen, ich bin doch tatsächlich an einem Ort, an dem ihr noch nie gewesen seid.
FragKate Wenn sie noch mal anruft, sagt nichts. Das muss ich ihr selbst erzählen.
DieBryans Glaub mir, um das Thema machen wir einen Riesenbogen. Aber du schaffst das schon, Kate. Du verhilfst so vielen Jugendlichen zu einem besseren Leben. Jetzt bist du auch mal an der Reihe.

Dann kam Kate zurück, und ich gab vor, die fremdsprachigen Ausgaben ihrer Bücher zu studieren, aber die Verwirrung blieb. Wer waren diese Bryans? Und um welches Thema würden sie einen Bogen machen?

»Okay, Catlover99, dann mal los«, sagte Kate. Sie rief ihr E-Mail-Archiv auf, klickte auf *Adressen*, scrollte bis C und markierte alle meine Mails. Als sie auf *Löschen* klickte, erschien ein Kasten mit der Frage: *Sind Sie sicher, dass die ausgewählten Nachrichten wirklich gelöscht werden sollen?*

Ich nickte, Kate klickte, und zack, waren sie alle verschwunden!

Wenn es doch genauso leicht wäre, Catlover99 zu löschen, oder nein, vielleicht lieber zu *verwandeln*. Ganz loswerden wollte ich sie ja nicht, nur, dass sie etwas beherzter, etwas weniger zaghaft wurde. Sie sollte laut ihre Meinung äußern und singen und lachen und wieder sie selbst sein, die beste Version ihrer selbst. Das musste doch zu schaffen sein, oder?

»Sam!« Ich winkte. Diesmal trug ich Shorts, ein T-Shirt, Sandalen und eine normale Unterhose – *keinen* String.

»Sofia! Wow, du siehst ja schon wieder ganz gut aus.«

»*Ganz gut?* Nach allem, was ich durchgemacht habe?« Ich deutete auf meine Knie und meine Schulter.

»Ich meine natürlich großartig. Fantastisch. Unglaublich.«

»Schon besser«, erwiderte ich und musterte ihn dann ernst.

»Hey, mir tut's echt total leid, wie das gelaufen ist«, sagte er. »Ich hätte mir denken können, dass du keine geübte Radfahrerin bist.«

»Wenigstens hast du mich dazu gebracht, einen Helm aufzusetzen. Und es ist ja nicht so, als könnte ich gar nicht Rad fahren, in Spanien habe ich das schon öfter gemacht. Auch wenn ich nicht glaube, dass ich mich in absehbarer Zeit wieder in den Sattel schwingen werde.«

»Kann ich dir nicht verübeln. Nur *mir*, dass ich dir dieses Fahrrad angedreht habe. Das war viel zu groß für dich.«

»Tja.« Ich sah ihm direkt in die Augen. »Das liegt wohl daran, dass es Alexa gehört.« Mein Herz klopfte. »Sam, also wenn du dich schon wegen irgendwas mies fühlen willst ...«

Er seufzte. »Weißt du noch, als ich dich nach Hause gebracht habe ... nachdem wir in der Windmühle waren? Du hast mir gesagt, wohin, und ich –«

»Und du hast total komisch reagiert und bist abgehauen?«

»Sofia, ich hatte noch nicht mit vielen Mädchen was, aber zuletzt, da –«

»Ich weiß. Hat Kate mir heute Morgen erzählt.«

»Ich wollte es dir eigentlich gestern schon sagen.«

»Ist zwischen euch beiden denn überhaupt offiziell Schluss?« Als ich Alexa einmal gefragt hatte, ob sie einen Freund habe, hatte sie was von einer On-Off-Geschichte gesagt.

»Ich glaube eigentlich nicht, dass sie uns je als Paar betrachtet hat.«

»Aber ihr wart zusammen auf einem Ball.«

»Stimmt.«

»Magst du sie immer noch?«

Wir gingen die Stufen zum Club hinunter. Draußen standen keine Liegestuhlstapel, also verschwand Sam in einem düsteren Raum, den er den »Rettungsschwimmerkerker« nannte, und kam kurz darauf mit zwei roten Exemplaren zurück. Er klappte zuerst seinen auf und dann meinen, als er sah, dass ich Schwierigkeiten damit hatte. »Ich ... bewundere sie irgendwie«, erklärte er, nachdem wir uns beide gesetzt hatten. »Sie sagt einfach immer, was sie denkt, egal wie es rüberkommt.«

»Und das soll was Gutes sein?«, entgegnete ich.

»Vielleicht nicht immer. Aber wir zwei kennen uns halt schon sehr lange.«

»Erzähl.«

»Wir haben schon als Kinder viel Zeit miteinander verbracht. Waren zusammen im Schwimmverein, haben Basketball in ihrer Einfahrt gespielt und Tischtennis im Jugendraum.«

»Und dann?«

»Letzten Herbst bin ich auf die Highschool gekommen. Ich war über den Sommer bestimmt fünfzehn Zentimeter gewachsen, und sie hat angefangen, mir von irgendwelchen Partys zu erzählen, und mich zum Winter-Ball eingeladen. Aber wenn ich ihr auf dem Schulflur Hallo gesagt habe, hat sie manchmal so getan, als würde sie mich überhaupt nicht kennen. Und wenn ich angerufen habe, hat sie nie zurückgerufen. Sie kann ganz schön ...«

»... biestig sein?«

»Ich hätte jetzt ›unberechenbar‹ gesagt«, erwiderte er.

Ich zuckte mit den Schultern.

»Sie hat 'ne Menge durchgemacht«, sagte Sam, und ich dachte nur: *Na und, wer nicht?* »Schätze, das mit ihrem Vater hat sie ein bisschen aus der Bahn geworfen.«

»Was mit ihrem Vater?«

»Das weißt du nicht?«

»Was denn?«

»Als Alexa in der sechsten Klasse war, hat ihr Dad sich geoutet.«

»Wie jetzt, ihr Dad ist schwul?«

»Eine ganze Weile war das *das* Thema hier. Damals war die Homo-Ehe noch nicht erlaubt und so. Ein paar Leute haben sie ganz schön getriezt, und sie wurde ziemlich still. Und dann biestig, wie du das nennst.«

»Davon hatte ich keine Ahnung«, sagte ich und fragte mich insgeheim, was ich sonst noch alles nicht wusste. »Und das bei einer Mutter wie Kate?«

»Oh Mann, so hab ich das Ganze noch überhaupt nicht betrachtet. Genau, während Mrs Baird überall gute Ratschläge zum Thema Mobbing und wer weiß was sonst noch verteilte« – (*BHs, die Periode, Cliquen und süße Jungs*, dachte ich) –, »hat sie von den Nöten ihrer eigenen Tochter nichts mitgekriegt.« Er schüttelte den Kopf. »Ich wünschte, ich hätte die anderen davon abhalten können, so gemein zu Alexa zu sein, und Alexa davon, die Gemeinheiten zu erwidern, aber –«

Ich stoße meine Fußspitze gegen seine. »Aber du warst doch erst zehn.«

Er lachte. »Gutes Argument! Ich war erst zehn!« Ich versuchte mir Sam als kleinen Jungen vorzustellen. »Trotzdem kann ich nicht abstreiten, dass ich Alexa immer mochte. Sie war eine gute Freundin. Und dann war sie irgendwann mehr.«

»Wie viel mehr?« Mein Magen verkrampfte sich.

»Ziemlich viel.« Er sah mir in die Augen, und es fühlte sich an, als hätte er mir einen Schlag ins Gesicht verpasst.

»Ich war ja erst in der Neunten und sie schon in der Zehnten. Die Jungs aus meiner Mannschaft haben alle Bauklötze gestaunt.«

Ich verschränkte die Arme und zog den Fuß zurück. In letzter Zeit hatte ich das Gefühl gehabt, es ginge langsam voran mit mir. Aber vielleicht war es im Leben eher so, dass manchmal auf einen Schritt vorwärts zwei Schritte rückwärts folgten.

»Sie hat mir damals die Windmühle gezeigt«, sagte Sam.

»Mir auch«, gestand ich. »Ich wollte nur nichts sagen.«

»Ehrlich?« Ich nickte und er schwieg. »Wie wär's, wenn wir versuchen, einander so was nicht mehr zu verschweigen? Bei Alexa wusste ich nie, was sie dachte, und das hat ziemlich genervt. Vielleicht können wir zwei ja einfach ganz offen und ehrlich miteinander umgehen?«

»Okay«, murmelte ich.

»So, und jetzt? Alexa ist noch in Kanada, oder?«

»Bis Ende Juli.« Ich löste meine verschränkten Arme und streifte mit dem kleinen Finger seinen Handrücken.

Er stand auf und zog auch mich hoch. »Lass uns eine Runde spazieren gehen.«

Eigentlich wollte ich ihn nicht so leicht davonkommen lassen, aber andererseits hatte er gar nicht unbedingt etwas falsch gemacht, oder? Schließlich hatte er das Recht auf eine Vergangenheit. *Okay, aber musste darin ausgerechnet Alexa eine Rolle spielen?*

»Sofia! Sofia!«, fing er flüsternd an zu singen. »I just met a girl named Sofia!«

Jetzt musste ich lächeln und erzählte ihm, dass ich mal in der Schulaufführung von *West Side Story* die Maria gespielt hatte.

»Du hattest die Hauptrolle? Wow. Ich wette, du warst super.«

»Haben zumindest alle gesagt.« Ich grinste.

Er legte den Arm um mich, und ich zuckte zusammen. »Aua. Meine Schulter!«

»Tut mir leid.« Also hielten wir lieber Händchen und verschränkten unsere Finger miteinander.

»Meine Mom hieß Maria«, erzählte ich ihm. »Sie mochte den Song so gern.« Meine Stimme bebte leicht, und einen Moment lang fühlte ich mich so verwundbar, dass ich mich ermahnen musste, es langsam anzugehen und nicht gleich so viel Gefühl in die Sache zu investieren.

Ich hatte mich verletzt, als ich den Berg hinuntergerast war. Vielleicht sollte ich wenigstens jetzt versuchen, ein bisschen auf die Bremse zu treten.

Ich schlenderte allein zurück zum Haus, und als ich den Garten erreichte, sah ich Kate mit Dad in der Hängematte liegen. Gerade wollte ich mich bemerkbar machen, als ich Kate sagen hörte: »Gregg, möglicherweise lasse ich doch noch eine Bombe platzen.« Ich blieb halb versteckt hinter der Trauerweide stehen und lauschte.

»*Du* bist einfach Bombe«, witzelte Dad, aber Kate musste ein ernstes Gesicht gemacht haben, denn er fügte hinzu: »Stopp mal, muss ich mir Sorgen machen?«

»Ich weiß nicht. Also, ihr zwei müsst doch bald umziehen, stimmt's? Ihr müsst raus aus eurer Wohnung und habt immer noch keine neue gefunden.«

»Bei dir klingt das aber düster. Irgendwas zur Miete werden wir schon noch auftreiben.«

»Ich mag mein Haus wirklich sehr«, fuhr sie fort. »Schon als Kind und heute noch genauso. Aber es ist eben ... riesig. Hör mal, ich weiß, ich sollte zuerst mit Alexa darüber reden, aber sie wird vermutlich sowieso nicht mehr lange hier wohnen.«

Ich stand einfach da, reglos wie ein Kaninchen, das sich, in der Dämmerung auf dem Rasen ertappt, in eine Ministatue verwandelt hatte. Zwar gefiel mir der Gedanke nicht, dass Spionieren sich immer mehr zu meinem neuen Hobby zu entwickeln schien, aber ich konnte einfach nicht anders.

»Was ich sagen will«, erläuterte Kate nun, »ist: Ich hätte hier Platz für euch, für dich, für Sofia und sogar für euren Kater. Zumindest fürs Erste.« Sie hielt inne. »Oder vielleicht auch für länger.«

»Du solltest wirklich mit Alexa reden, und ich mit Sofia«, sagte Dad. »Aber wenn du damit sagen willst, was ich hoffe, dann ist das definitiv überlegenswert.«

Mein Mund klappte auf. Das war alles andere als Small Talk, das war Big Talk! Puh – ging das nicht viel zu schnell?

»Wir sehen das alles doch nicht bloß durch die rosarote Brille, oder?«, fragte Kate.

»Nein, das mit uns ist was Echtes. Aber du bist die Beziehungsexpertin von uns beiden, Katie. Ich weiß bloß, wie *ich* mich fühle.«

»Und wie?«

»Glücklich mit dir«, antwortete Dad. »Und überaus wohl hier. Und wie ein Lottogewinner, denn wenn ich Sofia schon eine neue Mutterfigur vorsetze, dann kann es wohl nicht schaden, dass ich direkt eine Expertin für junge Mädchen gefunden habe.«

Sie küssten sich, und ich dachte: *Ich brauche keine neue Mutterfigur!* Doch dann fragte ich mich, ob das wirklich stimmte.

»Was ist mit dir?«, fragte Dad. »Wie fühlst du dich denn?«

»Glücklich mit dir«, sagte Kate. »Und überaus wohl, wenn du hier bist. Nur ein bisschen ängstlich, weil Alexa schon zwei Vaterfiguren hat und nicht auf der Suche nach einer dritten ist. Und ein bisschen egoistisch, weil ich ausnahmsweise mal tue, was für *mich* am besten ist, und das ist mit dir zusammen sein.«

»Was würde Frag-Kate dazu sagen?«

»Die alte Besserwisserin wäre wahrscheinlich der Meinung, dass wir die Sache überstürzen.«

Fast hätte ich gerufen: *Und damit hätte sie recht!*

»Pah, die ist doch bloß eifersüchtig«, sagte Dad.

»Genau, was weiß die schon über Erwachsene?«

Sie lachten, dann breitete sich Stille aus. Sie küssten sich schon wieder. Jetzt konnte ich auf keinen Fall rauskommen. Vorsichtig wich ich zurück und drehte eine weitere Runde um den See, diesmal wie in Trance.

Freute ich mich, dass die beiden einander gefunden hatten?

Oder bereute ich es, dass ich Dad damals überredet hatte, sich Kates Vortrag anzuhören?

»Bin wieder da!«, rief ich und ließ die Tür hinter mir zuknallen.

Dad kam mit seiner Ich-muss-dir-was-Wichtiges-erzählen-Miene auf mich zu. »Komm, wir setzen uns ein bisschen auf die Veranda.« Schulterzuckend folgte ich ihm zu den Schaukelstühlen. »Wie geht's dir, Cupcake? Kopfschmerzen?«

»Alles in Ordnung.« Ich wartete ab.

»Hör mal, du weißt ja, dass wir bald umziehen müssen ...«

Mehr musste er nicht sagen, ich hatte ja sowieso alles mitgehört. Mir war klar, was jetzt kam. Genauso wie mir klar war, dass es irgendwie weitergehen musste, ob ich nun bereit dafür war oder nicht. Das wahre Leben war nicht wie ein Film. Man konnte nicht zwischendurch auf Pause drücken, ein bisschen vor- oder zurückspulen oder noch mal von vorne anfangen. Es hielt ja nicht mal für den Tod inne. Die Erde drehte sich kein bisschen langsamer, damit man seinen Schock überwinden oder zum Rest der Welt aufholen konnte. Alles ging einfach immer weiter.

»Und da dachte ich mir«, fuhr Dad fort. »Also, Kate und ich, wir dachten uns –«

Ich sah hinaus auf den üppig grünen Rasen. Warum sollte ich ihn zwingen, es auszusprechen? »Hier?«, murmelte ich. »Fürs Erste?«

»Ja, vielleicht. Aber ich hoffe ... Katie und ich hoffen ...«

Ich hob die Hand, damit er nicht weiterredete. Ich mochte Kate, und ich freute mich wirklich für Dad, na ja, für sie beide. Aber wenn sie erst richtig zusammengezogen waren, dann – dann war die Sache besiegelt.

»Weiß Alexa schon Bescheid?«

»Noch nicht. Katie versucht schon die ganze Zeit, sie in Kanada zu erreichen.«

Ich fühlte mich so schwer, als könnte ich nie wieder aus dem Schaukelstuhl aufstehen. »Willst du dann trotzdem weiter im Ärztezentrum arbeiten?«

»Ich muss eben pendeln. Im Winter ist das sicher schrecklich, aber ich kann mir Hörbücher besorgen, oder du stellst mir Playlists zusammen oder so. Und wenn du an der Halsey bleibst, können wir zusammen in die Stadt fahren. Die Anzahlung fürs Schulgeld ist schon gemacht. Du kannst aber natürlich auch an die Byram Hills wechseln, das ist ganz allein deine Entscheidung.«

Meine Entscheidung? Das war ja mal ganz was Neues.

Wollte ich den weiten Weg zu der kleinen Mädchenprivatschule fahren, auf die ich seit neun Jahren ging und wo ich viele Freundinnen hatte? Oder lieber die Neue an einer mittelgroßen öffentlichen gemischten Schule sein, an der ich nur Sam und Alexa kannte?

»Darf ich darüber noch ein bisschen nachdenken?«

»Natürlich. Aber wenn du an der Halsey bleibst, muss ich bald das restliche Schulgeld bezahlen. Und wenn du wechselst, müssen wir dich ummelden.«

»Okay«, sagte ich, auch wenn es das nicht war. »Du, Dad?«, fragte ich. »Was hast du eigentlich mit dem Buch gemacht, das du für deine ›Nichte‹ hast signieren lassen?«

»Ich hab's in mein Wartezimmer gelegt«, sagte er verlegen.

Im Garten leuchteten Glühwürmchen. Dad und Kate saßen auf der Verandaschaukel. Ich nahm mein Handy und schrieb Kiki.

Catlover99 Hallo, jemand da?

Kikiroo: Jepp, bin hier.

Catlover99: Der String hat es nicht überlebt, aber ich schon.

Kikiroo: Häh?

Catlover99: Hatte 'nen Unfall.

Kikiroo: Groß oder klein? Hihi.

Catlover99: Nee, im Ernst.

Catlover99: Mit dem Fahrrad ... Hab die vorletzte Nacht im Krankenhaus verbracht.

Kikiroo: OMG!!!

Kikiroo: Alles gut???

Catlover99: Mehr oder weniger, aber das wollte ich auch gar nicht erzählen.

Kikiroo: Was denn dann???

Catlover99: Wenn ich dir das live erzähle, heule ich nur.

Catlover99: Darum schreib ich lieber.

Kikiroo: Okay ...

Catlover99: Wir ziehen um!

Kikiroo: WAS???!!!!!!!

Catlover99: Kate hat uns gefragt, ob wir herziehen wollen.

Catlover99: Also, in ihr Haus.

Kikiroo: Weiß gar nicht, was ich sagen soll. Oh nein.

Kikiroo: Bin echt schockiert.

Kikiroo: Nein, Quatsch. Neidisch!!!

Catlover99: Ich bin auf jeden Fall schockiert. Neidisch auf dich bin ich sowieso immer.

Kikiroo: Aber du bleibst doch an der Halsey, oder?

Catlover99: Vielleicht ... Oder ich wechsle an die Schule hier, die wir gesehen haben.

Kikiroo: Das geht nicht!!!!

Kikiroo: Nein nein nein! NEIN NEIIIIIIN

Catlover99: Ich weiß noch nicht.

Kikiroo: Du darfst hier nicht weg! Echt jetzt!

Catlover99: Du kannst mich doch ganz oft besuchen kommen.

Catlover99: Alexa mag dich eh lieber als mich.

Catlover99: Das hier könnte so was wie dein Landhaus sein.

Kikiroo: Ich glaub's nicht …

Catlover99: Ich meins ernst. Hilfst du mir, mein Zimmer einzurichten?

Kikiroo: Musst du dir eins mit Alexa teilen??

Catlover99: Gott, nein!! Stell dir das mal vor! Als ob Alexa ihr Zimmer mit mir teilen würde.

Catlover99: Und sie wird auch NICHT begeistert sein, dass sie mich als Schwester kriegt!!

Kikiroo: Ich wär's.

Catlover99: Ooooh danke.

Kikiroo: Soll ich mal anrufen?

Catlover99: Ja, aber der Empfang ist hier mies, also lieber Festnetz.

Das Telefon klingelte. Ich ging ran, und Kiki wartete nicht mal mein Hallo ab, sondern platzte gleich heraus mit: »Jetzt mal ganz von vorne, du warst im *Krankenhaus?*«

Teil 2

Juli

Hamstern. Blödes Wort. Okay, ich war vielleicht ein bisschen sentimental und hortete gern Sachen, aber das rechtfertigte noch lange nicht den Vergleich mit einem Nagetier.

»Sag so was nicht.«

»Was?«

»Du hast gesagt, ich würde immer alles hamstern. Das stimmt nicht.«

»Sofia, findest du nicht, du stellst dich –« Ich musste ausgesehen haben, als wäre ich den Tränen nahe, denn er lenkte schnell ein: »Na schön, dann bist du eben kein Hamster. Du bist ein kleines Wölfchen, das einfach nichts wegwerfen kann.«

»Ich hab auch nie behauptet, dass ich das könnte.« Ich fand mein Zimmer ja selbst ein bisschen erdrückend: volle Schubladen, zugestopfter Schrank, überquellende Kommode.

Letzten April hatte ich mir jede Menge von Moms Sachen unter den Nagel gerissen – Lippenstifte, Handtaschen, Karten von Schülern, sogar eine Beste-Mom-der-Welt-Tasse, die ich ihr mal zum Muttertag geschenkt hatte. Jetzt musste ich mir eingestehen, dass ich das unmöglich alles behalten konnte. Eine Sache jedoch, die ich immer in Ehren halten würde, waren die Perlenohrstecker, die Abuelo Mom geschenkt hatte, als sie so alt war wie ich.

Dad hingegen machte sich völlig unerschrocken an die Arbeit. So wie er am ersten Januar darauf bestanden hatte, dass alles Weihnachtliche verschwand, würde er dafür sorgen, dass unsere gesamten Habseligkeiten bis zum ersten August verpackt waren. Genau nach Zeitplan, würden wir erst nach Armonk umziehen und anschließend nach Spanien fliegen.

Bis dahin hatte ich noch massenhaft Entscheidungen zu treffen. Bleistiftstummel? Weg damit. Ausgetrockneter Textmarker? Weg. Unbenutzte Adressaufkleber? Weg. Aber was war mit der zerfledderten Valentinskarte, auf der *Süß – Offen – Fantasievoll – Interessant – Achtsam* stand? Und die Geburtstagskarten und Himmel-oder-Hölle-Spiele, die Kiki mir gebastelt hatte? Die Briefe von Mom würde ich behalten, jeden einzelnen davon, das stand gar nicht zur Debatte.

Ich wünschte, ich hätte ein aktuelles Familienfoto. Am Versetzungstag hatten alle mit ihren Eltern posiert, und die Ungerechtigkeit hatte mich mal wieder kalt erwischt. Die anderen Mädchen meckerten ständig: *Meine Eltern dies* und *Meine Eltern das*, ohne zu bedenken ...

Nein, damit würde ich jetzt lieber nicht anfangen.

Ich griff nach den Ton-Sneakers, die ich kurz vor Moms Tod in Kunst getöpfert hatte. Von der Entstehung hatte ich Mom noch erzählt, aber als die Schuhe aus dem Brennofen kamen, war sie schon tot gewesen. Nein. Schlimmer: verbrannt. Ein Häufchen Asche.

Leichenbrand. So nannte man diese Asche. Was für ein fieses Wort. Allein den Gedanken daran konnte ich kaum ertragen, aber meine Eltern hatten besprochen, was mit ihren »Überresten« geschehen sollte, und meine Wünsche zählten nicht. Dad hatte die Urne vor über einem Jahr in seinem Schrank verstaut und hütete sich seither, das Thema anzusprechen. Ich hatte ihm klar und deutlich zu verstehen gegeben, dass ich fürs Erste nicht darüber nachdenken wolle, was wir damit anstellten. Wozu die Eile?

Aber zurück zu meinen Ton-Sneakers. Weg damit? Ich erinnerte mich, wie ich sie Dad gezeigt hatte und er mich lobte: »Die Schnürsenkel haben ja sogar Pinken!« Pinke, so erklärte er, nennt man die Plastikumhüllung am Senkelende, die dafür sorgt, dass es nicht ausfranst.

Doch nicht mal seine Begeisterung konnte die ohrenbetäubende Stille füllen, die die Abwesenheit meiner Mutter hinterlassen hatte.

Ich stellte die Schuhe zu den Schildkröten auf die Fensterbank und wünschte, ich könnte Mom sagen hören: »¡Qué maravilla! ¡Me encantan! ¡Qué dotada eres!«

Manchmal wünschte ich, ich hätte auch solche Pinken, die mich sicher zusammenhielten.

Die Sehnsucht nach der doppelten Dosis Elternliebe war schrecklich, weil ich genau wusste, dass sie nie wieder erfüllt werden würde.

Zumindest kam die Trauer inzwischen nur noch schubweise. Manchmal vermisste ich Mom ganz schrecklich und manchmal ... nicht so sehr. Was einerseits eine Erleichterung war, andererseits aber auf ganz andere Weise verstörend.

Ich hatte die Mittelschule hinter mir gelassen. Nun ließ ich diese Wohnung hinter mir. Und meine Trauer, würde ich die auch hinter mir lassen?

Ich setzte mich auf mein Bett mit dem rosa Baldachin und spielte mit dem Gedanken, Kate zu schreiben.

Liebe Kate,
ich bin's, Catlover. Ich weiß, ich sollte dankbar sein, dass ich mich nicht größer verletzt habe, und glaub mir, das bin ich auch. Aber innen drin sieht es anders aus, da herrscht das Chaos. Wie du ja weißt, ziehen wir in dein Haus, und es ist auch wirklich sehr schön dort. Aber das ist es hier in dieser

Wohnung genauso, und ich will nicht weg – aber natürlich bleibt mir sowieso keine Wahl.

Beim Thema Schule dagegen schon. Wenn ich wollte, könnte ich von dem Mädchen, dessen Mutter gestorben ist, zur Neuen in der Stufe werden. Was vielleicht besser wäre, aber ich weiß nicht, ob ich schon bereit dafür bin, dass dann kaum noch jemand von den Menschen um mich herum meine Mom gekannt hat. Hier hat sie jeder gekannt. Aber so wird es in Zukunft wohl öfter sein.

Ich wünschte, irgendwer könnte mir garantieren, dass es sicher ist, meinen Panzer abzulegen. Mag ich Schildkröten deshalb so gern? Weil sie sich so gut schützen können?

Und was ist mit Alexa? Sie wird so was von sauer sein, wenn sie aus Kanada wiederkommt und sieht, dass Dad und ich uns in *ihrem* Zuhause eingenistet haben! Wahrscheinlich will sie mich dann am liebsten erwürgen – oder dich! Hast du es ihr überhaupt schon gesagt? Und was, wenn sie das mit Sam herausfindet?

Ich klickte nicht auf *Senden*. Das hier war eine imaginäre Mail, die nur in meinem Kopf existierte.

Langsam wurde ich echt zu einem Fall für die Klapse.

Ich öffnete die unterste Schreibtischschublade, wo die ausgedruckten E-Mails von Kate lagen, und suchte nach der einen, die mit dem Versprechen *Irgendwann wird alles leichter* endete.

Stimmte das?

Ich rief Kiki an. »Kannst du rüberkommen? Ich bin beim Packen und brauche jemanden, der streng ist.«

»Streng?«

»Skrupellos. Unerbittlich. Rabiat.«

»Ich dachte, ich bin kreativ, inspirierend, kameradschaftlich –«

»Komm einfach. Bitte!«

Sie sagte zu, und während ich wartete, verdunkelte sich der Himmel, und Regentropfen begannen gegen die Klimaanlage vor meinem Fenster zu trommeln.

Ich begrüßte Kiki mit den Ton-Sneakers in den Händen. »Behalten oder weg damit?«

»Behalten! Was für eine Frage!«

Ich wickelte die Schuhe in Zeitungspapier und legte das Bündel in einen Karton mit einem großen S darauf. »Was ist mit der magischen Billardkugel?«

Kiki schnappte sie sich und schüttelte sie. »Meine Quellen sagen Nein.«

»Und dieser Pulli?«

»Der ist schon seit zwei Jahren out. Weswegen du ihn auch ewig nicht mehr angehabt hast.«

»Aber in der Sechsten sah er doch super an mir aus, oder?«

»Absolut heiß! Na gut, damals warst du noch nicht in der Pubertät, also vielleicht eher ... mollig warm.«

Ich fiel Kiki um den Hals. »Ohne dich würde ich das hier nie schaffen.« Ich hielt ein T-Shirt aus der vierten Klasse mit den Unterschriften unserer Mitschülerinnen hoch.

»Unersetzlich!«

Beim Griff nach dem nächsten Shirt verzog ich gequält das Gesicht.

»Tut deine Schulter immer noch weh?«, fragte Kiki.

»Es geht schon besser, aber es wird wohl eine Narbe zurückbleiben. Zumindest habe ich keine Klammern mehr im Kopf.«

»Narben sind doch in Ordnung.«

»Finde ich auch. Was ist mit meiner Verkleidungskiste?«

»Nicht dein Ernst, oder? Denk doch mal an Alexa!«

»Ich denke an nichts anderes als Alexa.« Ich verdrehte die Augen.

»Und meine Schildkröten?«

»Sorry, bei Schildkröten kann ich einfach nicht skrupellos sein. Und die sind ja auch so klein – pack sie ein.«

»Und meine Kuscheltiere? Ob ich für die ein gutes Zuhause finde?« Ich lachte, aber meine Stimme überschlug sich ein bisschen.

»Panther, Tigger und Schildi kannst du behalten, den Rest wäschst du und spendest sie der Wohlfahrt. Oh Mann, im Ernst, was würdest du nur ohne mich machen?«

»Was *werde* ich nur ohne dich machen?«

»Glaubst du, mir geht's besser? Ich fühle mich jetzt schon ganz einsam und verlassen, dabei sind du und Natalie noch gar nicht weg! Wenigstens bleibst du weiter an der Halsey, oder?«

Ich zögerte.

»Sofia, du *musst*! Was, wenn dein Dad und Kate sich trennen?«

»Kann ich mir nicht vorstellen. Vielleicht liegt es ja daran, dass wir sowieso umziehen müssen, aber bei denen läuft gerade alles wie im Zeitraffer.« Ich setzte mich. »Kiki, so glücklich habe ich meinen Dad mit meiner Mom nie erlebt.«

»Weil du damals noch nicht dabei warst. Deine Eltern haben eine tolle Ehe gehabt – glaub mir, ich weiß, wovon ich rede, die von meinen war nämlich beschissen.« Kiki zog eine Grimasse. »Und eins sag ich dir: Du darfst mich nicht fallen lassen, ganz egal wie super es da in dem schnarchigen Vorort ist.«

»Du mich aber auch nicht.«

»Auf keinen Fall«, sagte Kiki, aber dann machte es *Ping* – sie hatte eine Nachricht bekommen. »Ups, ich muss los! Madison ist gerade aus China zurück, und wir wollten uns am Met treffen. Kommst du mit?«

»Würde ich ja gern, aber –« Ich warf einen Blick auf die Sachen, die mein Leben ausmachten und nun kreuz und quer über den Boden meines Zimmer verteilt waren.

»Du bist doch fast fertig.«

»Von wegen. Guck mal unters Bett.« Kiki kniete sich auf den Boden. »Was, du hast *Traumtelefon* noch?!« Sie zog die verschlissene Schachtel hervor, öffnete sie und hielt sich den pinkfarbenen Telefonhörer ans Ohr. Auf dem Spielbrett waren die Gesichter von zwei Dutzend Jungs zu sehen. »Wie viele Stunden haben wir an diesem Telefon gehangen!«

»Stunden? Wohl eher *Jahre*!«

»Guck mal! David, Jamal, Liam. Ich fand Christopher immer total süß.«

»Ich war in Scott verknallt!« Ich lachte. »Gab es auch einen Sam?«

Kiki studierte das Brett. »Nee. Und auch keinen Jeremy. Den habe ich vor zwei Tagen im Central Park kennengelernt, beim Sonnen auf der großen Wiese. Er meinte, er mag meinen Humor.«

»Wenn du dich gerade gesonnt hast, mag er mehr an dir als nur das«, erwiderte ich. »Aber verstehst du jetzt, was ich hier durchmache? Wie kann ich denn so was wegschmeißen?«

»Pass auf, geht ganz einfach.« Kiki klappte die Schachtel wieder zu, stand auf und ging damit aus der Wohnungstür zum Müllcontainer neben dem Frachtenaufzug. Mit großer Geste ließ sie sie in die Tonne fallen. »Macht's gut, Jungs!« Dann klopfte sie sich die Handflächen ab.

Ich unterdrückte den Drang, mich dem Spiel – und mit ihm David, Jamal, Liam, Christopher und Scott – hinterherzustürzen. »Das ist das Ende einer Ära«, verkündete ich.

»Stimmt«, pflichtete Kiki mir bei. »Heute haben wir echte Jungs an der Strippe.«

Immer, wenn Kates Telefon klingelte, hastete sie sofort hin, in der Hoffnung, dass Alexa anrief. Diesmal war sie es wirklich.

»Es ist so schön, deine Stimme zu hören!« Kate strahlte. »Ach, das ist ja toll! ... Großartig! ... Hab dich lieb!«

»Wie geht's Alexa?«, fragte ich, nachdem sie aufgelegt hatte.

»Sie hörte sich so glücklich an. Ihre Gruppe macht gerade in einem kleinen Städtchen halt, um die Vorräte aufzustocken, und da gab es eine Telefonzelle. Sie meinte, das da oben sind nicht einfach Berge, sondern ganze Gebirgszüge. Und letzte Nacht war die Milchstraße kristallklar zu erkennen. Sogar das Nordlicht haben sie gesehen! Total ›geflasht‹ sei sie gewesen, hat sie gesagt.« Kate lachte. »Nur das Essen ist wohl mau, aber sie haben alle ständig so einen Riesenhunger vom Wandern, dass keiner sich daran stört. Ach, und sie übt fleißig Spanisch mit einem Mädchen namens Victoria, das auch hier aus der Gegend kommt. Und sie sagt, ich muss mir keine Sorgen machen.«

Am liebsten hätte ich gefragt: *Hast du ihr denn gesagt, dass sie sich Sorgen machen sollte?* Aber ich formulierte es anders: »Hast du erwähnt ...«

»Ich hatte es fest vor, aber das Gespräch war so schnell vorbei.« Kate wandte sich wieder den Hortensien und Lilien zu, die sie in ihrem Garten geschnitten hatte und nun zu einem Strauß arrangierte.

»Ich hab nur Angst, wenn Alexa nach Hause kommt und vor vollendete Tatsachen gestellt wird, könnte sie« – *den Drang verspüren, mich in Stücke zu hacken* – »ziemlich überrascht sein.«

»Ich sage es ihr schon noch«, beteuerte Kate, »aber sie war die ganze Zeit so schwer zu erreichen, und eben habe ich ja kaum ein Wort dazwischenbekommen.« Kate sah mir in die Augen. »Außerdem will ich, dass sie Spaß hat. Der Gruppenleiter hat am Flughafen extra betont, dass das auch mal ein Urlaub von zu Hause sein soll.«

Ich fragte mich, ob Kate Alexa wirklich nicht die Wahrheit sagte, um sie zu schonen, oder doch eher aus Feigheit – oder einer Kombination aus beidem. Dann ging mir auf, dass Kate selbst auch gerade Ferien hatte. Sie war jetzt im Pärchen- und nicht im Mom-Modus. Vielleicht wollte sie Alexa nicht den Sommer versauen, aber genauso wenig sich ihren eigenen. Ganz offensichtlich genoss sie die sorgenfreien Wochen. Das verstand ich, aber gleichzeitig führte es mir vor Augen, dass auch Kate alles andere als perfekt war. Klar war sie ein guter Mensch, aber sie hatte Fehler wie jeder andere.

Die Frage war nur: Wo blieb ich bei alldem?

Noch zehn Tage bis zum Umzug. Kates Haus hatte einen Keller und eine Garage, aber sie hatte uns ermahnt, nichts dort einzulagern, was wir eigentlich »loslassen« müssten und was uns nicht »mit Freude erfüllte«. Äh, okay, aber wie sollte ich bitte Moms riesigen ovalen Spiegel loslassen oder das Holzschild mit der Aufschrift *Limonade 50 Cent*, das ich mit Abuelo gebastelt hatte, oder die Programmheftchen von meinen Schulkonzerten? Und die gerahmten Fotos erfüllten mich gleichermaßen mit Freude wie mit Wehmut. (Hatte Dad eigentlich noch ein Foto von Mom in seinem Büro stehen? Und stand daneben jetzt eins von Kate?)

Ich listete alles, was wir nicht mehr brauchten, auf Karteikarten auf und pinnte sie bei uns unten im Postraum an.

So was an Nachbarn abzugeben kam mir immer noch persönlicher vor als eBay oder irgendwelche Online-Kleinanzeigen. Die Lehrer meiner Schule kauften auch ein paar Sachen von einem Tischchen, das ich vor dem Gebäude aufgestellt hatte. Dad hatte mir versprochen, dass ich das Geld behalten durfte, und um zwei Uhr nachmittags hatte ich schon fast hundertsiebzig Dollar eingenommen.

»Wenn ich gewusst hätte, dass du so abräumst«, sagte er, »hätte ich eine Gewinnbeteiligung verlangt.«

Ich war froh über das Geld, aber bei den größeren Verkäufen zog sich in mir doch alles zusammen. Mein rosa Himmelbett erstand eine Lehrerin für ihre Tochter. Und das Bett, in dem meine Eltern neunzehn Jahre lang geschlafen hatten, kauften die Russells für Mason. »Ein großes Bett für unseren großen Jungen«, sagten sie.

Ende Juli unternahm ich viel mit Kiki, Natalie, Madison und anderen Freunden – ich fühlte mich beliebter denn je. Aber jedes dieser Treffen war durchdrungen von einer unterschwelligen Traurigkeit, als hätte ich bereits angefangen, die anderen zu vermissen.

An einem Abend trafen wir uns alle bei Natalie, und Sam kam sogar extra mit dem Zug in die Stadt. Ich hatte ihm erklärt, dass er den Shuttlebus von der Grand Central zur Penn Station nehmen müsse und von da aus die U-Bahn-Linie 2 oder 3 bis zur 96. Straße. Im Starbucks an der Ecke 93. Straße und Broadway würde ich auf ihn warten. Ich genoss es, ihn hereinkommen und sich nach mir umblicken zu sehen, bevor er mich vor aller Augen küsste.

Jeder auf der Party mochte Sam. Alle unterhielten sich mit ihm und lachten über seine Witze, und als er zur Toilette ging, flüsterte Natalie mir zu: »Der ist ja toll!«

»Ich weiß.«

»Ich fasse es immer noch nicht, dass er mal was mit Alexa hatte!«, sagte Kiki.

»Ich auch nicht.«

»Oh Gott, die zwei waren doch wohl nicht miteinander im Bett, oder?«, fragte Madison.

»Keine Ahnung! Und ich weiß auch nicht, ob ich es wissen will!«

Alle drei nickten.

»Ich *glaube* aber nicht«, fügte ich dann hinzu, wenn auch hauptsächlich zu meiner eigenen Beruhigung.

Dad hingegen hatte die gesamte Nachbarschaft aus der Lehrerburg nach Armonk eingeladen – »Ich schmeiße den Grill an!« Aber wer von ihnen würde tatsächlich kommen? Waren wir mit vielen vielleicht nur deshalb eng befreundet, weil wir eben eng aufeinanderhockten? Ich konnte nur hoffen, dass echte Freundschaft mehr bedeutete.

Außerdem traf Dad die nötigen Absprachen mit dem Hausmeister, sorgte dafür, dass Gas und Elektrizität abgeschaltet wurden, kündigte unser Abo der *New York Times*, meldete uns bei Post, Telefongesellschaft und Banken um, bestellte einen Umzugswagen … und beklagte sich, dass seine To-do-Liste jeden Rahmen sprengte.

»Wenn wir erst mal umgezogen sind«, sagte er, »bekommt deine Mom hoffentlich auch keine Angebote für Kreditkarten mehr. Völlig verrückt, wie viel Werbung die ihr immer noch schicken.«

So wollte ich ihn nicht über sie reden hören – genauso wenig, wie ich hören wollte, dass immer noch irgendwelche Banken versuchten, Mom als Kundin zu gewinnen.

»Wo wir gerade von der Post sprechen«, fuhr Dad fort. »Soll ich den Scheck an die Halsey nun absenden oder nicht? Das ist eine Menge Geld, deswegen solltest du dir wirklich sicher sein. Und wenn du nicht weiter hingehst, sollten sie deinen Platz früh genug einem der Mädchen auf der Warteliste anbieten können.«

Halsey oder Byram Hills? Ich konnte mich einfach nicht entscheiden. Kiki schlug mir vor, eine Münze zu werfen – wenn die in der Luft sei, würde ich schon merken, für welche Schule ich sei.

Ich versuchte es: Kopf für Halsey.

Aber auch das half nicht.

Kiki flehte mich an, auf der Halsey zu bleiben, aber Sam war natürlich anderer Meinung. Eines Tages kam er nach der Arbeit bei Kate zu Hause vorbei. Er kümmerte sich im Schreibwarenladen seiner Eltern in Mount Kisco um die Inventur und Kundenanliegen. (»Briefpapier, Büroklammern und Beschwerden«, witzelte er.)

»Die Lehrer an der Halsey kennen mich schon ewig«, erklärte ich. Wir gingen die Evergreen Row entlang, und er zeigte mir die Überreste einer alten Villa, die vor Jahrzehnten abgebrannt war. »Wenn ich dort bleibe, muss ich mich nicht neu beweisen. Und ich wäre Vizevorsitzende des Spanischclubs, was für eine Neuntklässlerin ziemlich cool ist. Außerdem gilt man, wenn man vom Kindergarten bis zur Zwölften an der Schule bleibt, als Überlebende. Dann kriegt man sogar seine eigene Seite im Jahrbuch.«

»Überlebende? Ist das so was wie ein Ehrentitel?«, fragte Sam, und mir wurde klar, wie albern das klang. Aber manchmal war das nackte Überleben eben schon eine größere Leistung, als manchen Leuten klar war.

»Denk zumindest noch mal darüber nach«, bat Sam. »Auch wenn du jetzt wahrscheinlich denkst, dass ich das aus total eigennützigen Gründen sage.« Er zog mich dichter an sich.

»Windmühlennachmittage?«, fragte ich. Das klang wie ein Gedichttitel. Ich hakte zwei Finger in seine Gürtelschlaufe. »Und du verlierst auch nicht langsam die Geduld mit mir?« Nicht zu fassen, dass ich das wirklich laut ausgesprochen hatte, aber er wusste, was ich meinte: Bislang lief bei uns nichts außer Knutschen.

»Nein. Ich meine, nicht dass ich nicht –«

Ich küsste ihn, um ihn davon abzuhalten, den Satz zu beenden, und wir wendeten uns wieder dem ursprünglichen Thema zu.

»Aber, Sofia, was die Schule angeht: Wäre eine Veränderung nicht sogar ganz gut?«

Ich zuckte mit den Schultern. »Vielleicht werden Veränderungen ja überbewertet.«

»Oder Bequemlichkeit. Nicht böse sein – ich weiß, die Halsey ist so was wie die Göttin unter den Privatschulen.«

Als ich ihm erklärt hatte, dass die Halsey vom selben Rang war wie Trinity, Exeter, Sidwell und Harvard-Westlake, hatte er mich nur verständnislos angeguckt und geantwortet, dass er von diesen Schulen noch nie gehört habe.

»Ich meine ja nur«, fuhr er fort, »eine ›Überlebende‹ zu sein, wiegt das alles andere auf? Dreizehn Jahre am selben Ort, mit denselben Leuten?«

»Überleben ist ja nicht *nichts*«, entgegnete ich. »Und es sind auch nicht komplett dieselben Leute. Da kommen immer wieder mal neue Mädchen dazu, und andere gehen, wenn es einfach nicht mehr passt.«

»Bei einem Wechsel könntest du dich komplett neu erfinden«, sagte Sam.

»Will ich aber gar nicht«, protestierte ich und fragte mich sofort, ob das wirklich stimmte. »Ich habe nichts gegen mich.«

»Ich habe auch nichts gegen dich.« Er grinste. »Vielleicht drücke ich mich auch nicht richtig aus. Kann ich dir eine Geschichte erzählen?«

»Ich hoffe doch, dass du das kannst. Du darfst jedenfalls.«

»Vorletzten Sommer hat mein Großvater –«

»Grandpa Fritz, der Südstaaten-Gentleman?«

Er nickte, erfreut, dass ich mich erinnerte.

Es gefiel mir, dass Sam und ich richtige Unterhaltungen miteinander führten, voller Neckereien und Anspielungen. Durch die Schule hatte ich keine Jungs in meinem Freundeskreis, daher war ich früher immer nervös gewesen, wenn ich mal einen kennenlernte. Jetzt gingen Sam und ich zu »unserer« Windmühle. Unterwegs plauderten wir, hielten Händchen und Ausschau nach Streifenhörnchen.

»Grandpa Fritz hat mich mal mit zum Angeln genommen«, erzählte er jetzt. »Und da hat er gefragt, was ich denke, und ich so: ›Nichts.‹ Also hat er gefragt, was ich sehe, und ich hab geantwortet: ›Keine Ahnung. Wasser?‹ Er wirkte ziemlich enttäuscht. ›Guck nicht einfach nur vor dich, Sam‹, meinte er. ›Sieh dich um. Setz alle deine Sinne ein! Auf die Art hast du immer was vom Angeln, egal ob du etwas fängst oder nicht.‹ Klingt vielleicht albern, aber ... guck mal, es ist so ein wunderschöner Tag heute, und ich bin mit einem wunderschönen Mädchen zusammen, und, na ja, das koste ich einfach voll aus, verstehst du?«

Das tat ich. Ich wollte auch nicht, dass dieses Gefühl nachließ. Es war schön, endlich mal wieder glücklich zu sein. »In der sechsten Klasse«, sagte ich, »war ich eine ziemliche Streberin –«

»Wie süß, eine unverdorbene Streberin von der Mädchenschule.«

»Du hättest mich schrecklich gefunden.«

»Ich hätte dich verdorben!«

Ich lachte. »Jedenfalls haben wir da mal in Geschichte so einen alten Film geguckt, und ich hab sofort meinen Block rausgeholt, mich gemeldet und gefragt: ›Kommt das auch im Test dran?‹ Nach dem Unterricht hat mich der Lehrer beiseitegenommen und gesagt: ›Sofia, du bist elf. Mach dir nicht immer so viele Sorgen um deine Noten. An einer Schule wie dieser ist es ein Privileg, einfach nur dazusitzen und alles in sich aufzusaugen wie ein Schwamm.‹«

»Schwamm spielen könntest du auch an der Byram Hills«, hielt Sam dagegen und drückte mich an sich. »Wir gewinnen andauernd Forschungswettbewerbe und so. Was sagt denn eigentlich dein Dad dazu?«

»Der hat schon ein schlechtes Gewissen, weil wir überhaupt umziehen, deswegen will er mich zu nichts zwingen.« Ich seufzte.
»Wenn ich mich für Byram Hills entscheide, spart er Tausende von Dollar. Vielleicht ist das ja schon Grund genug, vor allem, weil uns jetzt ja auch Moms Gehalt fehlt.«
»Es sei denn, deinem Dad wäre es lieber, wenn sein Töchterlein weiter auf eine reine Mädchenschule geht. Hält Dr. Wolf etwa alle Jungs für böse Wölfe?«
»Und wenn, hätte er damit nicht recht?« Ich schubste ihn.
»Kann schon sein. Aber weißt du, eigentlich musst du das ganz allein entscheiden. Denk nicht an deinen Dad oder deine Freundinnen und auch nicht an mich.«
»Das ist aber schwierig.« Ich umfasste seine Hand fester.

Wir hatten die Windmühle erreicht. Sam ruckelte den rostigen Riegel auf, und wir schlüpften hinein. Ich blieb kurz stehen und ließ die kühle, etwas modrige Stille auf mich wirken. Sehen, Tasten, Riechen, Hören. Fehlte nur noch Schmecken, und bevor wir auch nur die Leiter hochgestiegen waren, nahm ich Sams Gesicht zwischen die Hände und küsste ihn. Meine Finger glitten in seinen Nacken, gruben sich sanft in sein Haar, und mir entfuhr ein leises Schnurren. Es klang ein bisschen wie »Sammmm«.

Als wir uns voneinander lösten, machte er: »Ahhhuuuuuuu!«
»Was war das denn?« Ich kicherte.
»Mein Geheul. Hast du Angst, alleine mit einem wilden Raubtier zu sein?«
»Ach was, ich bin doch selber eine waschechte Wolf.«

Er lachte. Nein, mit Sam allein zu sein machte mir keine Angst. Ich fühlte mich eher aufgewühlt und kribbelig, wie eine Limonadenflasche, die jemand geschüttelt hatte. *Was* mir Angst machte, war, wie sehr er mir mittlerweile ans Herz gewachsen war.

Dad, Kate und ich trockneten gerade Geschirr ab, als Alexa das nächste Mal anrief. Zuerst klang Kate begeistert, aber dann änderte sich ihr Tonfall abrupt.

»Geklaut? Ach, Schätzchen, das tut mir leid ... Geht's dir denn gut? Keine Sorge, ist doch nur Geld. Solange mit dir alles in Ordnung ist ... Ich sperre die Kreditkarte. Ja, ich kümmere mich drum ... Okay ... Tut mir so leid ... Schon gut, schon gut, wir sehen uns in acht Tagen. Hab dich lieb.«

Kate legte auf und berichtete, dass Alexa, als sie gerade in der Jugendherberge »zum ersten Mal seit einem Monat« unter der heißen Dusche stand, das Portemonnaie gestohlen worden war.

»Die Arme!«, sagte Dad. »Das ist ein schreckliches Gefühl.«

»Ist es wirklich!«, stimmte Kate zu und griff nach ihrer Handtasche. »Zum Glück hat sie jetzt ihre eigene Kreditkarte. Letztes Jahr, als sie ihren Rucksack in einem Taxi vergessen hatte, musste ich alles sperren lassen.«

Dad nickte, aber ich wusste, dass er dasselbe dachte wie ich.

Kate sah hoch. »Ich weiß! Ich weiß! Aber wie sollte ich denn mit ihr darüber sprechen, wo sie doch sowieso schon so aufgelöst war?« Sie zog eine Postkarte aus der Tasche. Das Motiv war eine Elchschnauze in Nahaufnahme. Auf die Rückseite hatte Alexa geschrieben: *Hi, Mom. Hab ganz viele Elchinnen und Elcheriche gesehen – der Hammer! Passt du auch schön auf, dass die Jugend von Amerika keinen Scheiß macht? Wie läuft's mit Gyno-Gregg?*

»Du musst es ihr sagen«, beharrte Dad mit sanfter Stimme. »Strikte ärztliche Anweisung.«

Nach dem Essen setzte ich mich zu Dad auf die Verandaschaukel und eröffnete ihm, dass ich mich für Byram Hills entschieden hatte. Ich sagte, ich würde zwar gern weiter auf die Halsey, könne mir aber nicht vorstellen, zweimal pro Tag die lange Fahrt auf mich zu nehmen, und dass es außerdem sicher gut für mich sei, mal meine »Komfortzone« zu verlassen und an einer neuen Schule anzufangen, wo mich nicht alles an Mom erinnere. Er nickte und versicherte mir, wenn meine Noten weiterhin so gut blieben, stünden mir auf der Halsey jederzeit alle Türen offen.

Schön zu wissen, dass nicht alle Veränderungen für immer sein mussten.

Kurz überlegte ich, ob ich meine sämtlichen Sorgen bei ihm abladen sollte: Was, wenn mir meine Freunde fehlten? Was, wenn Dad und Kate sich trennten? Was, wenn Sam und ich uns trennten? Was, wenn die neuen Lehrer mich nicht für klug hielten? Was, wenn Alexa die anderen Schüler gegen mich aufhetzte? Aber ich sagte nichts – stattdessen fing Dad an zu reden.

»Als ich noch klein war, hatten wir auch so eine Schaukel«, begann er. »Nach dem Abendessen habe ich immer rausgeguckt und manchmal ein kleines rotes Licht gesehen. Und dieses kleine rote Licht bedeutete grünes Licht für mich, denn dann saß mein Dad draußen und rauchte eine Zigarre, und ich durfte mich zu ihm setzen. Vater und Sohn.«

Es war schön, jetzt mit ihm draußen zu sitzen. Vater und Tochter. Er erzählte immer so liebevoll von seinem eigenen Dad, der ebenfalls Arzt gewesen war. Zu schade, dass ich ihn nie kennengelernt hatte.

Ich fragte mich, wie Dad wohl mit dem Tod seines Vaters zurechtgekommen war; wie so viele Menschen damit zurechtkamen, Generation um Generation.

Aber eigentlich kannte ich die Antwort längst: Man konnte nicht ewig trauern. Das Leben musste weitergehen.

Kate deutete auf einen Deckelkorb im oberen Bad. »Der ist für Schmutzwäsche.«

»Im Ernst?«

Sie lachte. »Im Ernst.«

Seit fünfzehn Monaten wusch ich meine eigene Wäsche. Meine und Dads. Mrs Morris aus Apartment 6 C hatte mir erklärt, wie die Maschinen im Keller funktionierten, und mir eingeschärft, Vierteldollarstücke zu sammeln. Sie hatte mich ermahnt, helle von dunkler Kleidung zu trennen, Handtücher und andere schwere Sachen zuerst in die Trommel zu stecken und stets alle Taschen auszuleeren. »Keine Stifte, kein Make-up, kein Kaugummi.«

Erst nach Moms Tod war Dad und mir klar geworden, wie viel Arbeit sie neben ihrem Job als Lehrerin noch erledigt hatte. Zuerst hatten uns die Nachbarn noch Essen gebracht, aber nach und nach leerten sich unser Kühlschrank und die Vorratskammer. Pepper ging das Katzenfutter aus, dem Drucker das Papier, der Dusche das Shampoo. Nur der Wäschekorb wurde immer voller.

Als wir uns endlich eingestanden, dass keine fleißigen Wichtel kommen und uns den Haushalt schmeißen würden, meldete ich mich freiwillig für den Wäschedienst, und Dad erklärte sich bereit, staubzusaugen und einzukaufen.

Und jetzt wollte Kate für uns waschen? Volltreffer! Ich war ganz aus dem Häuschen und hatte zugleich ein schlechtes Gewissen. »Ich kann gerne zusammenlegen«, bot ich an. »Dabei habe ich meiner Mom immer geholfen, als ich klein war.« Ich erzählte, wie wir immer jede zwei Zipfel eines Lakens genommen, es ausgeschüttelt und dann einen Schritt aufeinander zu gemacht hatten, um es in der Mitte zusammenzulegen. »Das war wie ein Tanz.«

»Stimmt, ist es wirklich!«, befand Kate. »Ich hab meiner Mutter auch immer beim Zusammenlegen geholfen, hier in diesem Haus.

Dabei hatte ich immer die Melodie von *London Bridge is Falling Down* im Ohr.«

»Gibt es jetzt gerade irgendwas zu falten?«, fragte ich.

»Da bin ich mir ziemlich sicher.«

Auf dem Weg in die Waschküche erkundigte ich mich: »Hast du schon mit Alexa gesprochen?«

»Nein, aber ich habe noch mal versucht anzurufen, und der Reiseveranstalter hat sich zurückgemeldet. Die Gruppe war gerade mitten im Wald und nicht zu erreichen, ›weit weg von jeglicher Zivilisation‹, und ich solle sie ihre Unabhängigkeit doch noch ein bisschen genießen lassen. Außerdem hat Alexa dem Gruppenleiter wohl gesagt, dass Victorias Dad sie mit nach Hause nehmen kann.«

»Das erspart dir die Fahrt nach Boston.«

»Schon, aber eigentlich hatte ich mich auf die Zeit zu zweit gefreut«, gestand sie. »Und dann hat der Reiseveranstalter noch über irgendeine anstrengende Mutter gelästert, die extra mit dem Privatflugzeug gekommen ist, um ihrer Tochter Aknecreme zu bringen. Er hat betont, das sei schließlich kein ›Waschlappen-Ferienlager‹ mit täglichen Updates für die Helikoptereltern.« Sie runzelte die Stirn. »Er kann mich nicht besonders gut leiden, aber das beruht auf Gegenseitigkeit.«

»Wofür hält der sich denn, *dir* Vorschriften über Erziehung zu machen! Weiß er nicht, dass du Expertin bist?«

»Tja, nur leider auch ein Waschlappen.« Kate verzog das Gesicht. »Aber ich habe einen Plan.«

Auf dem Weg zurück in die Stadt sagte ich: »Dad, du musst echt mal mit Kate reden. Wir ziehen in drei Tagen bei ihr ein! Und in fünf kommt Alexa zurück! Die flippt doch aus, wenn sie meine Zahnbürste in ihrem Bad sieht.«

»Kate ist normalerweise mit reichlich Vernunft gesegnet, aber im Moment verhält sie sich wirklich etwas irrational.«

Irrational? Idiotisch trifft es besser! »Das ist ziemlich vorsichtig ausgedrückt«, sagte ich, verärgert über alle beide. »Aber sie meinte, sie hat einen Plan.«

»Mir hat sie auch erzählt, sie hätte ›Maßnahmen ergriffen‹.« Dad berichtete, Kate habe den Reiseveranstalter gebeten, Alexa ausrichten zu lassen, sie solle zu Hause anrufen. »Sie wollte ihr keinen Schreck einjagen, also hat sie extra betont, dass es kein Notfall sei.«

»Und das sollen jetzt die Maßnahmen sein?«

»Nein. Gestern Abend hat sie plötzlich gesagt: ›Verdammt, ich bin schließlich Schriftstellerin‹, und dann stundenlang an einer E-Mail geschrieben.«

»Wurde auch Zeit.«

»Stimmt.«

»Dad, du weißt, dass ihr Vater schwul ist, oder?«

»Hat Katie erzählt, ja.«

»Ich hab es von Sam erfahren. Bis dahin hatte ich keine Ahnung. Was hat sie denn gesagt?«

»Dass sie und Bryan als Freunde besser klarkommen würden als vorher als Partner, und dass sie eine glückliche, aber eben keine echte Ehe geführt hätten. Sie meinte, ich würde ihn mögen. Sein Lebensgefährte heißt auch Brian, aber mit i, darum nennen alle die beiden nur die Bryans. Ach, und sie haben sich verlobt. Katie sagt, Alexa war zuerst genervt über die Reaktionen ihrer Mitschüler, aber sie vergöttert Brian und nennt ihn manchmal ihre ›verzauberte Stiefmutter‹.« Er schüttelte den Kopf. »Die Kleine hat vielleicht ein Mundwerk ...«

»Wo wohnen die beiden denn?«

»In Chelsea. Bryan ist Fotograf – von Hochzeiten über Sportveranstaltungen bis hin zu Theatervideos für Schulen. Und Reiseaufträge übernehmen sie wohl auch.«

»Klingt ja cool.«

»Tja, als Alexa erfahren hat, was *ich* beruflich mache, war ihr erster Kommentar wohl: ›Dad kam also nicht mit Frauenkörpern klar, und dieser Typ kann gar nicht genug davon kriegen?‹«

»Typisch Alexa.«

»Und dann meinte sie noch, sie sei die Einzige in ihrem Freundeskreis, deren Eltern beide einen Lover hätten.«

Ich musste lachen. »Und was hat Kate dazu gesagt?«

»Dass man nie genau weiß, wie es im Privatleben anderer Leute aussieht.«

»Weißt du noch, was Mom immer gesagt hat? ›Cada familia es un mundo.‹«

»Jede Familie ist eine Welt für sich?«, übersetzte Dad.

»Genau. Das verstehe ich, glaube ich, erst jetzt so richtig. Wie kompliziert alles ist.«

»Ja, deine Mom kannte sich aus. Am Elternsprechtag hat sie Einblick in unzählige Familien erhalten, sogar prominente.«

Ich nickte.

»Ich habe mal ein bisschen in Katies Kolumnen geschmökert«, berichtete Dad. »Vielleicht gibt es so was wie eine *normale* Kindheit gar nicht.«

»Kann sein.«

Wir fuhren unter der George-Washington-Brücke hindurch, und ich staunte, wie schnell die Zeit verflogen war. Hatten Dad und ich uns wirklich die ganze Fahrt über unterhalten?

»Alexa hatte sicher keine leichte Kindheit«, fügte er hinzu.

»Nein«, gab ich ihm recht. »Und jetzt wandert sie arglos auf eine böse Überraschung zu.«

205

Pepper erlebte ebenfalls eine böse Überraschung. Er miaute ununterbrochen, als wollte er empört fragen, wo denn bitte seine Lieblingskissen und -decken abgeblieben seien.

Am Umzugstag tigerte er rastlos auf und ab. Er hatte Futter, Wasser und sein Katzenklo, und hin und wieder schwirrte auch mal eine Fliege vorbei, der er nachjagen konnte. Dennoch starrte er mich die ganze Zeit argwöhnisch an.

»Na komm, du kleiner Angsthase.« Ich setzte mich auf den Boden in ein Fleckchen Sonne, nahm ihn auf den Schoß und streichelte ihn, bis er zu schnurren anfing. Er haarte wie verrückt.

»Alles wird gut«, versprach ich ihm. »In deinem neuen Zuhause wohnt eine dicke alte Katze namens Coconut. Ihr zwei werdet euch super verstehen, da bin ich mir sicher. Du warst bis jetzt eine Metropolenmieze, aber bald wird deine Welt um einiges größer werden.«

Pepper schnurrte ahnungslos vor sich hin.

Ich hoffte sehr, dass er die Umstellung verkraftete. Er kannte nichts anderes als den Halsey Tower und hatte nie auch nur versucht, aus der Wohnungstür zu schlüpfen.

»Wenn ein Kapitel endet«, erklärte ich ihm, »fängt ein neues an.« Genau das hatte Dad an diesem Morgen, dem letzten im Zuhause meiner Kindheit, zu mir gesagt. Dann legte er der Familie, die unseren Platz in Apartment 5 C einnehmen würde, eine Packung Kaffee und einen Willkommensgruß hin.

Ich konnte es immer noch nicht glauben, dass wir wirklich umzogen. Mittlerweile hatte ich mich an Moms Abwesenheit gewöhnt, aber ihre *An*wesenheit spürte ich noch immer in jedem Raum, auf den Fotos, in der Luft. Wie würde es sein, diesen Erinnerungen den Rücken zu kehren?

Als es klingelte, machte Pepper einen Buckel und sprang zur Seite. Dad drückte auf den Türöffner, und kurz darauf marschierten drei kräftige Kerle in schwarzen T-Shirts mit *Wir packen's!*-Aufdruck in unsere Wohnung. Pepper plusterte sich auf wie eine Cartoonkatze, aber die Umzugsmänner ließen sich davon nicht stören, sondern fingen an, die restlichen Möbel hinauszutragen. Pepper flüchtete in mein Zimmer.

Zu spät. Das Himmelbett war längst weg. Keine Chance, sich zu verstecken.

August

Kiki und Sam halfen mir, Kates Gästezimmer in mein eigenes kleines Refugium zu verwandeln. Wir packten Kisten aus, räumten Bücher ins Regal, hängten Moms ovalen Spiegel an die Wand und arrangierten Fotos auf meiner Kommode. Auf einem davon standen meine Eltern Rücken an Rücken, Dad sehr dünn und Mom sehr schwanger. (Dad würde jetzt sofort sagen, man könne nicht *sehr* schwanger sein – entweder man war es oder nicht.) Ein weiteres war das von Kiki, Alexa und mir, wie wir im Mai von der Veranda sprangen, die Füße nach hinten geworfen und die Arme gereckt. Kate hatte es rahmen lassen, vermutlich in der Hoffnung, dass wir uns in die drei Musketiere verwandeln würden.

»Wann kommt Alexa denn an?«, wollte Kiki wissen.

»Morgen gegen halb fünf.« Unglaublich, dass sie jetzt wirklich eine Schwester vorfinden würde, die sowohl ihre Mom, ihr Haus als auch ihren Irgendwie-Ex in Beschlag nahm.

Ich hatte den Frieden der letzten sechs Wochen wirklich genossen. Dad, Kate und ich hatten draußen auf der Veranda gegessen oder uns Filme angesehen. Mit Sam hatte ich, begleitet vom Zirpen der Grillen, Abendspaziergänge unternommen oder war nach sieben Uhr, wenn die Rettungsschwimmer Feierabend hatten und man auch außerhalb der Bahnen planschen konnte, zur Plattform in der Seemitte geschwommen.

Eines Abends schlug Sam ein Spiel vor, während wir die große

Rutsche runterrutschten. Ich kletterte auf die Leiter, rutschte los und er rief: »Nenn mir ein Musical über die amerikanischen Gründerväter!«

Sekunden bevor ich im Wasser landete, rief ich: »*Hamilton!*«

Dann rutschte er, und ich rief: »Ein Friedensnobelpreisgewinner!«

Bevor er unterging, rief er »Mandela!«, und als er auftauchte: »Malala!« Nun war er wieder an der Reihe: »Fluginsekt!«

»Glühwürmchen!«, antwortete ich. »Noch ein Fluginsekt!«

»Libelle!«

Als ich ein drittes Mal auf die Rutsche kletterte, rief Sam: »Das heißeste Mädchen von Armonk!«

Darauf erwiderte ich nichts, aber ich grinste unter Wasser.

Natürlich musste ich immer noch an meine Mom denken. Aber ganz langsam erinnerte ich mich wieder daran, wie man einfach Spaß hatte. Ich pflückte Himbeeren, backte Kuchen und ... kehrte nach und nach ins Leben zurück.

Am Umzugsabend lud Kate Kiki und Sam zum Abendessen ein, und danach spielten wir zu fünft *Boggle*.

Kiki schüttelte das Raster, warf einen Blick darauf und verkündete: »Zu viele Vokale. Ich will noch mal schütteln.«

»Nix da!«, protestierte ich. »Ich hab schon ein Wort mit sieben Buchstaben gefunden!«

»Nie im Leben«, befand Sam.

Ich deutete auf die Buchstaben, die *Tapioka* ergaben.

»Wow.« Kate war beeindruckt. »Das musst du Alexa beibringen.«

Vergiss es, dachte ich und wünschte, Kate würde akzeptieren, dass wir uns nicht einfach so in eine große, glückliche Familie verwandeln würden.

»Kate, du musst dich ja tierisch freuen, dass Alexa nach Hause kommt«, sagte Kiki. Ich wusste, dass sie es immer noch aufregend fand, ihr großes Idol duzen zu dürfen.

»Und wie!«, antwortete Kate. »Aber ich wünschte, sie hätte auf meine letzte Mail geantwortet, die mit –« Sie deutete auf Dad und mich.

»Vielleicht wusste sie einfach nicht, was sie sagen soll«, vermutete Kiki.

»Vielleicht.«

»Gefällt dir dein neues Zimmer?«, fragte Dad, der im Türrahmen aufgetaucht war. Ich war stolz, dass ich schon sämtliche Kartons ausgepackt und Platz für alle meine Sachen gefunden hatte, sogar die Schildkröten, die nun auf meinem Nachttisch hockten.

»Ja.« Ich sah von dem spanischen Roman hoch, den ich gerade las.

»Wir wär's denn mal mit Schlafen?«, fragte Dad. »Ist schon nach Mitternacht.«

»Gleich. Noch eine Sekunde.«

Ein paar Minuten später kam er zum zweiten Mal. »Kann ich das Licht jetzt ausmachen?«

»Sekunde«, sagte ich und las weiter.

Fünf Minuten darauf war er wieder da. »So, Cupcake, ich mache jetzt aus.«

»Sekunde!«

»Jetzt ist es aber mal gut mit deinen Bettgeschichten!«

Bettgeschichten? Wir starrten einander an.

»Äh, ich meine nur, du musst mal langsam schlafen!«, ruderte Dad zurück. »Jeden Abend dieselbe Geschichte!«

Damit schaltete er das Licht aus, und ich versuchte, dasselbe mit meinem Kopf zu machen. Ich dachte an Sam und daran, was für verschiedene Interpretationen von »zusammen sein« und »Liebe« man haben konnte. Viele Mädchen sagten »Hab dich lieb« zu ihren Freundinnen, aber ich konnte es mir nicht vorstellen, es zu einem Jungen zu sagen. Jedenfalls liebte ich es, Zeit mit Sam zu verbringen, und hoffte, Alexa würde mir das nicht kaputt machen.

Ich starrte an die Decke und vermisste den rosa Baldachin über meinem Bett. Schon komisch, was einem so alles fehlen konnte. Ich sagte mir, dass Himmelbetten nur was für kleine Mädchen und Prinzessinnen seien, und konnte fast schon Alexas schrilles Kichern hören: *Und du bist keine Prinzessin mehr, sondern eine böse Stiefschwester.* Ich zog meine Decke höher und lauschte auf die Stille.

War es denn möglich, dass mir der Verkehrslärm fehlte? Die Sirenen, das Hupen, die aufgedrehten Autoradios? Die Menschen auf dem Gehweg, die zu allen Tages- und Nachtzeiten lachten und diskutierten, oft genug auch betrunken?

Wenn ich in meinem alten Zimmer aus dem Fenster geblickt hatte, war da Licht in den Wohnungen anderer Leute gewesen. Auch tagsüber hatte es viel zu sehen gegeben. Erwachsene, die mit Aktenkoffern, Kinderwagen und Einkaufstüten vorbeihasteten. Kinder auf dem Weg zur Schule oder nach Hause. Portiers, Hundesitter, Lieferanten, Fahrradkuriere – irgendwer war immer unterwegs gewesen.

Vermisste ich die Stadt? Kate fand es ulkig, dass wir immer behaupteten, Armonk liege auf dem Land. Sie sagte dann: »Klar ist es schön grün hier, aber täuscht euch nicht: Ihr wohnt jetzt in einem Vorort.«

Die Tür ging auf. Schon wieder Dad? Nein. Pepper hatte mich gefunden. Er kam nicht aufs Bett gehüpft, das war nicht sein Stil, aber er sprang auf meinen weich gepolsterten Schreibtischstuhl und machte es sich dort für die Nacht bequem.

Zur Feier von Alexas Rückkehr machten Dad und ich Schisch Kebab und Tomate-Mozzarella-Salat. Ich schlug vor, alles mit Chilisoße zu übergießen.

»Wag es ja nicht!«, sagte Dad.

Draußen knirschte Kies, und ich sah aus dem Küchenfenster. Ein silberner Mercedes fuhr vor, und Alexa stieg aus, gebräunt und gestählt vom Wandern. *Lasset die Spiele beginnen.*

»Alexa ist da!«, rief ich. Kate stürzte so schnell aus der Tür, dass ich fürchtete, sie würde stolpern.

»Meinst du, wir sollen auch Hallo sagen?«, fragte ich Dad.

»Lassen wir ihnen lieber ein Minütchen Zeit.«

»Nichts dagegen.« Ich brachte Messer und Gabeln raus auf die Veranda, wo wir den Tisch mit einer rot karierten Decke, roten Servietten und einem Strauß frisch gepflückter Taglilien und Sonnenhüte gedeckt hatten. Zwei hohe Kerzen brannten in Windgläsern. Ich trat hinter die Schaukel und spähte Richtung Einfahrt. Schon wieder spionierte ich am helllichten Tag anderen Leuten hinterher.

Kate und Alexa begrüßten sich mit einer ausgedehnten Umarmung (was mir einen eifersüchtigen Stich versetzte), dann lud Kate Victoria und ihren Vater auf eine Limonade ein. »Danke«, sagte der Mann mit argentinischem Akzent, »aber Victorias Mutter wartet sehnsüchtig darauf, dass wir nach Hause kommen.«

»Das kann ich gut verstehen«, erwiderte Kate. Sie dankte ihm, und kurz darauf standen Mutter und Tochter allein in der Einfahrt.

»Toll siehst du aus!« Kate strahlte.

»Ich bin so was von fit! Hier, fühl mal meinen Bizeps.« Alexa spannte den Arm an. »Und hast du mich jemals so braun gesehen? Guck dir meine Füße an, ich habe *Flip-Flop*-Bräunungsstreifen!«

Kate lachte und sah aus, als würde sie ihre Tochter am liebsten auffressen. »Und wie war es insgesamt?«

»Perfekt! Die Gruppe war super – das heißt, na ja, ein paar Idioten gibt's ja immer, aber wir anderen sind sofort beste Freunde geworden. Wir haben alles zusammen gemacht. Aber jetzt freue ich mich schon total darauf, ein bisschen alleine hier rumzugammeln, nur du und ich.«

Kate senkte die Stimme, und ich verstand nicht, was sie sagte.

»Mom, ich war am Arsch der Welt! Ich bin seit sechs Wochen nicht mehr online gewesen! Unsere Zelte hatten nicht gerade WLAN, und auf dem Berg gab es auch kein Internetcafé. Außerdem hat der Gruppenleiter ständig betont, das wäre unsere Chance, die ›elektronische Nabelschnur‹ zu durchtrennen und mal zu üben, ohne Facebook und Instagram auszukommen.«

Wieder sagte Kate etwas Unverständliches.

»Ja, er hat gesagt, dass du angerufen hast, aber dass es kein Notfall wäre. Ich wollte mich eigentlich vom Flughafen aus melden, aber dann fingen alle an, Gruppenfotos zu machen, und da dachte ich mir, wir sehen uns ja eh bald ...«

»Oje«, sagte Kate.

»Was ist?«

»Also hast du keine Ahnung?«

»Wovon?«

»Ich hab dir eine ellenlange E-Mail geschrieben.«

»Und was stand da drin?«

»Das ist eigentlich nichts, was ich jetzt so kurz zusammenfassen wollte.«

»Mom, du machst mir Angst! Ist mit Dad alles in Ordnung?«

»Dem geht's gut.«

»Und Brian?«

»Auch.«

»Dann ...?«

»Schätzchen ...« Kates Stimme wurde wieder leiser.

Und dann hörte ich: »Willst du mich verarschen? Mom, du hast ihn gerade erst kennengelernt!«

Kate murmelte etwas. Sie bemühte sich, die Lautstärke gedämpft zu halten, aber kein Vogelzwitschern, kein Grillenzirpen, kein Rasenmäher oder Flugzeug konnte die Unterhaltung übertönen.

»Was? Da muss er doch völlig geschockt gewesen sein!«

Murmelmurmelmurmel.

»Wie gut kennst du ihn überhaupt?

Murmelmurmel. »... ich kenne *mich*.«

»Oh Gott, erspar mir das. Was hat er denn gesagt?« Alexas Stimme wurde immer schriller.

Murmelmurmel.

»WAS?!« Eine Oktave höher. »Wie jetzt, ›eingezogen‹?

Murmelmurmel. »Sofia –«

»Sofia? Die kleine Kröte hatte ich schon total vergessen! Jetzt sag mir bitte nicht, dass sie auch mit eingezogen ist!«

Murmelmurmel. »... seine Tochter.«

»Tja, und ich bin *deine* Tochter!«

Dad kam raus auf die Veranda. Ich legte den Finger auf die Lippen, deutete auf Kate und Alexa, deren Stimmen nun laut und deutlich herüberschallten, und er fing ebenfalls an zu lauschen.

»Ich *wollte* es dir ja sagen!«, beteuerte Kate. »Aber als du das erste Mal angerufen hast, warst du so begeistert, und beim zweiten Anruf warst du völlig verzweifelt, und einen dritten gab es nicht. Schätzchen, ich habe stundenlang an dieser Mail geschrieben, sie immer wieder und wieder überarbeitet –«

»Oh, Gott sei Dank, ein Tippfehler hätte mich nämlich auch völlig fertiggemacht! Weißt du was, Mom, ich drucke sie mir aus, du kannst mir mit einem von deinen rosa Stiften ein Autogramm darauf geben, und dann lasse ich sie rahmen! Uuuuuuiiii, die richtige, echte Kate hat mir geschrieben! Mensch, Mom, dich kann man ja nicht mal ein paar Wochen allein lassen!«

Dad und ich blickten einander mit schreckensweiten Augen an.

»Entschuldige mal, Alexa, aber *du* lässt mich andauernd allein! Was ja auch richtig ist – du wirst nun mal älter, und bald gehst du ganz weg aufs College, und dann ist niemand mehr hier.«

Jetzt schrien sie beide. Die Nachbarn hatten wahrscheinlich ihre helle Freude. Hoffentlich machte niemand ein Handyfilmchen.

»Ich muss langsam anfangen, mich um mich selbst zu kümmern«, fuhr Kate fort. »Das kommt dir am Ende nur zugute, weil du dich dann nämlich nicht für mich verantwortlich fühlen musst.«

»Wer sagt denn, dass ich mich verantwortlich fühle?«, feuerte Alexa zurück. »Und woher willst du wissen, dass er dich nicht bloß ausnutzt, weil er hier wohnen will?«

»Er hat Ersparnisse und steuert etwas bei! Das ist doch nicht alles gratis. Wir haben uns zusammengesetzt und das Ganze ausgerechnet.«

»Und woher weißt du, dass du nicht bloß eine Lückenbüßerin für ihn bist?«

Murmelmurmel. »... über ein Jahr seit dem Tod seiner Frau ... Menschenkenntnis ... lange darüber gesprochen ... Wohnung nur für Lehrer« – *murmelmurmel* – »... auf die Straße gesetzt ...«

»Was, und da dachtest du dir, du rollst gleich den roten Teppich aus? Ich hoffe ja mal schwer, das ist nur vorübergehend.«

Mit gesenkter Stimme antwortete Kate: »Tja, ich nicht.«

Dad und ich standen da wie erstarrt und fühlten uns wie Komplizen bei einem Verbrechen.

»Mom, sie hätten doch einfach eine Wohnung mieten können! Deine alberne kleine Romanze wäre ja trotzdem –«

»Alexandra, es reicht!«

Oh-oh, jetzt platzte Kate der Kragen.

»Bin ich etwa der Typ, der sich in ›alberne kleine Romanzen‹ stürzt? Gut, ich habe einen Fehler gemacht – das heißt, nein, Schätzchen, natürlich war es kein Fehler. Es war ein großes Glück, dass ich Bryan geheiratet und dich bekommen habe. Aber nachdem es zwischen deinem Vater und mir aus war, bin ich freiwillig vom Spielfeld abgetreten. Ich bin zur Schiedsrichterin für anderer Leute Romanzen geworden. Aber diesmal will ich rein ins Geschehen. Gregg ist ein toller Mann. Und ich bin nicht mehr Anfang zwanzig, sondern sechsundvierzig. Wozu also zögern? Klar hat er Glück, dass er mich kennengelernt hat, ich bin ein ziemlich guter Fang. Aber das gilt andersrum ganz genauso.«

Ich sah rüber zu Dad, der andächtig lauschte.

»Er ist liebenswert, mag seine Arbeit – er ist *Arzt*, verdammt noch mal! –, er ist attraktiv, gesund ... und heterosexuell! Und er liebt mich. Ich habe einfach Glück. Riesenglück! Weil ich ihn nämlich liebe.«

Dad lächelte, und ich freute mich für ihn, auch wenn ein Teil von mir sich immer noch wünschte ...

»Und was ist mit mir?« Mit einem Mal klang Alexa wie ein verletztes kleines Kind.

»Mein Schatz, du bist für mich das Wichtigste auf der ganzen Welt, meine Nummer eins. Das weißt du doch.« *Murmelmurmel.* Kates Stimme war jetzt wieder leiser geworden. »Komm, wir gehen rein. Gregg und Sofia haben ein Willkommensessen für dich vorbereitet. Und da ist noch was, was ich dir sagen muss.«

»Ich komme nach Hause, wo auf einmal zwei Leute mehr wohnen, und dann hast du mir *noch* was zu eröffnen? Mom, mir platzt gleich der Kopf. Was? Was ist los?« Alexa war direkt wieder auf hundertachtzig.

»Es ist nur eine Kleinigkeit ...«, wiegelte Kate ab.

Mit hämmerndem Herzen lehnte ich mich an die Hauswand. Ich musste immer noch Kates *Du bist für mich die Nummer eins* verarbeiten. Wollte sie Alexa jetzt das von Sam erzählen? *Bitte nicht!*

»Ich weiß nicht, wann du Sam das letzte Mal gesehen hast –«, fing Kate an.

»Wie meinst du das? Nackt?«, erwiderte Alexa, und Kate zuckte zusammen. »Was ist mit ihm? Und warum sollte mich das interessieren?«

»Gut. Dann vergessen wir's einfach.«

»Nein, was? Alles okay mit ihm?«

»Ja, ihm geht's gut«, sagte Kate.

»Adoptieren wir ihn etwa auch?«

»Nein.« Kate zögerte. »Aber ...« Sie hielt wieder inne. »Er und Sofia haben sich am See kennengelernt und zusammen eine Fahrradtour gemacht. Dafür hat sie sich dein Rad geliehen und ist gestürzt. Sie musste ins Krankenhaus.«

Dad legte den Arm um mich.

»Oh nein! Ist das Fahrrad noch ganz?«, fragte Alexa.

Blöde Kuh!

»Alles okay. Dein Helm hat es leider nicht überstanden, aber Gregg hat dir schon einen neuen, teureren gekauft.«

»Das ist ja wohl auch das Mindeste.«

Irgendwie kam mir das Ganze vor wie eine TV-Show. Dad und ich sahen überhaupt nicht mehr zusammen fern, weil er mir mit seinen Kommentaren immer alles madig machte. Während Arztserien merkte er an, dass Neonatologinnen selten in High Heels herumstöckelten oder Schäferstündchen in Lagerräumen abhielten. Lief eine Sitcom, erklärte er, dass niemand sich mit Mitte zwanzig ein so großes Apartment leisten könne.

Aber hier schauten wir beide gebannt zu.

»Pass auf, die beiden fliegen morgen Abend nach Spanien«, sagte Kate. »Dann sind sie eine ganze Woche weg. Ich weiß es wirklich zu schätzen, dass du dich bemühst, es zu akzeptieren.«

»Mom, in welchem Paralleluniversum lebst du? Ich akzeptiere gar nichts!« Alexa stürmte Richtung Haus.

Dad und ich rannten schnell rein, und er wetzte zur Tür, um sie zu öffnen. »Alexa! Schön, dass du wieder da bist!«

»Hey«, sagte sie.

Ich hielt mich im Hintergrund, und wir nickten uns nur stumm zu.

»Sofia und ich haben was für dich gekocht«, sagte Dad.

»Ich komme gleich«, sagte sie und verzog sich nach oben, vermutlich um Amanda brühwarm zu berichten, dass sich ein Rudel Wölfe bei ihr eingenistet hatte.

Als Alexa wieder nach unten kam, trotteten beide Katzen auf sie zu. »Coconut!«, rief sie und hob ihre alte weiße Katze hoch. »Hab ich dich vermisst!« Sie drückte ihr einen Kuss zwischen die Ohren.

Ich nahm Pepper auf den Arm. Jetzt war es, als wären Alexa und ich beide bewaffnet.

»Aha, euer Kater ist also auch mit eingezogen«, sagte sie.

»Ja, das hier ist Pepper.« Ich hob seine Pfote, als wollte Pepper Alexas Hand schütteln. *Was war ich eigentlich für ein Kleinkind?* Alexa hielt weiterhin mit beiden Händen Coconut fest, also ließ ich Peppers Pfote wieder sinken. »Die beiden gehen sich meistens aus dem Weg«, informierte ich sie. »Aber ein paarmal hat Coco Pepper schon angefaucht. Er hat ein bisschen Angst vor ihr, und raus traut er sich auch nicht. Er ist nun mal ein Stubentiger. Wir haben ihn aus dem Tierheim, und er war von Anfang an ziemlich schreckhaft.« *Hör auf zu faseln!*, wies ich mich im Stillen zurecht, aber vielleicht war Faseln auch immer noch besser, als ganz zu verstummen.

Alexa kraulte Pepper hinter den Ohren. »Er hat zu Recht Angst, Coco ist hier nun mal die Chefin.«

»Essen ist fertig!«, rief Dad. Perfektes Timing.

Wir setzten uns, und Kate fragte: »Wie war die Rückfahrt?«

»Ich bin zumindest angekommen, stimmt's?« Alexa machte ein finsteres Gesicht.

»Sofia und Gregg haben ein richtiges Festmahl aufgefahren, was?«, versuchte Kate es erneut. »Kebabspieße, Caprese und gegrillte Maiskolben!«

»Ist ganz okay.«

»Erzähl doch mal von den Rocky Mountains«, schaltete sich jetzt Dad ein. »Habt ihr viele Tiere gesehen?«

Endlich biss Alexa an und fing an, von Elchen, Wapitis, Adlern und Eistauchern zu berichten. »Meine Postkarte mit dem Elch hast du doch gekriegt, oder?« Kate nickte. »Ich hab Tausende Fotos mit Dads Kamera gemacht.«

Ich überlegte, ob ich sagen sollte, dass ich mir die Fotos gern angucken würde, aber ich wollte nicht, dass Alexa mir an die Gurgel ging.

Kates Handy klingelte. »Ja! Gerade eingetrudelt ...« Dann reichte sie Alexa das Handy weiter. »Die Bryans. Sie sind mit dem Auto unterwegs und haben dich auf Lautsprecher gestellt.«

Ich fragte mich, ob »die Bryans« häufig als Duo anriefen, und wenn ja, ob Alexa sich manchmal wünschte, einfach nur mit ihrem Dad reden zu können.

»Hi, Dad! Hi, Brian!« Sie ging die Verandastufen runter Richtung Baseballfeld, aber wir konnten immer noch jedes Wort mithören.

Zur Ablenkung sagte Kate: »Das Essen war köstlich! Gregg, wie bekommst du das Lamm so zart hin?«

»Nein, nein, gerade passt perfekt ...«, sagte Alexa, bevor sie die Stimme senkte und anklagend fragte: »Wusstet ihr davon?«

Schließlich kam sie zurück und gab Kate ihr Handy zurück. »Mom, ich fahre morgen in die Stadt«, verkündete sie. »Brian macht extra für mich Angel Food Cake *und* Devil's Food Cake.«

»Aber Gregg und Sofia fliegen doch morgen«, protestierte Kate. »Ich hatte mich schon so auf ein bisschen Mutter-Tochter-Zeit gefreut.« Alexa schwieg. »Nur wir zwei Mädels.«

»Tja, ging mir genauso«, fauchte Alexa und fügte dann hinzu: »Und außerdem bist du kein *Mädel*.« Kate blickte verletzt, aber Alexa setzte noch eins obendrauf: »Dir ist schon klar, dass ich auch zu den Bryans ziehen könnte, wenn ich wollte, oder?« Das ließ sie erst mal wirken und wandte sich an Dad. »Du, Gregg? Brian – also nicht mein Dad, sondern der andere – hat mich mal gebeten, dich was zu fragen. Du weißt ja, dass die beiden schwul sind, oder?«

»Ja«, antwortete Dad argwöhnisch.

»Er wollte wissen, ob es eigentlich auch schwule Gynäkologen gibt.«

»Ähm, Statistiken dazu kenne ich leider nicht ...«

Sie zuckte mit den Schultern. »Brian hat einen ziemlichen Hau weg.«

»Wer hat den nicht?«, erwiderte Dad.

»Kate«, entfuhr es mir. Warum um alles in der Welt hatte ich das denn nun sagen müssen? Vielleicht, weil sie mir jetzt doch ganz schön leidtat?

Alexa starrte mich geradezu angewidert an. »Mach dir da bloß nichts vor.« Sie stand auf und forderte: »Mom, weck mich morgen ja nicht, ich schlafe sicher bis zwei Uhr. Unser Flug heute ging so früh, dass ich mich letzte Nacht gar nicht erst hingelegt habe.«

Kate nickte unglücklich.

Bislang hatte ich nur befürchtet, Alexa könnte mir die Sache mit Sam verderben. Jetzt dagegen fürchtete ich, sie könnte *alles* verderben.

An nächsten Morgen wurde ich schon früh vom Gezwitscher der Vögel wach und fing gleich an zu packen.

Als Alexa gegen Mittag aufstand, kam sie mit einer kleinen Reisetasche in die Küche. »Gibt's Kaffee?«, fragte sie und informierte anschließend ihre Mom, dass sie zu Amanda wolle und die sie zum Bahnhof bringen werde.

Mir schenkte sie so gut wie keine Beachtung, aber als sie ging, sagte ich: »Grüß New York von mir.«

Sie glotzte mich an, als hätte niemand je einen lahmeren Spruch abgelassen.

Gut möglich. Alexa brachte an mir die uncoolsten Seiten zum Vorschein.

Unser Flug nach Madrid ging nach dem Abendessen. Beinahe sofort meldete sich der Kapitän zu Wort: »Wie Sie gemerkt haben, war der Start ein wenig holprig, und es kann auch weiterhin jederzeit zu Turbulenzen kommen.« Ich versuchte, das nicht als Omen zu nehmen.

Irgendwann jedoch döste ich ein, und nur gefühlte Sekunden später weckten uns die Flugbegleiter zum Frühstück, ob wir Hunger hatten oder nicht. Nicht lange danach baten sie uns, unsere Tische hochzuklappen, die Sicherheitsgurte zu schließen und uns auf die Landung vorzubereiten. War ich vorbereitet auf das, was Dad und ich tun mussten?

Eine Stimme vom Band riet uns auf Englisch und Spanisch, die Fächer über uns vorsichtig zu öffnen, da unser Handgepäck während des Flugs verrutscht sein könnte. Ich wusste nur zu genau, was sich in Dads kleiner Tasche befand: eine Urne. War Moms Asche darin verrutscht? Spielte das eine Rolle?

Wir holten unsere Koffer vom Gepäckband und gingen durch den Ankunftsbereich. Traurig sah ich zu, wie sich dort Mütter und ihre Kinder in die Arme fielen. Ich versuchte, das Echo längst vergangener Begrüßungen und Abschiede zu überhören: *bienvenidas y despedidas.*

Dad und ich nahmen die Bahn nach Chamartín, stiegen um in den Zug nach Segovia und setzten uns dort schließlich in den Bus der Linie elf zum römischen Aquädukt. Obwohl mir vor Müdigkeit fast die Augen zufielen, holte ich mein Handy hervor und machte für Kiki und Sam ein Selfie mit der alten Brücke, deren hohe steinerne Bögen ich so liebte. Dann nahmen Dad und ich uns ein Taxi (die in Spanien weiß sind) zum Haus meines Großvaters. Unterwegs sahen wir mehrere Storchenpaare auf Dächern und Kirchturmspitzen, und ich erzählte Dad, was Abuelo mir über die Störche gesagt hatte: dass die Vögel jedes Jahr zu ihren Nestern zurückkehrten und von Anfang Februar bis Anfang August dort blieben.

Bei Abuelo angelangt, gab es erst mal ein spätes Mittagessen. Er freute sich wahnsinnig und hatte extra für uns Tortilla española, Salat, gebratene Garnelen und frische Pfirsiche aufgefahren.

Sein Haus sah aus wie immer, aber er hatte zwei neue gerahmte Fotos von Mom aufgehängt: auf dem einen war sie als Teenager zu sehen und auf dem anderen mit ihm und ihrer Mutter, meiner Abuelita.

Wir setzten uns, Abuelo sprach ein Tischgebet, und ich aß eine doppelte Portion Omelett mit Garnelen. Danach schälte Abuelo seinen Pfirsich kunstvoll in einer einzigen Spirale. Auf diese Weise hatte er es, als ich klein war, auch mit Orangen für mich gemacht, und ich hatte die Schalen hinterher wieder so zusammengesetzt, dass es aussah, als wären sie noch ganz und nicht bloß eine hohle, fragile Mogelpackung. So hatte ich sie dann immer meinen Eltern angeboten, und sie spielten mit, obwohl natürlich niemand auf den Trick hereinfiel. Dennoch, von Weitem waren eine echte Orange und die leere Schale kaum zu unterscheiden – genau wie ein Mädchen mit Selbstbewusstsein von einem, das noch immer zutiefst erschüttert war.

Hatte ich vor sechzehn Monaten, am 8. April, noch genauso ausgesehen wie am 6. April, obwohl mir in der Zwischenzeit jeglicher Boden unter den Füßen weggebrochen war?

Nach dem Mittagessen machten Abuelo, Dad und ich jeder einen unverwechselbaren Knoten in unsere Stoffservietten, damit wir bei der nächsten Mahlzeit wussten, wem welche gehörte. Dann legten wir sie in eine Terrakottaschale mit der Aufschrift: *Salud, Amor, Dinero – y Tiempo Para Gozarlos.*

Ich hatte diese Schale schon unzählige Male gesehen, aber bislang nie über die Worte darauf nachgedacht. *Gesundheit, Liebe, Geld – und Zeit, um sie zu genießen.* Jetzt schienen sie mir nur zu wahr.

Dad und ich hielten eine kleine Siesta und gingen anschließend mit Abuelo spazieren – genau wie der Rest der Stadt. Der Wochenend-Paseo war ein spanisches Ritual. Arm in Arm drängte alles hinaus auf die Straße und in dieselbe Richtung.

Abuelos Nachbarn konnten gar nicht glauben, wie sehr ich gewachsen war. Mehrere sagten, ich sei »guapa« (hübsch) und sähe aus wie meine Mutter. Sie fragten: »¿*Cuánto tiempo te quedas?*« und »¿*Qué haces por aquí?*« Ersteres war leicht zu beantworten: Eine Woche. Die zweite Frage war schon komplizierter. Ich wollte niemandem von Moms Asche erzählen.

Seit meine Großmutter, Abuelita Carmen, vor mehr als zehn Jahren gestorben war – damals war ich vier gewesen –, nannten Abuelitos Nachbarn ihn »el viudo« – den Witwer. Seltsamer Gedanke, dass Dad jetzt auch ein *viudo* war. Und noch seltsamer, dass das Wort »*viudo*«, anders als »Witwer«, mir einen heftigen Stich versetzte. Dad hatte einmal erzählt, dass sie in seiner Selbsthilfegruppe über Trauerausbrüche gesprochen hätten, die einen ganz unvorhergesehen erwischen konnten, ausgelöst durch ein Bild, ein Lied – oder ein Wort.

Abuelito und mein Dad waren beide darauf angewiesen, dass ich für sie übersetzte. Als Abuelito jetzt meinen Dad ansah und »*Hijo mío*« sagte, sah ich Dad ebenfalls an und sagte: »Mein Sohn ...«

Dad hatte mich immer noch nicht gebeten, Abuelito von Kate zu erzählen. Was ich ihm kaum verübeln konnte. *Mañana, mañana.* Morgen, morgen. Wir hatten alle Zeit der Welt. Wenn Dad die richtige Stimmung und die richtigen Worte wählte und ich gut übersetzte, dann würde Abuelito seinem Schwiegersohn doch bestimmt sein Glück gönnen.

Andererseits vielleicht auch nicht. Dad konnte sich eine neue Freundin suchen, aber Abuelito würde genauso wenig eine neue Tochter bekommen wie ich eine neue Mom.

Dad und Abuelo baten mich, ihnen bei der Planung für den nächsten Morgen zu helfen. Wir wollten zur Catedral de Santa María und von dort aus den geschwungenen Pfad hoch bis in die Ausläufer der Sierra de Guadarrama, um dort – oberhalb des Aquädukts und der beiden Flüsse, ganz in der Nähe des Märchenschlosses, von dem Abuelo immer behauptete, es habe Walt Disney inspiriert – Moms Asche zu verstreuen.

Ich übermittelte die Details auf Spanisch und auf Englisch, aber sie klangen in beiden Sprachen grauenhaft.

Eine Weile hatte ich darüber nachgedacht, ein bisschen von der Asche zu behalten und sie in New York unter Moms Baum zu streuen, aber ich war mir nicht sicher, ob ich die Prozedur ein zweites Mal würde ertragen können. Außerdem hatte ich Dad, wenn er im vergangenen Jahr mit mir über die Asche sprechen wollte, jedes Mal sofort das Wort abgeschnitten. Jetzt war es wahrscheinlich zu spät, ihn zu bitten, etwas davon aufzubewahren. Ich war sowieso nicht davon überzeugt, dass Moms Seele sich in dieser Asche befand. Und sie hatte diese Berge geliebt. Abuelito hatte schon oft erzählt, dass sie als kleines Mädchen, *una nenita*, immer zu den Schafhirten gegangen sei und ihnen Namen für ihre neugeborenen Lämmer vorgeschlagen habe.

Nachdem die Asche verstreut war, wollten wir ins Mesón de Cándido gehen, ein Restaurant, in dem Mom als Kind häufig Geburtstag gefeiert hatte. Einmal war Cándido, der Chefkoch, höchstpersönlich in all seiner pummeligen Pracht aus der Küche gekommen, um ihr *¡Feliz cumpleaños!* zu wünschen, während sie eine Portion Omelette surprise verdrückte, das Eisdessert, für das er so berühmt war.

Jahre später war Mom selbst für ihr Omelette surprise berühmt gewesen. Wie gern ich ihr immer dabei geholfen hatte, den Biskuitboden zu backen, das Eis zu formen, den Eischnee zu schlagen, das Ganze in den Ofen zu schieben, mit Weinbrand zu übergießen und zu flambieren. Das war unser traditioneller Beitrag für die Neujahrsfeier in der Lobby gewesen.

Ich konnte mir nicht vorstellen, diesen Nachtisch ohne sie zu machen.

Andererseits konnte ich mir das, was wir jetzt vorhatten, genauso wenig vorstellen.

In den spanischen Bergen roch es nach feuchter, fruchtbarer Erde. Eine Herde wolliger Schafe graste ganz in der Nähe und blökte rhythmisch. Über uns kreiste ein Storchenpaar, während unten stetig die

Flüsse Eresma und Clamores vor sich hin strömten. Ich stand mit meinem Vater und meinem Großvater in der sanften Brise und sah hinunter.

»Ya es hora«, sagte Abuelo – es ist Zeit.

Dad hatte die weiße Urne bereits geöffnet und die Plastiktüte mit der Asche hervorgeholt. Abuelo streckte die Hand aus, und Dad schüttete etwas von dem Inhalt hinein, dann in meine und schließlich in seine eigene. Mir fiel auf, dass Abuelos Hand zitterte. Mir war zwar auch mulmig, aber ich zuckte nicht vor dem dunkelgrauen Pulver zurück.

Eine Erinnerung von vor Jahren schoss mir durch den Kopf, aus dem Streichelzoo im Central Park. Mom hatte Futter aus einem Automaten (der eher nach Kaugummi aussah) gezogen und mir die Pellets in die Hand gegeben. Nervös streckte ich sie den Ziegenkitzen hin und stand so still wie möglich, als sie mit ihren kräftigen Zungen meine Hand ableckten.

Diesmal war es der Wind, der an meiner Handfläche leckte. Gern hätte ich etwas gesagt, um den Augenblick zu würdigen, aber der Wind war zu schnell. Der »*Maldito viento*«, der verdammte Wind, wie Abuelo fluchte, verstreute die Asche für uns. Wie Rauchwolken löste sie sich auf – im einen Moment noch da, im nächsten verschwunden.

Dad schüttete uns mehr davon in die Hände, und diesmal kauerte ich mich hin und ließ sie zu meinen Füßen auf die Erde rieseln, als würde ich Blumen aussäen.

Noch ein drittes Mal, ein viertes Mal, dann war die Tüte leer.

Genau wie Moms Leben, das so urplötzlich vorbei gewesen war, endete unsere traurige Zeremonie, bevor sie richtig begonnen hatte.

Abuelo deutete auf mein Oberteil. Eine Bö hatte mir ein paar Aschebrösel auf die Schulter geweht. Wie verzaubert starrte ich darauf und hätte sie am liebsten gar nicht weggewischt. Aber was blieb mir anderes übrig? Mein Gesicht verzerrte sich, als ich sie vorsichtig abklopfte, das Letzte, was von meiner Mutter geblieben war.

Abuelo ergriff schweigend meine Hand, und unsere verbundenen Schatten fielen lang über die kastilische Landschaft. Er wollte mich trösten, aber ich wusste, dass das Gefühl meiner Hand ihm genauso viel Trost war wie umgekehrt.

Ob er wohl noch mal hierherkommen würde, wenn Dad und ich wieder in Amerika waren? Ich glaubte schon.

Schließlich fragte er: »¿Nos vamos?«

Eine Antwort bekam ich nicht heraus – dafür war der Kloß in meinem Hals zu dick –, aber wir wandten uns alle drei ab und marschierten zurück in die Stadt.

Wir hatten erledigt, weswegen wir hergekommen waren: Wir hatten meine Mutter nach Hause gebracht.

Im Mesón de Cándido erinnerte Dad uns daran, uns die Hände zu waschen, und dann saßen wir draußen an einem Tisch neben dem Aquädukt, das vor zweitausend Jahren die Römer gebaut hatten. Abuelo bestellte ein typisch spanisches Mittagessen aus Brot, Salat, Spanferkel *(cochinillo asado)*, Wein aus der Region für ihn und Dad und Traubensaft *(mosto)* für mich.

Er hob sein Glas. »A María.«

Mir stiegen Tränen in die Augen. »Das ging alles so schnell«, sagte ich und meinte damit sowohl ihren Tod als auch die Sache mit der Asche. »Ich wollte mich doch von ihr verabschieden.« Ich drehte mich zu Abuelo und übersetzte für ihn: »*Quería decir adiós.*«

»Das musstest du nicht«, erwiderte Dad. »Es war schon alles gesagt.«

»Ich wollte ihr so gerne sagen«, beharrte ich mit bebender Stimme, »wie stolz ich bin, ihre Tochter zu sein.«

Dad ergriff über den Tisch hinweg meine Hand. »Das wusste sie.«

Abuelo nickte. Er verstand alles.

Eine Gruppe Studenten, die wie mittelalterliche Troubadoure gekleidet waren, näherte sich. Meine Mutter hatte mir schon oft von diesen *tuna* genannten Musikkapellen erzählt, die für Geld und die Gunst der Damen traditionelle Lieder spielten und auch ihr an der Uni mal ein Ständchen gebracht hatten.

Jetzt bildeten die Barden einen Kreis um *unseren* Tisch. Acht junge Männer mit schwarzen Wämsern, Umhängen und bunten Tüchern, die mit Wappen und Ansteckern verziert waren, spielten für uns Gitarre, Mandoline, Tamburin und Laute.

»*Clavelitos, clavelitos, clavelitos de mi corazón*«, fingen sie an.

Dieses Lied kannte ich! Nelken meines Herzens. Das hatte Mom manchmal gesungen, wenn sie mich ins Bett gebracht hatte und ich nur noch ihre dunkle Silhouette in der Tür sah.

Der Sänger sah gut aus, er hatte dunkles Haar, dichte Wimpern und einen sorgfältig geschorenen Bart. Jetzt ging er vor mir auf ein Knie und sang mit vollem Bariton: »*Clavelitos!*« Er sah mir in die Augen, als wollte er mich zum Mitsingen auffordern.

»*Clavelitos!*«, sang ich also. »*Colorados igual que un fresón!*« Nelken, so rot wie Erdbeeren. Ich spürte, wie ich selbst erdbeerrot anlief, aber ich sang. Ich sang!

Wann hatte ich das letzte Mal in der Öffentlichkeit gesungen? Die Leute an den anderen Tischen lächelten, und der Sänger war begeistert, als ich auch bei der nächsten und übernächsten Strophe mitmachte – eine sogar als Zweitstimme.

»*Qué bien cantas*«, sagte er.

»*Gracias.*« Meine Augen brannten. Mom hätte es toll gefunden, wie die Musiker für mich sangen und ich einstimmte, sicher hätte sie gern mit uns vor dem berühmten Restaurant gesessen.

Fast fühlte es sich so an, als wäre sie dabei.

»*Si algún día, clavelitos, no lograra poderte traer, no te creas que ya no te quiero, es que no te los pude traer.*«

Hatte ich über diesen seltsamen letzten Satz jemals wirklich nachgedacht? *Wenn ich dir eines Tages keine Nelken bringe, dann denk nicht, es wäre, weil ich dich nicht liebe. Es ist nur, weil ich sie dir nicht bringen kann.*

Schon damals wusste derjenige, der das Lied geschrieben hatte, dass nicht die Blumen zählten, sondern allein die Liebe an sich.

Es war mir so schwergefallen zu akzeptieren, dass Mom nur noch »im Geiste« bei mir sein sollte. Zuerst dachte ich: *Im Geiste? Schwacher Trost!*

Aber immerhin *war* es ein Trost. Denn jetzt konnte nichts mehr meine Mom von mir fernhalten – kein Stau, keine Lehrerkonferenz und kein Stapel zu benotender Klassenarbeiten. Ich musste mich nie mehr von ihr verabschieden, denn im Geiste würde meine Mutter immer bei mir sein, unsichtbar und unantastbar.

Gleich nach der Landung in New York stellte ich mein Handy an. Ich hatte eine Nachricht von Sam, der sich beklagte, ich sei schon viel zu lange weg, und forderte, dass ich meinen süßen Hintern endlich zurück nach Hause bewegte.

Sind gerade gelandet, sitze noch im Flugzeug!, tippte ich.

Wurde auch Zeit! Treffen morgen im Club nach der Arbeit?

Halte Ausschau nach dem Mädchen im gelben Bikini, schrieb ich.

Halte du Ausschau nach dem Wolf.

Eine Sprechblase mit drei grauen Pünktchen verriet mir, dass er noch weiterschrieb, und ich wartete mit klopfendem Herzen.

Oder besser, lausch: Aaahuuuuuuuhhh
Dad sah mich lächeln. »Sam?«

»Sam«, bestätigte ich.

»Ich muss dir ja wohl keinen Vortrag über die Bienchen und die Blümchen halten, oder? Du bist noch viel zu jung.«

»Daaaad!«, stöhnte ich, und er ließ das Thema fallen. Mom hätte nicht so leicht nachgegeben.

Dad rief Kate ebenfalls noch von der Landebahn aus an, und ich fragte mich, ob sie ihrer Tochter inzwischen erzählt hatte, dass ich mit Sam zusammen war. Wahrscheinlich nicht. Schließlich wollte sie es sich nicht vollends mit Alexa verderben.

Der Himmel war strahlend blau, als ich die Abkürzung über den Parkplatz zum Windmill Club nahm. In New York hatte ich mich nie groß für Autos interessiert (außer dass ich natürlich darauf geachtet hatte, nicht von einem umgefahren zu werden), dafür fand ich es hier nun umso aufregender, dass Sam schon seinen Lernführerschein hatte. Er hatte vor, sich nach bestandener Prüfung einen gebrauchten Jeep zu kaufen. Und es würde nicht mehr lange dauern, bis sogar *ich* meine ersten Fahrstunden hätte! Wie war das nur möglich?

»Sofia!« Sam hatte mich entdeckt. »Ho-la!«

Ich lachte. »Das H spricht man nicht mit.«

»Dann eben: oh-la!«, sagte er und küsste mich. »Wollen wir schwimmen gehen?«

»*Sí.*«

»Aber erst musst du mal probieren.« Er reichte mir eine angebissene Pflaume. »Wie lecker ist die denn bitte, oder? Mutter Natur hat's echt voll drauf.«

»Die ist wirklich gut.« Ich sah ihm in die Augen. »Wettrennen zur Rutsche?«

»Da gewinne ich locker. Ich bin diese Woche fünfzig Meilen gelaufen. Box mich mal in den Magen.«

»Ich will dich aber nicht boxen.«

»Los, mach mal. Es sei denn, du hast Angst, dir die Hand zu brechen.«

Ich versetzte ihm einen Hieb. »Wow, ganz schöner Sixpack.«

»Was anderes hab ich nicht gemacht, während du weg warst, nur arbeiten und Sport.«

Wir rannten zur Wasserrutschte, ich schlüpfte aus meinem Strandkleid und kletterte die Leiter hinauf. Dabei spürte ich Sams Blicke auf mir. Oben angekommen, lächelte ich ihm zu und rutschte. *Platsch!* Er kam direkt hinterher. *Platsch!* Mit triefenden Haaren paddelten wir im Wasser, unsere Schultern glänzend vor Nässe.

»Wer als Erster an der Plattform ist!«, sagte er.

Binnen Sekunden hatten wir sie erreicht.

»Schon mal unter Wasser gefüßelt?«, fragte ich.

»Schon mal unter Wasser in den Po gekniffen worden?« Er zwickte mich, und ich kreischte auf und spritzte ihn mit beiden Händen nass. Er revanchierte sich, und wir planschten wild herum, bis der Rettungsschwimmer in seine Pfeife blies.

»Psst! Sei mal still!«, flüsterte ich. Wir hatten uns verstohlen unter der Außendusche geküsst und saßen jetzt oben in der Windmühle.

»Hast du das auch gehört?«

»Nein.«

»Da war ein Geräusch. Sag mal, ist das eigentlich verboten?«

»Was, küssen oder die Windmühle betreten?«, witzelte er, aber dann hörte auch er das Knarren.

»Hallo?«, rief ich mit zittriger Stimme. »Ist da jemand? Wir sind hier oben.«

231

»Oh Mann, ich glaub's nicht!«

»Alexa?« Das war definitiv ihre Stimme.

»Sofia?! Was machst du denn hier?«

»Äh ...« Musste ich ihr das wirklich erklären?

»Mein Gott, Doofia.«

Hatte sie mich gerade Doofia genannt?

»Da zeige ich dir mein Versteck, und jetzt muss ich mir selbst 'nen Platz reservieren. Soll man hier Nummern ziehen, oder was?«

»Nein ...«, antwortete ich.

Sam ergriff meine Hand und spähte zu Alexa und dem Typen neben ihr. Evan, vermutete ich. Zumindest hatte dieser Name auf dem Display gestanden, als heute Morgen in der Küche ihr Handy geklingelt hatte.

»Wir können gehen«, bot ich an.

»Müssen wir nicht«, sagte Sam leise.

»Doch, müsst ihr!«, rief Alexa.

»Nein«, erwiderte Sam erstaunlich ruhig.

Der hatte auch leicht reden, schließlich musste er nicht mit ihr zusammenleben!

»Jetzt mach keinen Stress, Alexa.«

»Sam, bist du das? Verdammt, *jetzt* gibt's wirklich Stress!«, fauchte sie. »Mal ehrlich, vor Kurzem waren *wir* zwei noch –«

Evan meldete sich zu Wort. »Lex, ganz ruhig. Wir können doch ein andermal wiederkommen. Macht doch nichts.«

»Und ob das was macht«, rief sie. »Erst zieht Klein-Doofia bei mir zu Hause ein, aber nein, das reicht natürlich nicht, jetzt muss sie sich auch noch in der Windmühle breitmachen!«

Doofia? Ernsthaft?

»Entspann dich mal«, sagte Evan. »Wir fahren einfach wieder.«

»Ja, und sie kann zur Hölle fahren!«

Sie verschwanden, und im Gehen hörte man Evan noch sagen: »Ach, komm, ist doch eigentlich zum Totlachen, findest du nicht? Die Sündenmühle!«

»Nein, finde ich nicht«, entgegnete Alexa. »Kein bisschen.«

September

Erste Male waren immer was Besonderes. Der erste Tag mit Zahnspange. Der erste Tag ohne. Der erste Kuss. Der erste richtige Kuss. Die erste Trauerfeier.

Ich wusste, dass auch der erste Tag an meiner neuen Highschool denkwürdig sein würde, und gab mir Mühe, das flaue Gefühl in meinem Magen zu ignorieren.

Am ersten Tag im Kindergarten, und vielleicht auch auf einem Internat, waren alle ganz wild drauf, Freunde zu finden. Aber an der Byram Hills würde es nur eine Handvoll neuer Schüler geben, die von außerhalb dazukamen. Die meisten anderen waren schon seit Jahren gemeinsam auf dieselben Schulen gegangen: Coman Holl, Wampus, Crittenden. Ich würde auffallen.

Natürlich war ich so ein Leben ohne Tarnkappe längst gewohnt. An meiner alten Schule hatten mich oft Lehrer beiseitegenommen und gefragt, wie ich klarkam. Bei der Schulkrankenschwester Mrs Abrahams hatte ich mich meistens ein bisschen hinlegen dürfen, während sie andere Mädchen mit einer Kopfschmerztablette abspeiste und zurück in den Unterricht scheuchte. Und einmal hatte meine Geschichtslehrerin meine Eins minus auf eine glatte Eins aufgerundet, vermutlich im Gedenken an Mom. Mir war jedoch immer klar gewesen, dass ich eines Tages nicht mehr mit *Vorsicht, zerbrechlich!* abgestempelt sein würde.

Und möglicherweise war dieser Tag nun gekommen.

»Ist es zu spät, um es dir noch mal anders zu überlegen?«, fragte Kiki am Telefon.

»Ja. In zwei Tagen geht die Schule los. Bin jetzt schon aufgeregt.« Mein ganzes Leben hatte ich im selben Häuserblock an der Upper West Side zugebracht, und auch wenn es mich reizte, ein bisschen meine Flügel auszubreiten, hieß das noch lange nicht, dass ich bereit zum Losfliegen war.

»Ist doch normal. Weißt du noch, der erste Tag an der Mittelschule? Da hattest du Sorge, du könntest dich verlaufen.«

»Die hab ich immer noch.«

»Wenn du dich verläufst, kannst du immerhin fremde scharfe Typen nach dem Weg fragen.«

»Was macht *dir* denn so Sorgen?«, erkundigte ich mich.

»Die vielen Hausaufgaben. Ich bin ja nicht gerade die Königin des Zeitmanagements. Hab gehört, die Mittagspause soll jetzt nur noch saukurz sein. Und du musst jetzt fürs Essen bezahlen, oder?«

»Bezahlen?«

»Aisha war doch auf einer öffentlichen Schule, bevor sie an die Halsey gekommen ist, und sie hat erzählt, sie musste immer schon anfangen zu essen, während sie noch zum Bezahlen anstand, weil sonst die Pause gar nicht gereicht hätte. An der Kasse angekommen, hatte sie manchmal nur noch drei Krümel auf dem Teller und einen leeren Milchkarton.«

»Ich hoffe doch mal, das ist nur ein Großstadtmythos.«

»Oder ein Vorortmythos?« Kiki senkte die Stimme. »Was mir außerdem Sorgen macht, ist, dass ich jetzt ohne meine persönliche Spanischlehrerin zur Schule muss.«

»Nachhilfe kann ich dir auch übers *teléfono* geben. Aber du kommst schon ohne mich klar.« Bei dem Gedanken schnürte sich mir die Kehle zu.

»Erinnerst du dich noch daran, wie Mrs Milliman mich immer den Fingerspitzentest mit dem Rocksaum hat machen lassen?« Kiki war damals stinkwütend gewesen. Je längere Arme man hatte, desto länger musste auch der Rock sein. Sie hatte sich beschwert, sie werde für ihre langen Arme diskriminiert. »Und jetzt, in der Oberschule, dürfen wir anziehen, was wir wollen – außer Jogginghosen oder irgendwas mit Schriftzug auf dem Hintern. Aber das heißt auch, dass ich jeden Morgen ewig brauchen werde, um mich fertig zu machen! Am besten stehe ich schon bei Sonnenaufgang auf.«

»Ich weiß auch noch nicht, was ich anziehen soll. Hier ist alles erlaubt – sogar Schriftzüge auf dem Po. Nicht dass ich vorhätte, da in Shorts aufzulaufen, auf denen *Sexy* steht.«

»Wo wir gerade beim Thema sind, wie geht's Sam?«

»Mann, Kiki, du bist echt unmöglich.«

»Jepp, unmöglich und stolz drauf. Und jetzt beantworte gefälligst meine Frage!«

»Dem geht's gut. Letztens hab ich ein paar von den Jungs aus seiner Leichtathletikmannschaft kennengelernt.«

»Tragen die alle diese superkurzen Höschen?«

»Einer rasiert sich sogar die Beine.« Ich erzählte ihr nicht, dass Peter, ein Stabhochspringer, ganz nett wirkte, aber Jayden, der mit den rasierten Beinen, ganz besessen davon war, seinen »Core« zu trainieren, und außerdem dauernd eklige Sprüche über Cheerleader abließ.

»Lass ja nicht zu, dass Sam sich die Beine rasiert!«, sagte Kiki.

»Bestimmt nicht! Würde er aber auch nie tun!«

»Hast du eigentlich mal mit Alexa über ihn geredet?«

»Machst du Witze? Alexa und ich reden so gut wie gar nicht miteinander.«

Ich berichtete, wie Alexa uns in der Windmühle erwischt hatte, und irgendwie musste ich das Ganze in eine unterhaltsame Anekdote verwandelt haben, denn Kiki kriegte sich gar nicht mehr ein vor Lachen. Ich dagegen fand es alles andere als lustig. Es war hart, mit jemandem zusammenzuwohnen, der so tat, als wäre ich gar nicht da – zumal ich mich die letzten Monate ja sowieso schon wie ein Schatten meiner selbst gefühlt hatte.

Ich brauchte Rat. Gab es an der Byram Hills vielleicht so was wie einen inoffiziellen Dresscode – das ideale Top, die einzig richtigen Jeans? Wie sah es mit Ohrringen aus? Kreolen, Hänger, Stecker?

Alexa machte sich gerade in der Küche ein Bananen-Erdnussbutter-Sandwich, also fragte ich: »Erinnerst du dich noch an deinen ersten Tag an der Highschool?«

Sie reagierte, als wäre ich eine lästige Mücke, die sie zwar hören, aber nicht sehen konnte. Aber ich wartete ab, und schließlich antwortete sie. »Und ob. Der Direktor hat gesagt: ›Von jetzt an zählt jede Note‹, was ich nicht so toll fand. Aber dafür waren viele von den Jungs über den Sommer ziemlich süß geworden, das war gut. Allerdings waren das für mich ja dieselben Leute, bloß in einem neuen Gebäude. Bei dir ist das bestimmt komplizierter.«

Ich wünschte, sie würde so etwas sagen wie: *Keine Angst, das wird schon*, oder: *Es ist echt cool an der Byram Hills, wart's nur ab.*

Doch sie schnappte sich nur ihr Sandwich und ließ mich stehen. Nach ein paar Schritten drehte sie sich noch mal um und fügte hinzu: »Bei weiteren Fragen wende dich doch an deinen Freund.«

Es war das erste Mal, dass Alexa Sam so bezeichnete. In letzter Zeit war er bei uns gar nicht mehr zur Sprache gekommen. Er traute sich ja nicht mal mehr, mich zu Hause zu besuchen, was ich ihm nicht verübeln konnte. Das Ganze war krampfig hoch zehn. Jetzt trafen wir uns hauptsächlich im Club, bei ihm oder ... in der Windmühle.

»Alexa, Sam und ich –«

»Spar dir deine Geschichten für jemanden auf, den sie interessieren, okay, Doofia?«

»Okay«, sagte ich und sah ihr hinterher, als sie zum Volleyballtraining fuhr.

An diesem Abend fragte Dad Alexa, was ihr mehr Spaß mache, Basketball oder Volleyball. Sie führte sich auf, als täte sie ihm mit ihrer Antwort – ihr gefalle die Volleyballkluft besser, aber im Basketball sei sie »engagierter« – einen Wahnsinnsgefallen.

»Beim Volleyball geht es immer nur um Teamarbeit«, erklärte sie. »Als Stellerin ist es meine Aufgabe, die Angreifer gut aussehen zu lassen, was bedeutet, ich kann ein großartiges Spiel abliefern und werde trotzdem kaum wahrgenommen. Als Point Guard beim Basketball fällt man viel leichter auf. Und wer will das nicht?«

Ich, dachte ich bei mir.

»Ich hab dir vor dem Essen eine Mail geschickt«, murmelte ich Kate am nächsten Tag zu, während ich Teller in die Spülmaschine lud.

»Und ich hab geantwortet.« Lächelnd trat sie mit einer Schale Mangoschnitze und Brombeeren durch die Schwingtür.

Geschrieben hatte ich:

Liebe Kate,
ich hoffe, du findest das hier nicht albern – mir ist schon klar, dass ich dich auch einfach so fragen könnte –, aber hast du zufällig irgendwelche guten Ratschläge, wie man die ersten Wochen an einer neuen Schule am besten übersteht? Auf einer Skala von eins bis zehn würde ich meine Aufregung etwa bei sieben einordnen. Ich wünschte, ich könnte mich morgen unsichtbar machen.

Außerdem wollte ich mich noch bei dir bedanken. Natürlich würde ich dir das lieber direkt sagen, aber ich kriege es einfach nie raus, teils, weil ich vor Alexa nicht wie eine Schleimerin dastehen will, und teils, weil sich so was viel leichter schreibt als ausspricht. Also, danke für alles!

Ach so, und ich sehe dich übrigens gar nicht mehr als »Frag Kate« oder »Dads neue Flamme«, sondern als meine Freundin, und das ist ein echt gutes Gefühl.

Dein Fan und deine Freundin
Catlover

Nach dem Essen las ich ihre Antwort.

Liebe Catlover,
dir ebenfalls danke für alles: deine E-Mail, deine liebenswerte Art und dafür, dass du mich in dein Leben aufgenommen hast. Zu so was gehören nämlich immer zwei.
Ich bin unglaublich froh, dass es deinen Dad nur im »Kombipack« gab und die Tatsache, dass ich mich in ihn verliebt habe, mir das Privileg beschert hat, deine Freundin zu werden. Und dein Fan bin ich sowieso. (Ganz ehrlich!)
Was die Ratschläge angeht:
1. Versuch, immer freundlich und offen zu sein.
2. Nimm dir ein paar Tage Zeit, um herauszufinden, wen du näher kennenlernen und von wem du dich lieber fernhalten möchtest.
3. Beteilige dich von Anfang an am Unterricht, und mach deine Hausaufgaben. Manche Lehrer fällen sehr schnell ihr Urteil darüber, wer die guten Schüler sind.
4. Sei aktiv – mach mit in der Jahrbuch-Redaktion, der Theatergruppe, Sport-AGs, beim Schülerrat usw., usw.

5. Wenn jemand nach deiner alten Schule fragt, schwärme nicht lang und breit davon, wie toll es dort war.
6. Vertrau darauf, dass die Eigenschaften, die dich in der Vergangenheit bei anderen beliebt gemacht haben, dir auch diesmal gute Dienste leisten. Denn das werden sie.
7. Da du von einer reinen Mädchenschule auf eine gemischte wechselst, sei nicht zu schüchtern ... aber flirte auch nicht auf Teufel komm raus. ;-)
8. Halte den Kontakt zu deinen alten Freundinnen. Einige davon werden dir für immer erhalten bleiben. (Wie Kiki!)

So, jetzt muss ich mich weiter ums Abendessen kümmern. (Paprikalasagne! Riechst du sie schon?)

Ach so, und du kannst natürlich jederzeit und überall mit mir reden, egal ob persönlich oder per Mail, okay?

Deine Freundin und dein Fan
Kate

PS: So was wie Familie auf Knopfdruck gibt es nicht, aber sogar Coco und Pepper scheinen auf dem richtigen Weg, oder?

Es tat gut, das zu lesen, und ich freute mich über die lange Antwort.

Aber hatte sie recht, was die Katzen anging? Pepper war jünger und verspielter als Coconut und hatte sich in letzter Zeit angewöhnt, ihr hinter sämtlichen Ecken aufzulauern. Wenn die alte Coco angetapert kam, wackelte Pepper vor Aufregung mit seinem kleinen Po, bevor er sich auf sie stürzte. Coco fauchte und es gab ein kurzes Katzenkämpfchen, bis Pepper davonwetzte, um seinen nächsten Angriff zu planen. Die zwei bekriegten sich nicht gerade bis aufs Blut, aber sie lagen auch nicht kuschelnd zusammen im Körbchen.

Tja, Kokos und Pfeffer schienen einfach nicht so gut miteinander zu harmonieren.

Ob Kate auch von Alexa und mir dachte, wir würden uns besser verstehen, als es tatsächlich der Fall war?

Am Abend, bevor die Schule losging, hörte ich Alexa mit Amanda telefonieren. Amanda war schon in der Zwölften, darum durfte sie auf dem Schulparkplatz parken und nahm Alexa oft mit. Alexas Tür war geschlossen, aber ich hörte trotzdem jedes Wort und ließ mir zugegebenermaßen Zeit dabei, ein Handtuch aus dem Schrank zu holen.

»Dauernd nehmen sie sich frische Handtücher«, schimpfte Alexa gerade, »schalten überall das Licht an und aus und fressen den Kühlschrank leer. Ich sag's dir, demnächst schreibe ich meinen Namen auf meine Joghurts. Oder ich schenke dem Mädel eine Landkarte – damit sie vielleicht mal lernt, was Grenzen sind. *Alles* muss sie mit ihren gierigen Fingern betatschen. Sogar Sam!«

Amanda musste gelacht haben, denn Alexa machte fröhlich weiter. »Mein Dad war immer völlig besessen davon, den Garten hirschsicher zu machen. Tja, hätte er lieber mal das Haus wolfsicher gemacht! Gregg räumt alles um. Gestern musste ich zehn Minuten in sämtlichen Küchenschubladen kramen, bis ich einen Pfannenwender gefunden hatte. Ich dreh hier echt am Rad!«

Mit dem flauschigen Handtuch der Bairds in den Händen (unsere hatten wir alle in die Altkleidersammlung gegeben) schlich ich ins Bad. Was sollte ich denn Alexas Meinung nach tun? Warten, bis ich an der Luft getrocknet war? Und ja, Dad konnte ein ziemlicher Ordnungsfanatiker sein, aber wäre es denn besser, wenn er hier keinen Finger rühren würde?

Ich wünschte, ich hätte den Mumm, in ihr Zimmer zu stürmen und ihr mal ordentlich die Meinung zu geigen. Sie hatte ja keine Ahnung, wie es war, einen Elternteil zu verlieren!

Nachdem ich in meinen Schlafanzug geschlüpft war, schnappte

ich mir Pepper. Ich brauchte immer noch Ewigkeiten zum Einschlafen.

Mein Outfit am nächsten Tag bestand aus einem schwarzen Tanktop, Jeans, Lederstiefeln und den Perlenohrsteckern meiner Mom. Amanda holte Alexa ab, während ich über die Straße ging, um dort auf den gelben Schulbus zu warten. Das Ganze war mir aus Filmen und Fernsehserien seltsam vertraut, aber trotzdem fremd. Es fühlte sich irgendwie surreal an. Und ich mich einsam.

An der Haltestelle standen schon zwei ältere Mädchen. Sie diskutierten jedoch über ihre Stundenpläne und würdigten mich keines Blickes. Als der Bus kam, setzte ich mich nach hinten neben ein anderes Mädchen, das bloß ein paar Zentimeter weiter zum Fenster rückte und mich ansonsten ebenfalls ignorierte.

Zum Glück war die Fahrt kurz. Um acht Uhr ging es los mit einer Schulversammlung, in der über Regeln, Spinde, AGs und Beratungslehrer gesprochen wurde. Sam entdeckte ich nirgends, also setzte ich mich möglichst unauffällig irgendwo hin. Wo kamen nur diese vielen Teenager her? Die Jungs waren alle riesig, und die Mädchen begrüßten einander mit jeder Menge Gekreisch und Umarmungen.

Dann klingelte es, und ich ging zu meiner ersten Stunde: Englisch. Als der Lehrer, Mr Greer, die Anwesenheitsliste durchging, sagte er: »Wolf? Viele Autoren sind ›Wölfe‹: Thomas, Tom, Tobias, Virginia, Naomi. Ein schöner, literarischer Name.« Das war nett gemeint, aber ich wünschte, er hätte es mir unter vier Augen gesagt. Wenn er meinen Namen so herausstellte, half mir das nicht gerade dabei, unter dem Radar zu bleiben.

Auch in Bio und Mathe drehte sich alles nach mir um, und ich versuchte, möglichst harmlos dreinzublicken, als ich es flüstern hörte: »Das ist die Neue.«

War ich neu? Eigentlich fühlte ich mich gar nicht so. Manchmal kam ich mir regelrecht *alt* vor.

Zu Mittag gab es Burger und kleine, schleimige Batzen einer undefinierbaren grauen Masse, die mich das Essen an der Halsey umso schmerzlicher vermissen ließen. Wenigstens hatte ich an Geld gedacht. Trotzdem war es eine Überwindung, in die volle Cafeteria zu spazieren, ohne eine Ahnung, wo ich mich hinsetzen sollte. Die Tische waren alle besetzt, als ich mit meinem Teller und meinem Glas Wasser daran vorbeiging, und ich wünschte, ich würde Kiki, Natalie und Madison irgendwo entdecken.

War mein Outfit denn in Ordnung? Ich war anscheinend die Einzige, die Stiefel trug.

Eine Mädchengruppe winkte mich heran, und ich setzte mich dankbar zu ihnen. Eine nahm ihre Zahnspange heraus, wickelte sie in eine Serviette und legte das Bündel auf ihr Tablett. Auf die Weise hatte Kiki ihre mal versehentlich weggeworfen. Gemeinsam mit dem Hausmeister hatte sie zwei Mülltonnen durchsuchen müssen.

Die Mädchen löcherten mich über New York, den Broadway, und eine wollte wissen, ob ich schon mal irgendwelchen Berühmtheiten begegnet sei. »Manchmal, an meiner alten Schule, wenn Schüler abgeholt oder hingebracht wurden«, antwortete ich, spielte es dann jedoch schnell herunter, in der Hoffnung, dass es nicht klang, als wollte ich angeben.

Ein Mädchen erzählte vom Geburtstag ihrer Cousine am vergangenen Wochenende. Sie hatte sieben Freundinnen zum Essen eingeladen, aber nur sechs davon zur anschließenden Pyjamaparty. Darum hatte sie die sechs Auserwählten gebeten, ihre Schlafsäcke schon vorher bei ihr zu deponieren und der siebten nichts zu verraten, allerdings – so eine Überraschung! – hatte diese schließlich doch Wind von der Sache bekommen.

Alle lachten, und auch ich bemühte mich zu lächeln, aber eigentlich war das doch gar nicht witzig, oder? Was waren denn das für Mädchen? Ob es wohl so rüberkam, als wollte ich zu ihrer Clique gehören, wenn ich jetzt mit ihnen zu Mittag aß? Oder war das hier so was wie ein Casting, bei dem sie *mich* abcheckten?

Die beiden Mädchen, die mir direkt gegenübersaßen, waren eineiige Zwillinge. Sie hatten kastanienbraune Haare und Augen, und ich hatte keine Ahnung, wie irgendwer diese beiden auseinanderhalten konnte. »Ich hab mir gerade die neue *Fifteen* geholt«, verkündete Zwilling Nummer eins. »Sofia, du *wohnst* doch bei FragKate, oder?«

»Ja ...«

»Leute, Leute, hört euch das mal an!« Sie sprang auf und las vor: »›Liebe Kate, in letzter Zeit fällt mir immer mehr auf, wie hübsch meine Freundinnen sind, und da sowieso nie ein Junge auf mich steht, hab ich überlegt, ob ich möglicherweise bi oder lesbisch sein könnte?‹«

Zwilling Nummer zwei riss ihr kreischend die Zeitschrift aus der Hand und tat so, als würde sie die Antwort vorlesen. »›Liebe Lesbe, wenn deine beste Freundin dein Traumtyp ist, schick ihr am besten gleich mal ein paar heiße Nacktfotos von dir!‹«

Alle am Tisch schüttelten sich aus vor Lachen, während meine Wangen brannten. *Mein Brief wurde veröffentlicht? Oh Gott, kann ich mal bitte im Erdboden versinken?*

»Was hat sie denn wirklich geantwortet?«, wollte eine von den anderen wissen.

»Irgendwas Langweiliges bestimmt. Das Beste sind doch eh immer die Fragen«, entgegnete Zwilling Nummer eins.

Ich wusste, was Kate geantwortet hatte. Ihre Worte waren mir im Februar ein großer Trost gewesen. Aber da hatte ich auch nicht damit gerechnet, dass mein Brief mal irgendwo laut vorgelesen würde.

»Meint ihr, sie denkt sich die Fragen selbst aus?«

»Bestimmt. Wie ist sie denn eigentlich so?«

»Ja, erzähl mal«, forderte Zwilling Nummer eins. »Ich meine, die gute Frau teilt überall Ratschläge aus, dabei ist ihre eigene Tochter der totale Horror.« Sie lachte.

»Hör auf, das ist doch Sofias Schwester«, mahnte Zwilling Nummer zwei.

»Aber doch nicht ihre echte.«

Ich murmelte, Kate sei sehr nett.

Ein Mädchen neben mir stand auf, und ein gut aussehender Typ nahm den Platz ein. Er hatte schwarze Wuschelhaare und dunkle, geschwungene Wimpern. »Hi«, sagte er. Die Zwillinge wirkten ziemlich aufgelöst darüber, dass er sich zu uns gesetzt hatte. »Ich bin Zack.«

Moment mal, meinte er etwa mich? Seit wann redeten denn gut aussehende Jungs mit mir?

Er lächelte mich die ganze Zeit an, was mich völlig aus dem Konzept brachte. War es möglich, dass ich mich, ohne es zu merken, vom hässlichen Entlein zum einigermaßen ansehnlichen Schwan entwickelt hatte? Hatte es überhaupt mit *mir* zu tun, dass er mit mir redete – oder nur mit der Tatsache, dass ich neu und aus New York war?

»Ich bin Zack«, wiederholte er. Er trug ein weißes Hemd, und ich stellte überrascht fest, dass sich auf seiner Brust schwarze Haare kräuselten. »Das ist jetzt der Moment, in dem du deinen Namen sagen müsstest«, soufflierte er, »der, wie ich gehört habe, Sofia lautet.«

»Tut mir leid. Ich bin Sofia.« Ich war sicher puterrot.

»Da bin ich übrigens schon mal gewesen.«

»In New York?«

»In Sofia. Der Hauptstadt von Bulgarien. Weißt du, was die Bulgaren machen? Die schütteln den Kopf, anstatt zu nicken, wenn sie Ja meinen.« Er führte es vor, und die Mädchen am Tisch lachten hingerissen.

Was sollte ich jetzt machen, den Kopf schütteln? Nicken? Lachen? Ich sah hoch und erspähte Sam am anderen Ende der Cafeteria. Mein Herz machte einen Satz, und ich winkte ihm verstohlen zu. Er winkte zurück, und ich wünschte, er würde zu mir rüberkommen. Ich wünschte, *er* säße jetzt neben mir!

Wie würde sich die Sache zwischen uns entwickeln, jetzt, wo wir uns in diesem Goldfischglas namens Highschool befanden? In der Sonne und bei Mondschein Händchen zu halten war eine Sache, aber unter Neonlicht?

Mir gefiel es, dass ich bei Sam nicht das Mädchen sein musste, dessen Mutter gestorben war, oder das Mädchen aus New York oder das Mädchen, das bei Frag-Kate wohnte. Bei ihm durfte ich einfach ich selbst sein.

Es klingelte, und alle machten sich auf den Weg zur nächsten Stunde.

In Geschichte flüsterte ein Mädchen hinter mir: »Ja, die wohnt bei Alexa Baird zu Hause. Genau, dieser Basketballzicke.« Am liebsten hätte ich etwas dazu gesagt, aber was? Dass das auch mein Zuhause war? (War es das?) Dass Alexa ein total lieber Schatz war? (War sie nicht.)

In der letzten Stunde hatte ich Spanisch. Ich war in einen Fortgeschrittenenkurs mit zehn Zwölft- und zwei Elftklässlern eingeteilt worden, darunter Alexa. Es war das erste Mal, dass ich sie an diesem Tag zu Gesicht bekam, und ich hatte keine Ahnung, ob das normal war (die Schule war schließlich viel größer als meine alte) oder ob Alexa mir absichtlich aus dem Weg gegangen war.

Wir saßen in einem Halbkreis, Alexa am einen Ende zwischen

Amanda und Mackenzie und ich am anderen. Sie trugen alle drei pastellfarbene Tops, Jeans und Sandalen. Mit klarem kolumbianischem Akzent erklärte der Lehrer, Señor Muñoz, wir würden uns in diesem Schuljahr auf Kurzgeschichten von Cervantes, Borges, Quiroga, Cortázar, Rulfo und García Márquez konzentrieren. Aber zuerst sollten wir uns untereinander bekannt machen: »*Vamos a tomar unos minutitos para hablar de lo que han hecho ustedes este verano. Empezamos con usted, por favor.*«

Okay. Die klassische Was-ich-diesen-Sommer-gemacht-habe-Geschichte, nur diesmal auf Spanisch. So würde ich zumindest meine Mitschüler ein bisschen kennenlernen. Ich war froh, dass ich am Ende des Halbkreises saß und als Letzte drankommen würde.

Los ging's. Die meisten fingen damit an, dass ihr Spanisch ganz schön eingerostet sei, aber dann fiel doch allen etwas ein. Als Alexa von ihren sechs Wochen in *las montañas de Canadá* erzählte, gratulierte Señor Muñoz ihr dazu, dass sie ihr Sprachniveau so gut gehalten hatte. Er wirkte sehr zufrieden, und Alexa genauso.

Nachdem alle anderen an der Reihe gewesen waren, wandte der Lehrer sich mir zu. »*Y ahora usted. Su nombre, por favor.*«

Ich nannte meinen Namen und erklärte, dass ich gerade von Manhattan nach Armonk gezogen sei. Was ich nicht erwähnte, war, wie ich meinen ersten richtigen Kuss in einer Windmühle bekommen hatte, vom Fahrrad gestürzt, bei Alexa eingezogen und mit Moms Asche nach Spanien geflogen war. Ich sagte nur, ich sei *contenta*, zufrieden, an der Byram Hills, und dass alle *muy majo* – sehr nett – wirkten.

»*Pero no entiendo. ¿Cómo es que usted habla español tan bien? ¿Usted es española?*« Mein Umzug aus der Stadt in den Vorort interessierte den Lehrer nicht. Er wollte nur wissen, ob ich Spanierin war.

»*Yo, no, pero mi mamá, sí era.*« Ich nicht, aber meine Mom schon.

Era – die Vergangenheitsform. Oh nein! Ich hatte genau das getan, was ich auf keinen Fall wollte: vor versammelter Mannschaft verkünden, dass meine Mutter tot war.

Aber es fiel niemandem auf. Sie registrierten nur, dass die Neue fließend Spanisch sprach (was an der Halsey nichts Neues gewesen war) und dass der Lehrer, so beeindruckt er sich auch von Alexas Sprachkenntnissen gezeigt hatte, über meine völlig aus dem Häuschen war.

»*Pues, bienvenida. ¡Va a ser un gran placer tenerle en clase!*« Er hieß mich willkommen und versicherte mir, dass er sich freue, mich in seiner Klasse zu haben.

Alexa warf mir einen wütenden Blick zu, als wäre ich allein deswegen zweisprachig aufgewachsen, um ihr heute die Show zu stehlen. Und wieder mal hatte ich es geschafft, mitten durch ihr Revier zu trampeln. Nachdem es am Ende der Stunde geklingelt hatte, rempelte sie mich auf dem Weg nach draußen an, als wäre ich unsichtbar.

Was mir bewusst machte, dass ich mich falsch eingeschätzt hatte. Ich wollte nämlich gar nicht unsichtbar sein.

Aber was wollte ich dann?

An diesem Abend fuhren Kate, Alexa, Dad und ich zu La Manda, einem italienischen Restaurant ganz in der Nähe. Wir suchten uns eine Sitznische, und Alexa ging sich die Hände waschen. »Bestell du schon mal für mich, Mom«, sagte sie. »Du weißt ja, was ich mag.«

Kate nickte, und mir fiel auf, wie erschöpft sie aussah.

Auch ich war müde. Ich hatte den ganzen Tag auf Sendung sein müssen, und Alexas beiläufige Bitte versetzte mir einen Stich und ließ Eifersucht in mir aufkeimen. Aber mir jetzt zu wünschen, ich hätte auch eine Mom, die wusste, was ich mochte, und mich damit versorgte, brachte ja auch nichts. Ich würde bloß in Selbstmitleid versinken wie in Treibsand. *Fang gar nicht erst damit an*, ermahnte ich mich selbst. *Alexa war nicht taktlos – du bist nur überempfindlich.*

Die Kellnerin nahm unsere Bestellung auf, Alexa kam zurück, und Dad fragte:»Und, ihr zwei, wie war's in der Schule? Sofia?«

»Gut.« Ich vertiefte mich in die Betrachtung meines Platzsets, einer Italienkarte.»Ich hab mich zumindest nicht verlaufen und jede Menge Leute kennengelernt.« Dass ich mich an der Bushaltestelle einsam gefühlt hatte, bei der Schulversammlung fehl am Platz und beim Mittagessen unwohl, verschwieg ich. Und auch, dass dieses Mittagessen aus Rätselfleisch und Kartoffelschleim bestanden hatte (während sie an der Halsey vermutlich Weiderind mit Biogemüse serviert bekommen hatten). Ich erwähnte nicht, dass ich zwar keine Wechselsachen für Kickball dabeigehabt hatte, mir die Sportstunde jedoch trotzdem nicht so schlimm vorgekommen war wie vorher in der Mittelschule. Aber Dad wollte mehr hören.»Ach, und mein Geschichtslehrer Mr C. ist echt süß.« Ich sah zu Alexa rüber – darauf konnten wir uns doch wohl wenigstens einigen. Ihre Miene blieb steinern.

»Und wie war's bei dir, Alexa?«, fragte Dad.

Alexa zählte ihre Fächer auf und sagte, sie überlege, ihre Autorenvorstellung über William Golding zu schreiben, weil *Herr der Fliegen* ihr Lieblingsbuch sei.

Herr der Fliegen? Hielt sie sich etwa für Jack?

»Tja, und dann war da noch so eine Neue, eine Neuntklässlerin in meinem Spanisch-Fortgeschrittenenkurs«, schloss Alexa.»Die spricht *perfecto* Spanisch. Ziemlich unfairer Vorteil, wie ich finde.« Alexa starrte mich an.

Mir lief ein Schauder über den Rücken.»Señor Muñoz hat Alexas Spanisch auch sehr gelobt«, merkte ich kläglich an.

Sie strafte mich mit einem vernichtenden Blick.

»Wann geht es denn mit dem Volleyball wieder los?«, fragte Kate schnell.

»Nächste Woche. Heimspiel gegen Dobbs Ferry.« Kate wandte sich an mich. »Willst du dich auch in einer der Mannschaften anmelden, Sofia?«

»Nein.« Zum Glück bestand null Chance, dass ich die Familiensportskanone überflügeln würde, erst recht nicht an einer Schule, an der dieses Thema so wichtig genommen wurde. An der Halsey war es egal gewesen, in welchem Bereich man sich engagierte: Sport, Theater, Orchester, Politik-AG, Schülerzeitung oder Jahrbuch-Redaktion. Hier dagegen, so hatte ich das Gefühl, brachte es extraviele Coolnesspunkte ein, wenn man Cheerleader oder Footballspieler war.

Kate erkundigte sich, ob mich von den anderen Angeboten etwas interessierte.

»Irgendwann würde ich gern mal im Schülerparlament mitmischen«, antwortete ich. »Aber vielleicht versuche ich es zuerst mal mit dem Chor?« Ich blickte hinunter auf die Papierlandkarte Italien, denn allein es laut auszusprechen war ein ziemlich großer Schritt. »Und dem Spanischclub. Vielleicht haben die ja Lust, mal nach New York zu fahren und einen spanischen Film im Original zu sehen, das könnte ich organisieren.«

»*No problema*, was?«, spottete Alexa.

Die Kellnerin brachte unsere Pizza. »Achtung!«, warnte sie. »Nicht verbrennen!«

Um zehn Uhr rief ich Sam an. Er meldete sich mit: »Ich gucke gerade Baseball, es steht kurz vor der Entscheidung. Kann ich dich gleich zurückrufen?«

»Heute nicht mehr.« Ich lachte. »Ich muss ins Bett. Aber ich komme morgen nach deinem Training mal vorbei, okay?«

Am nächsten Tag um Viertel nach fünf öffnete Sam mir die Tür.

»Du hast die ersten zwei Tage überstanden!«

»Mehr oder weniger«, sagte ich. »Aber dich sehe ich nie.«

»Ist halt 'ne große Schule.« Er küsste mich. »'tschuldige, ich müffele bestimmt. Ich war zehn Meilen laufen und wollte gerade unter die Dusche. Du könntest ja mitkommen«, schlug er mit einem frechen Grinsen vor.

Ich versetzte ihm einen Schubs. »Hey, wieso bist du gestern in der Cafeteria eigentlich nicht rübergekommen?« Davon hatte ich definitiv nicht so früh anfangen wollen.

»Ich wollte dir einfach ein bisschen Freiraum lassen. Und außerdem hat Zack ja an dir rumgegraben wie blöd. Man konnte ja vom anderen Ende des Saals aus sehen, wie rot du geworden bist.«

»Zack?!« Ich war rot geworden, weil ein anderes Mädchen meine peinliche E-Mail vorgelesen hatte. »Zack interessiert mich nicht!«

»Dann ist ja gut, weil der sich nämlich auch nur für sich selbst interessiert.«

»Ich wollte mit *dir* reden. Darum hab ich gewinkt.«

»Und ich hab zurückgewinkt. Sofia, das funktioniert andersrum ganz genauso: Du hättest auch rüberkommen können.«

»Dafür bin ich jetzt rübergekommen. Was übrigens andersrum auch ganz genauso funktioniert.«

Er nickte. »Tut mir leid. Ich weiß, dass ich nicht mehr bei dir war, seit Alexa zurück ist. Nur – es fühlt sich einfach immer noch an wie *ihr* Zuhause, verstehst du?«

»Verstehe ich, glaub mir.«

Wir gingen hoch in sein Zimmer. »So, jetzt gehst du also mit richtigen, echten Jungs auf eine Schule. Und wie gefällt's dir bisher?«

»Oh Gott, sie sind überall!« Ich lachte. »Man guckt sich um, und zwei Spinde weiter steht einer. Sie rotten sich zu Horden zusammen.« Beinahe hätte ich von dem Jungen im Bus erzählt, auf dessen T-Shirt gestanden hatte: *Unter diesem Shirt bin ich nackt.* Aber stattdessen sagte ich: »Meine Mathelehrerin ist schwerhörig und –«

»Mrs K.? Die ist echt reif für die Rente!«

»Tja, jedenfalls sitzen die Jungs alle ganz hinten und machen sich über sie lustig. Ich war echt schockiert. Dagegen sind die Mädchen auf meiner alten Schule die reinsten Musterschülerinnen.«

Wir setzten uns auf sein ungemachtes Bett.

Sams Zimmer war so anders als meins – sowohl das alte als auch das neue. Ich begutachtete seine Musikanlage, ein Yankees-Blechschild, diverse Ausgaben des *Rolling Stone*, ein Aquarium und bemerkte haufenweise schmutzige Wäsche. Im Regal standen Leichtathletiktrophäen und Mannschaftsfotos, und an der Wand hing ein *South Park*-Kalender, auf dem immer noch August war. Eine richtige Jungsbude.

»Ich hab mich im Chor angemeldet«, sagte ich. »Eins der Mädchen ist echt nett. Gracie, glaub ich.«

»Ja, Gracie ist okay. Zieht sich ein bisschen ulkig an.«

»Sie ist in deiner Klasse, oder?«

Sam nickte. »Was ist mit dem Unterricht?«, erkundigte er sich dann. »Anspruchsvoll genug für dich?«

»Das wirklich Schwierige sind die ganzen neuen Namen.«

»Da kann ich helfen.« Er holte ein Jahrbuch hervor, und wir kuschelten uns aneinander, um es durchzublättern.

Rums! Was war das? Wir hatten es beide gehört. Irgendwas war gegen ein Fenster geprallt. Ein Stein? Ein Baseball?

Wir rannten nach draußen und sahen dort einen Blauhäher auf dem Rasen liegen. Er war gegen das Panoramafenster des Wohnzimmers geflogen, das direkt unter Sams Zimmer lag.

»Passiert schon mal. Die Vögel hier sind ziemlich beschränkt.

Aber der hier lebt anscheinend noch. Berappelt sich bestimmt bald wieder.«

Wir blieben in ein paar Metern Entfernung stehen und sahen zu, wie der Vogel blinzelte, zuckte und langsam auf die Beine kam. Kurz darauf hüpfte er schon wieder herum und schlug mit den Flügeln. Und mit einem Mal flog er davon.

Fast schon absurd, wie erleichtert ich war.

Um ein bisschen Frieden zwischen Alexa und mir zu stiften, ging ich zu ihrem nächsten Heimspiel.

In der Sporthalle angekommen, erspähte ich Kate auf der Tribüne. Ich setzte mich zu ihr, und sie überraschte mich mit einer Entschuldigung dafür, dass Alexa in letzter Zeit so »bissig« sei. *In letzter Zeit?* Alexa war von Anfang an der reinste Pitbull gewesen.

Aber im Moment machte ich mir eher Sorgen um Kate. Sie wirkte so ausgelaugt. Nagte unsere Teenie-Fehde so sehr an ihr?

Kate trug ein weites T-Shirt mit dem Aufdruck *BHHS 25*. Sie sagte, sie habe es gewonnen, als Preis dafür, dass sie die kürzeste Anfahrt zum 25-jährigen Klassentreffen hatte. »Der Klassenkamerad mit dem weitesten Weg hat dasselbe gewonnen – dabei ist er extra aus Brasilien angereist!«

»Wie unfair«, sagte ich.

»So ist das Leben. Aber das muss ich dir ja wohl kaum erklären.«

»Nee.« Ich sah mich in der Sporthalle um. »Ich kann mir gar nicht vorstellen, zu einem 25-jährigen Klassentreffen zu gehen.«

»Vielleicht musst du ja sogar auf zwei davon.«

»Zwei?«

»Halsey und Byram Hills. Privatschulen sind immer sehr darauf bedacht, Kontakt zu ihren Absolventen zu halten. Man weiß ja schließlich nie, wer später mal die Spendierhosen anhat.«

»Aber ich gehe ja nicht mehr auf die Halsey. Ich bin keine ›Überlebende‹.«

»Oh doch, Sofia.« Kate sah mir in die Augen. »Das bist du.«

Ich nickte grüblerisch. Konnte man mich wirklich so bezeichnen? Heute in Physik war es um Lichtgeschwindigkeit gegangen. Während Dr. Pavlica von $E = mc^2$ erzählte, waren meine Gedanken abgeschweift. Wie verrückt es doch war, dass das Leben einfach so dahinraste, Sonnenaufgang um Sonnenaufgang, Jahreszeit um Jahreszeit. Ob himmelhoch jauchzend oder zu Tode betrübt, ein Monat nach dem anderen brach über einen herein wie Meereswellen. Es gab keine zweiten Chancen, keine Möglichkeit zu verhandeln, und die ganze Zeit passierten schlimme Sachen. Aber dann dachte ich: *Moment mal. Es passiert doch auch viel Gutes. Und manchmal kann sogar ein Kuss die Zeit zum Stillstand bringen.* Ich war ziemlich stolz auf diese kleine Erleuchtung. Und darauf, dass ich keine schüchterne Schülerin der Mittelschule mehr war. Ich ging jetzt auf die Highschool!

Der Schiedsrichter pfiff das Spiel an, und es ging los. Kate jubelte, als die Bobcats in Führung gingen, und ich stimmte mit ein.

»Hab ich!« Alexa baggerte den Ball ihrer Teamkameradin zu, die ihn hart auf die andere Seite schmetterte.

»Hab ich!« Alexa wehrte einen Angriff ab, und der Trainer nickte zufrieden.

»Hab ich!« Alexa pritschte den Ball über die ausgestreckten Hände einer Verteidigerin hinweg.

Schließlich war der letzte Punkt erzielt, und der Schlusspfiff ertönte. Byram Hills hatte gewonnen, und am Netz wurden Hände geschüttelt und High Fives verteilt, dass die Pferdeschwänze der Mädchen nur so wippten.

Kate stand auf. »Au, mein Rücken.«

»Alles okay?« Ich bot an, ihr ein paar Yogaübungen zu zeigen.

Sie dankte mir, und wir gingen Alexa gratulieren.

»Du warst super«, lobte ich.

Alexa musterte mich nur verächtlich.

»Echt super«, wiederholte ich.

Sie zog eine Grimasse. »Als ob du eine Ahnung davon hättest.« Klar war ich keine Expertin, aber konnte sie nicht wenigstens meinen guten Willen anerkennen?

Zu dritt fuhren wir nach Hause. Jetzt noch Höflichkeit zu heucheln fiel mir schwer, also saß ich stumm auf der Rückbank und ärgerte mich, dass ich mich überhaupt bemüht hatte. Vermutlich war Alexa sauer, dass ich sie jetzt auch noch an ihrem letzten Zufluchtsort heimgesucht hatte.

»Siebzehn!«, trällerte Kate plötzlich. »In zwei Tagen hast du Geburtstag, mein Schatz!«

Alexa sagte nichts.

»Wir könnten essen gehen«, schlug Kate vor. »Soll ich einen Tisch bei Moderne Barn reservieren? Oder im North? Oder im Truck? Wo du willst.«

Alexa schwieg noch immer.

Stellte sie sich gerade vor, wie wir als unfreiwilliges Viererkleeblatt zusammen am Tisch hockten, aneinandergekettet vom Appetithäppchen bis zur Wunderkerzentorte?

»Ich bin mit meinen Freunden verabredet«, verkündete sie, zog ihr Handy aus der Tasche und fing an, wild draufloszutippen.

Seufzend stellte Kate das Radio an, also nahm auch ich mein Handy und schrieb eine Gruppennachricht an Kiki, Natalie und Madison: *Leute, ihr fehlt mir so.* Dazu ein stirnrunzelndes Emoji.

Natalie antwortete sofort: *Mir auch.* Dann folgte eine Nachricht nur an mich: *Echt nicht einfach, an einer neuen Schule anzufangen.*

Kannst du laut sagen, erwiderte ich, gefolgt von einem weiteren

Stirnrunzler, und wir schrieben ein bisschen hin und her, beide froh, das voreinander ehrlich zugeben zu können.

Seite an Seite standen Alexa und ich im Bad und putzten uns die Zähne. Sie trug ein verwaschenes, übergroßes T-Shirt mit *Calgary* darauf und ich meinen cremefarbenen Pyjama mit dem Siamkatzen-Print.

»Hör mal, ich hab ja morgen Geburtstag«, fing Alexa an, »und ich wollte nur sagen: der 11. September ist ein beschissenes Datum dafür. Sogar ich denke dabei als Erstes an einen Tag der nationalen Trauer, genau wie alle anderen. Meistens feiere ich nicht mal, weil, na ja ... geschmacklos halt.«

Ich war mir nicht sicher, was ich darauf erwidern sollte, und hörte mich antworten: »Ich hab am 21. Dezember Geburtstag, also viel zu dicht an Weihnachten. Meine Mom hat meine Geschenke immer in rosa Papier eingepackt, und dann, vier Tage später, bekam ich welche in Rot und Grün. Aber selbst sie hat das irgendwann mehr oder weniger aufgegeben.«

Alexa sagte nichts.

»Ich hatte nie das Gefühl, dass mein Geburtstag ein besonderer Tag ist, weil um die Zeit sowieso an jeder Ecke gefeiert wird. Letztes Jahr musste ich an dem Tag eine Lateinarbeit schreiben.«

»Buhuhu«, höhnte Alexa und spuckte einen Mundvoll Schaum ins Waschbecken. »Da gewinne ich ja wohl um Längen. Der 11. September ist der ultimative Anti-Geburtstag. Sogar die Flaggen hängen auf Halbmast. In dem Jahr, als Dad uns verlassen hat, hab ich mir selbst einen Kuchen gebacken. Damals stand ich total auf Backen. Heute nicht mehr, aber Mom checkt das irgendwie nicht. Sie geht immer noch davon aus, dass ich mir selbst einen Geburtstagskuchen backe. Na ja, wen interessiert's? Dieses Wochenende backt Brian mir einen super Kuchen. Vielleicht sogar zwei.« Alexa riss sich ein Stück grüne Zahnseide ab. »Keine Ahnung, warum ich überhaupt davon anfange, aber mir ist klar, dass ich manchmal ziemlich arschig sein kann. Mein Geburtstag ist Mist, meine Eltern sind geschieden, und niemand interessiert sich wirklich für mich. Die Leute sehen immer nur meine Kummerkasten-Mom, meinen schwulen Dad und jetzt auch noch meine ›Schwester‹, die ›scharfe Neue‹. Was meinst du, wie viele Jungs aus meiner Stufe mich schon angebettelt haben, dich ihnen vorzustellen?« Wieder spuckte sie aus.

»Tut mir leid. Aber ich kapier das auch gar nicht. *Kiki* ist scharf. Ich bin ... unsichtbar.«

»Scharf geht schneller, als man denkt, Sofia, und im Moment bist du so ziemlich das Gegenteil von unsichtbar. Was übrigens nicht nur positiv ist. Ein paar von den Mädels finden dich eingebildet. Sie sagen, du tust so, als wärst du wer weiß was für ein Geschenk für uns arme Vorstädter, weil deine alte Schule voller Promikinder war.«

Was?! »Ich bin doch nicht eingebildet! Und auch nicht scharf.«

»Und meine Schwester erst recht nicht.« Alexa schnaubte.

Unsere Blicke trafen sich im Spiegel.

»Hab ich auch nie behauptet«, erwiderte ich tapfer, obwohl ich am liebsten schon wieder den Mund gehalten hätte.

»Ich meine ja nur, ich war halt vorher ein Einzelkind, aber nicht einsam oder so. Ich war eigentlich ziemlich zufrieden.«

»Ich auch. Auf Spanisch heißt es zum Beispiel gar nicht Einzelkind, sondern *hijo único*, und so hab ich mich auch gefühlt – einzigartig. Wenn meine Mom gefragt wurde, warum sie kein weiteres Kind bekommen hat, hat sie immer geantwortet: ›Wir haben eben schon beim ersten Mal alles richtig gemacht.‹« Tatsächlich wusste ich, dass meine Eltern es versucht hatten, aber Moms Erklärung gefiel mir trotzdem.«

»Tja, meine Mom musste sich nie rechtfertigen. Ein schwuler Ehemann, das spricht wohl für sich. Ich kann froh sein, dass ich überhaupt geboren wurde.«

Durch den Spiegel sah ich Alexa in die jeansblauen Augen. »Alles Gute zum Fast-Geburtstag.«

»Danke.« Sie öffnete das Medizinschränkchen, nahm eine Pinzette heraus und fing an, sich die Augenbrauen zu zupfen. »Und, *willst* du welche von den Jungs aus meiner Stufe kennenlernen?«

»Ich weiß nicht. Vielleicht. Aber, na ja, Sam –«

Sie schnitt mir das Wort ab. »Schon gut, vergiss es, okay?«

»Okay«, murmelte ich. Eine Sekunde lang hätte man fast meinen können, wir kämen miteinander klar.

»Ich sag dir was, ich stelle dich einfach mal zwei von denen vor, die keine Arschlöcher sind. Aber halt dich ja fern von Zack. Der ist sowieso mit Zoe zusammen, und glaub mir, Zack und Zoe haben einander echt verdient. Und noch ein guter Rat, kostet auch nichts: Wenn's dir mit einem Typen mal zu flott geht, sag einfach, du hättest deine Tage. Davor haben die alle einen Riesenschiss.«

»Gut zu wissen.« Ich tat mein Bestes, um mich nicht vor Scham zu winden. »Du, Alexa?«

»Ja?«

»Danke, dass du mich nicht hasst.«

»Wer behauptet denn, dass ich das nicht tue?« Sie ließ die Pinzette sinken und schenkte mir den winzigsten Hauch eines Lächelns. »Um ehrlich zu sein, ich frage mich manchmal selbst, warum ich dich nicht hasse. Ich meine, das mit Sam ist echt ein schlechter Witz, besonders, weil –« Sie unterbrach sich. »Egal, ich will nicht behaupten, dass es mir das Herz bricht oder so. Kann natürlich sein, dass mein Herz sowieso schon seit meiner Kindheit versteinert ist. Vielleicht hab ich an der Stelle ja nur noch 'nen Felsklumpen.« Sie warf mir einen Blick im Spiegel zu.»Sogar mein Name wurde mir geklaut:›Alexa, spiel was von den Lumineers. Alexa, leg Waschmittel in den Warenkorb.‹ Tut mir leid, vor meinem Geburtstag bin ich immer komisch drauf. Und siebzehn ist so ... *alt*.«

»Erstens«, fing ich an, »ist siebzehn nicht alt. Zweitens hast du wohl ein Herz. Und drittens hatte ich überhaupt nicht vor, mich in dein Leben zu drängen. Ich hab das alles auch nicht so bestellt.«

Sie zuckte mit den Schultern.»Ach, nächstes Mal, wenn ich zickig zu dir bin, betrachte es als Kompliment. So bin ich nämlich nur zu Leuten, in deren Gegenwart ich mich wohlfühle.«

»Zu meinem Dad warst du schon bei eurer ersten Begegnung zickig«, hörte ich mich zu meinem Erstaunen widersprechen.

Sie lachte.»Stimmt. Aber das war was anderes. Ich dachte, ich könnte ihn vielleicht noch verjagen.«

»Hat nicht geklappt.«

»Nein, so gar nicht.«

Pepper hüpfte in die Badewanne, kauerte sich unter den Wasserhahn und starrte mich erwartungsvoll an.

»Was macht dein Kater denn da?«

»Der will, dass ich das Wasser anstelle.«

»Nicht im Ernst.«

»Er hält sich für einen wilden Luchs oder so.« Ich drehte den Hahn auf, und Pepper schlug mit der Tatze nach dem Strahl, legte den Kopf schief und schlappte dann mit seiner flinken rosa Zunge drauflos. Alexa lachte, und Pepper wetzte erschrocken davon.

»Ein Byram-Hills-Luchs«, sagte sie.»Das ist unser Schulmaskottchen.«

Ich drehte den Hahn wieder zu.»Also dann: Gute Nacht. Lass dich nicht von den Bettwanzen beißen.«

»Gibt's diese ekligen Viecher nicht nur in der Stadt?«

»Bei uns zum Glück nie. Aber gut, dann lass dich halt nicht von den Hirschzecken beißen oder was ihr hier habt.«

»Keine Sorge.« Sie setzte sich in Bewegung und drehte sich dann noch mal um. »Du dich auch nicht.«

Ich lächelte. Das war so ziemlich das Netteste, was Alexa je zu mir gesagt hatte.

Kurz vor dem Schlafengehen kam mir eine Idee, also stellte ich mir den Wecker anderthalb Stunden früher als normal. Omelette surprise konnte ich zwar nicht, aber eine Backmischung bekam ich hin.

Am nächsten Morgen heizte ich den Ofen vor, verrührte Eier und Öl mit einer Schokokuchen-Backmischung und goss den Teig in zwei Springformen. Die fertig gebackenen Kuchen ließ ich abkühlen, dann setzte ich sie mithilfe eines Bechers Vanilleglasur, den ich in Kates Vorratsschrank gefunden hatte, aufeinander. Ta-da! Mit Schokosplittern schrieb ich noch *Herzlichen Glückwunsch* darauf und spießte siebzehn Kerzen, plus eine als Glücksbringer, hinein. Dann weckte ich Dad und Kate.

Zwei Minuten bevor Alexas Wecker klingelte, standen Dad, Kate und ich vor ihrem Zimmer. Wir zündeten die Kerzen an, klopften und marschierten singenderweise rein.

Zuerst wirkte Alexa schockiert, verwirrt, aber dann – ganz eindeutig – erfreut.

»Wow«, sagte sie und rieb sich die Augen. »Das ist ja mal süß.«

Oktober

Ich wünschte, ich hätte ihn nicht gesehen. Es wäre so viel besser gewesen, wenn ich ihn nicht gesehen hätte.

Langsam gewöhnte ich mich an meinen neuen Tagesablauf: Bus, Unterricht, Mittagessen, mehr Unterricht, Chorprobe. Mein Leben war endlich wieder einigermaßen im Lot. Ich war nicht mehr das Mädchen, dessen Mom gestorben war, oder die Neue, und das war völlig okay so, denn mir stand der Sinn weder nach Trauma noch Drama. Wenn jemand fragte: »Na, was läuft bei dir so?«, wollte ich einfach antworten: »Ach, nicht viel. Und bei dir?«

Aber ich hatte ihn nun mal gesehen. Im Badezimmermüll im Erdgeschoss. Ich hatte eine leere Flasche hineingeworfen und sie sofort schuldbewusst wieder rausgefischt – die kam ja ins Altglas. Und da war er: der Schwangerschaftstest. Ich hatte noch nie einen aus der Nähe gesehen, aber als Teenager und Gynäkologentochter wusste ich natürlich, was ich da vor mir hatte. Außerdem hatte der weiße Plastikstab ein Fensterchen, und selbst mein flüchtiger Blick ließ mich erkennen, was darin stand: SCHWANGER.

Dass Alexa keine Jungfrau mehr war, hatte ich mir ja schon gedacht. Aber *schwanger*?! Sie hatte doch nicht mal einen festen Freund, oder? Klar kannte sie jede Menge Jungs. Aber war irgendjemand darunter, mit dem es ernster sein könnte? Evan vielleicht. Ob Alexa und Evan wirklich schon miteinander geschlafen hatten? Mit wie vielen Typen war sie denn schon im Bett gewesen?

Zwei Tage zuvor hatten Sam und ich bei ihm zu Hause auf der Veranda gesessen und einen Schwarm wilder Truthähne beobachtet, die im Gras pickten. Ich fragte, ob er schon mal so viele auf einem Haufen gesehen habe, und er antwortete: »Einmal. Vor einem Jahr mit Alexa.« Ich hätte es dabei belassen sollen, aber ich beschloss, die Chance zu nutzen, um mehr über ihre Beziehung zu erfahren. Zuerst zierte er sich, aber ich drängelte, und schließlich sagte er: »Es ging alles so schnell.« Alexa habe auf einer Halloweenparty »ein paar Shots getrunken und ...«.

»Und?«

»Und ... Ach komm, Sofia, ein Gentleman behält so was für sich.«

»Sam, sag's mir. Du *musst* es mir sagen. Alexa hat dich doch wohl nicht zu irgendwas gezwungen, was du nicht wolltest, oder?« Hoffentlich hatte ich bloß eine zu lebhafte Fantasie, und außer einem Kuss war zwischen den beiden nichts gewesen.

»Nein, ich hab schon freiwillig mitgemacht«, gab er zu. »Aber sie hatte es irgendwie furchtbar eilig, und ich nicht.«

»Moment, ich verstehe nicht ganz –« Meine Stimme bebte. »Ihr beide habt echt ... Oh. Ihr ... Sam, ich muss das wissen.«

Er biss sich auf die Unterlippe.

»Tut mir leid«, fuhr ich fort, »ist halt komisch für mich, wenn andere Leute mehr darüber wissen als ich. Besonders Alexa! Und außerdem wolltest du doch, dass wir ehrlich miteinander sind.«

»Okay, vielleicht hätte ich damals Nein sagen sollen zu Alexa oder dich jetzt anlügen, aber da war eben dieses eine Mal –«

Tränen strömten mir übers Gesicht. Sam und Alexa zusammen – das war eine furchtbare Vorstellung. »Du hast recht. Ich will's gar nicht wissen. Ich wünschte, ich wüsste es nicht!«

»Also hätte ich es sowieso nicht richtig machen können. Bist du jetzt sauer?«

Ich nickte.

»Findest du das nicht ein bisschen unfair?«

»Doch«, quietschte ich jämmerlich.

»Sofia, ich will dir nicht wehtun, aber ich will auch nicht, dass wir Geheimnisse voreinander haben.«

Ich nickte wieder, und er strich mir übers Haar. »Hör mal, Alexa hat mich da zu schnell in etwas reingedrängt, und das will ich bei dir auf keinen Fall tun. Was nicht heißt, dass ich mir nichts erhoffe.«

»Ist das ist nicht eine doppelte Verneinung?«, murmelte ich.

»Dann eben so: Ich hoffe-hoffe, dass irgendwann-irgendwann in ferner-ferner-ferner Zukunft ...«

Ich versetzte ihm einen Schubs. Es war verrückt: Wie konnte ich wütend auf ihn sein und mich gleichzeitig so zu ihm hingezogen fühlen? Oh Mann, ich liebte ihn einfach! Das heißt ... nein, Quatsch! Oder? Liebte ich Sam? War das Wort *Liebe* nicht noch eine Nummer zu groß?

Die ganze Grübelei über Sam und Alexa und Sex und Liebe machte mich noch immer ganz benommen. Und jetzt stand ich da und starrte auf diesen Test, der mir SCHWANGER entgegenschrie. Sollte ich Alexa darauf ansprechen? Oder Kate? Sie würde doch sicher zu ihrer Tochter halten, egal was passierte?

Wenn ich mit Kate redete, fiel ich dann Alexa in den Rücken?

Aber wenn ich nichts sagte, wäre das nicht Verrat an Kate?

Am liebsten hätte ich den Test tiefer im Müll vergraben und so getan, als hätte ich nichts gesehen. Aber vielleicht sollte ich doch Alexa fragen. Schließlich redeten wir endlich miteinander. Wo war sie überhaupt? Auf jeden Fall nicht zu Hause. Spielte sie etwa *schwanger* Volleyball? Ich überlegte, ihr zu schreiben, aber nein, das ging auf keinen Fall.

Und wo war Kate? Ach ja, in New York, wo sie Vorträge hielt: *So kommst du durch die Pubertät* und *Vom kleinen Mädchen zur selbstbewussten jungen Frau* – begleiten Sie Ihre Tochter durch die kritischen Jahre. Sie war morgens ganz früh zum Bahnhof gefahren, bevor wir anderen auch nur auf gewesen waren.

Keine Alexa, keine Kate. Sollte ich Dad bei der Arbeit anrufen? Schließlich war er Experte auf diesem Gebiet. Aber irgendwie kam mir das auch nicht richtig vor.

Ich beschloss, nicht mehr weiter über den blöden Test nachzudenken und mich an meine Englisch-Hausaufgaben zu setzen. Wir lasen gerade *Die Glasmenagerie* und sollten eine Verteidigung der Tochter oder der Mutter aus Tennessee Williams' Drama schreiben. Ha, eine Kritik wäre leichter gewesen! Das heißt, klar könnte ich Laura irgendwie verteidigen, aber viel lieber würde ich sie dafür schütteln, dass sie sich dermaßen vor dem Leben fürchtete. Und die Mutter, Amanda Wingfield, wollte einfach nichts davon wahrhaben.

Furcht. Nicht-wahrhaben-Wollen. Ständig musste ich an das denken, woran ich jetzt auf keinen Fall denken *wollte*. Ich musste was unternehmen – also beschloss ich zu tun, was ich immer tat, wenn mich etwas quälte: eine Mail an Frag-Kate schreiben. Wie konnte ich Kate im Ungewissen lassen, die mich von Anfang an ernst genommen hatte und außerdem schließlich Spezialistin für »vermintes Teenie-Terrain« war, wie sie es bezeichnete.

Schon bei der Betreffzeile kam ich ins Schleudern. *DRINGEND!!!* wollte ich nicht schreiben, weil Kate sich schon mal beklagt hatte, dass das die Mädchen, die ihr schrieben, immer behaupteten, egal, ob gerade ihr Haus in Flammen stand oder ihr Schwarm ihnen keine Beachtung schenkte. Aber das hier war nun mal wirklich ein ernstes Problem.

Meine Finger setzten sich in Bewegung.

Betreff: Problem
Liebe Kate,
Alexa und ich verstehen uns ja in letzter Zeit besser, und das will ich nicht verderben, darum habe ich ein schlechtes Gewissen, dass ich dir schreibe, aber ein noch schlechteres hätte ich, wenn ich es nicht tun würde. Vielleicht weißt du ja schon längst Bescheid, aber ich habe es gerade erst herausgefunden. Also, die Sache ist: Alexa ist schwanger. Ich weiß nicht, im wievielten Monat oder von wem, aber ich bin zufällig über den Schwangerschaftstest gestolpert, und jetzt habe ich das Gefühl, es nicht für mich behalten zu dürfen. Ich hoffe, es ist in Ordnung, dass ich es dir erzähle. Um ehrlich zu sein, kommt es mir nicht so vor, als wäre es in Ordnung. Aber ich finde einfach, du darfst nicht die Letzte sein, die es erfährt, schon gar nicht bei deinem Job.
Alles Liebe,
Sofia

Vor dem Absenden zögerte ich – handelte ich gerade verantwortungsvoll oder wie eine Petze? Wie eine gute Tochter oder eine miese Schwester? Vielleicht sollte ich das Ganze doch lieber ein bisschen verfremden? Ich könnte zum Beispiel behaupten, Kiki bräuchte Hilfe bei ihrer Kolumne für die Schülerzeitung. Oder dass eine Freundin von der Halsey in Schwierigkeiten sei.

Ich wählte Kikis Nummer, doch sie ging nicht dran. Also schrieb ich: Ruf mal an! DRINGEND!!!

Mein Handy vibrierte: Kiki.

»Was ist? Ich warte auf die U-Bahn, also rede schnell und laut.«

»Alexa ist schwanger.«

»*Im Ernst?*«

»Sie hat einen Schwangerschaftstest gemacht. Ich hab ihn gesehen!«

»Warte mal, woher weißt du denn, dass das stimmt?«

»Da ist nicht bloß ein Punkt oder Strich oder Kreuz, die schreiben das aus. Da steht: *schwanger*.« Ich ging ins Bad, beugte mich über den Mülleimer und las es erneut. »Kiki, es ist definitiv so. Soll ich dir ein Foto schicken?«

»Nein, nein, bin auch ohne Bild voll im Bilde.«

»Was mache ich denn jetzt? Ich bin alleine zu Hause, und ich drehe gleich durch!«

»Du? Was meinst du denn, wie Alexa erst zumute sein muss?«

»Mit der hab ich noch nicht gesprochen. Ich hab das Ding ja gerade erst gefunden.«

»Und woher willst du wissen, dass der Test nicht von einer ihrer Freundinnen ist?«

»Weil ...« Tja, woher wollte ich das eigentlich wissen? Vielleicht war ja auch Amanda schwanger. Oder Mackenzie. Oder Nevada. Vielleicht hatte Alexa ja vergessen, dass ihre Mutter heute zu Terminen in New York musste, und eine Freundin mit nach Hause gebracht, die sich ihr hatte anvertrauen wollen. Nein, das sah Alexa nicht ähnlich. »Ich bin mir fast hundertprozentig sicher.«

»Dann rede erst mal mit ihr!«

»Aber sie ist doch nicht da! Und Kate auch nicht. Ich dachte, ich könnte ihr vielleicht mailen.«

»*Kate mailen? Hast du sie noch alle?!*«

Ich starrte auf die geöffnete E-Mail auf meinem Laptop. »Sie ist doch Expertin für so was und –«

»Sofia, wenn Alexa wirklich schwanger ist und du es ihrer Mom erzählst, verzeiht sie dir das nie. Punkt, aus. Meine Mom würde mich vor die Tür setzen. Ich dachte, ihr zwei versteht euch jetzt besser.«

»Ein bisschen, ja.«
»Dann versau es doch nicht gleich wieder! So, du wolltest meinen Rat, und das ist er. Übrigens erscheint im nächsten *Halsey Herald* meine erste Kolumne: *Fragt Kiki*.«
»Glückwunsch! Das ist echt super, aber –«
»Kein Aber. Schreib auf keinen Fall eine Mail an Kate, das ist mein Ernst – es sei denn, Alexa droht an, sich aus der Sündenmühle zu stürzen.«
»Kiki!«
»Red doch einfach erst mal mit ihr. Wetten, dass Kate das genauso sehen würde? Sie kann Petzen nicht ausstehen. In ihrer letzten Kolumne ging es um ein Mädchen, das immer auf dem Schulhof geraucht hat, und ein anderes hat es dem Direktor gesteckt. Jetzt ist die Raucherin suspendiert, aber alle sind sauer auf die Verräterin.«
Von irgendwoher kam ein Geräusch. »Okay, okay, ich schreibe die Mail nicht.« Dass ich längst einen fertigen Entwurf vor mir hatte, behielt ich lieber für mich.
»Gut, denn wenn du sie erst mal abgeschickt hast, dann war's das, dann bist du geliefert.«
»Okay.« Ich klickte auf »Löschen« und hörte den Lärm der heranrauschenden U-Bahn.
»Muss auflegen!«, schrie Kiki.
»Ich wünschte nur, Alexa wäre hier«, sagte ich – wahrscheinlich zum ersten Mal überhaupt. Doch die Verbindung war schon unterbrochen.

Alexa kam nach Hause. Die Haustür knallte zu, und ich hörte sie auf direktem Weg ins Bad wetzen, während ich noch überlegte, was ich sagen sollte.
Mit einem Mal jedoch kam sie durchs Haus gestapft, polterte die

Treppe hoch, immer zwei Stufen auf einmal, und stürmte zu mir ins Zimmer.

»*Sag mal, geht's noch?*«, brüllte sie mich an. Pepper floh unters Bett. »Und komm mir jetzt nicht wieder mit deiner Unschuldsnummer, *señorita*! Ich hab's nämlich satt, in dieser Möchtegern-Familie immer die Böse zu sein. Wenigstens bin ich so schlau zu verhüten! Und ja, jetzt schreie ich dich auch noch an, wo du's doch sowieso schon so schwer hast, aber verdammt, wie konntest du es denn so weit kommen lassen? Weiß meine Mom Bescheid? Wenn du dir dein Braves-Mädchen-Image nicht ruinieren willst, fahre ich dich meinetwegen zur Abtreibungsberatung, und das ist, wie ich finde, ein ziemlich großzügiges Angebot von mir.«

»Moment mal! Wie jetzt? Was?«

»Wenn ich gewusst hätte, dass du so naiv bist, hätte ich dir doch alles erklärt! Warum bist du denn nicht zu mir gekommen? Ich hab Kondome in meiner Schreibtischschublade. Überrascht mich, dass Sam nicht –«

»Halt, halt, halt«, unterbrach ich sie mit erhobener Hand. »Ich dachte, *du* bist schwanger!«

»Ich? Bist du wahnsinnig? Vielleicht bin ich nicht gerade die Jungfrau Maria, aber ein Volltrottel bin ich auch nicht. Meine Mom hat mich schon mit elf die Sex-Kapitel für die Neuauflage vom *Handbuch für Mädchen* Korrektur lesen lassen.«

»Wer ist es denn dann? Amanda?«

»Amanda?« Alexa starrte mich an, als hätte ich zwei Köpfe. »Warum denn Amanda? Die ist – oh Gott.«

»Was?«

»Oh Gott!«

»Was??«

»*Ohgottohgottohgott!*«

»*Was?*«

»Es ist Mom!«, stieß Alexa hervor.

»*Deine* Mom?«

»Na, deine wohl eher nicht!« Sie sah mich an. »Ach, Mist, sorry.« Sie setzte sich auf mein Bett. »Ja. Meine Mom. Kate.«

»Aber wie denn –«

»Wie so was halt geht. Ich würde behaupten, dein Dad hat was damit zu tun.« Sie schüttelte den Kopf. »Aber das ergibt doch keinen Sinn. Dein Dad ist Gynäkologe, und meine Mom macht am laufenden Band Witze über das Thema – dass es manchmal ›wie versext‹ zugehen kann, wenn es ›im Bett zu nett‹ wird und man kein ›Bumsdings‹ überzieht. Sie hält sich für so witzig.«

Das Telefon klingelte. Es lag nicht auf seiner Station in der Diele, also machten Alexa und ich uns auf die Suche. Irgendwann fand sie es unter ihrem Kopfkissen und hielt es hoch. »Das ist Mom. Willst du mit ihr reden?«

»Nein. Ich wüsste gar nicht, was ich sagen soll.«

Das Telefon klingelte weiter. »Ich auch nicht.«

Kates körperlose Stimme drang durchs Haus. »*Hallo, Leider sind Sie nur mit unserem AB, unserem Anruf-Befrager, verbunden, der drei Fragen an Sie hat: Wer sind Sie, was möchten Sie, und wie können wir Sie erreichen?*«

»Willst du nicht drangehen?«, fragte ich.

»Nö.«

»*Damit wir unseren Service stets für Sie verbessern können, wird Ihr Anruf aufgezeichnet*«, schloss Kates fröhliche Stimme. Ein Piepton, dann Kates normale Stimme: »Mädels, seid ihr da? Geht mal ran! Alexa? Sofia? Na, vielleicht seid ihr euch ja was zu essen holen. Also, Gregg und ich gehen jetzt bei Gennaro's essen, das heißt, wir kommen erst spät heim. Aber wir möchten schon mal für morgen Abend um halb sieben einen kleinen Familienrat einberufen. In Ordnung? Okay, bis nachher dann – oder bis morgen.«

»Was machen wir jetzt?«, fragte ich.

»Ich muss Physik lernen, wir schreiben morgen einen Test.«

»Ich backe uns ein Kartoffel-Omelett.«

»Alles klar, dann mache ich Salat dazu und schreibe kurz Mom, damit sie beruhigt ist. Ich sage einfach, wir wären eine Runde um den See gegangen und hätten das Herbstlaub bewundert.«

»Gute Idee.«

»Ich würde sie ja zurückrufen, aber dann müsste ich mit ihr reden.« Alexa folgte mir in die Küche.

Ich legte eine Zwiebel auf das Schneidebrett. »Jetzt kapiere ich auch, warum sie in letzter Zeit so müde wirkt. Gestern hat sie in der Hängematte gelegen und geschlafen. Das hab ich noch nie bei ihr erlebt, nicht mal im Sommer.«

»Und mir hat sie erzählt, sie hat Rückenschmerzen«, sagte Alexa. »Sie hat sogar vorgeschlagen, dass wir uns weichere Kissen für die Küchenstühle besorgen. Ich hab nur gesagt ›Von mir aus‹ und nicht weiter darüber nachgedacht.«

Meine Augen wurden feucht. »Liegt an den Zwiebeln, nicht der Neuigkeit«, sagte ich, obwohl Letztere mich ganz schön aus der Bahn geworfen hatte. Jedes Mal, wenn es kurz so schien, als würde ich mich endlich zurechtfinden, war es, als hätte jemand heimlich die Wegweiser ausgetauscht.

»Am liebsten würde ich den beiden mal ordentlich den Kopf waschen«, sagte Alexa. »Sie richtig anschreien: ›Ihr seid zu alt für so einen Fehler!‹«

»Was, wenn es gar kein Fehler war?«

Regentropfen klopften ans Fenster.

»Fang ja nicht so an!« Alexa kippte den Baby-Romanasalat, den sie nun schon zum dritten Mal gewaschen hatte, in eine Schüssel und fügte zerkrümelten Feta, Walnüsse und Cranberries hinzu. »Ich kann mir nicht vorstellen, dass meine Mom mit Absicht schwanger geworden ist.«

»Schon klar, aber hättest du dir vor einem Jahr vorstellen können, dass wir zusammen Abendessen machen? Oder einen Familienrat abhalten?«

In der Ferne donnerte es, und die Bäume rauschten im Wind.

Alexa stützte sich auf die Kücheninsel, als wäre sie dort gestrandet. Gab es wohl so was wie eine Midteen-Crisis? Und wenn ja, hatten wir dann beide eine?

In der Nacht brach der Sturm jede Menge Äste von den Gleditschien ab und verteilte sie überall im Garten. Nach der Schule sammelte ich sie auf und schleppte sie zum Waldrand am anderen Ende des Baseballfelds. Es tat gut, wenigstens *ein* Chaos zu beseitigen. Außerdem lenkte mich die Arbeit von dem Chaos mit Dad und Kate ab.

Ich war so vertieft, dass ich gar nicht merkte, wie Dad auf die Veranda trat. »Schön aufpassen«, mahnte er.

Aufpassen? Warum hatte er diesen Rat denn nicht selbst beherzigt?

»Ich weiß, was ich tue«, antwortete ich.

»Ist irgendwas?«

»Ich hab den Kram hier gesehen, und jetzt räume ich ihn weg.« Was ich *gestern* gesehen hatte, erwähnte ich nicht.

Dad kam in den Garten und half mir mit den schwersten Ästen. »In letzter Zeit musste ich viel an Mom denken«, sagte er. »Vor fünfzehn Jahren um diese Zeit, da hat sie so ausgesehen.« Er deutete mit einer Hand einen kugelrunden Bauch an. »Sie hat die Schwangerschaft so genossen.«

Früher hatte ich die Sofia-Story geliebt. Meine Eltern hatten viel Geduld gebraucht, bis es endlich geklappt hatte, und meine Mom hatte ihren Schülerinnen immer erzählt, dass »schwanger« auf Spanisch *embarazada* hieß, nicht zu verwechseln mit *embarazoso*, was »peinlich« bedeutete. Mom war die Schwangerschaft alles andere als peinlich gewesen – sie hatte gestrahlt vor Stolz.

»Als du geboren wurdest«, sagte Dad, »war deine Mom überglücklich. Wir haben dich überallhin mitgenommen und furchtbar verwöhnt.«

»Gar nicht furchtbar«, erwiderte ich, und er wusste, er hatte mich am Haken.

»Nein, stimmt. Ich hab dich immer huckepack zum Nilpferd-Spielplatz getragen und deine kleinen Füßchen in den Sandalen festgehalten. Ich erinnere mich noch an unsere allererste Unterhaltung.«

Er wusste, dass ich von diesen Geschichten nicht genug bekommen konnte. Und ich wusste, es hatte seinen Grund, dass er sie jetzt erzählte.

»Du saßt auf meinem Rücken«, fuhr Dad fort, »und ich hab gefragt: ›Wie macht der Hund?‹«

»Und ich hab geantwortet: ›Wau, wau.‹« Wie konnte ich Dad da weiter böse sein? Mann, war das unfair.

»Und dann hab ich gefragt: ›Wie macht das Schaf?‹«

»Und ich hab geantwortet: ›Mäh.‹« Ich war so durcheinander; ich war vierzehn und gleichzeitig zwei.

»Hör mal, Schätzchen«, sagte Dad jetzt in ernsterem Tonfall. »Mom hätte dich mittlerweile wahrscheinlich mal beiseitegenommen und mit dir über Verhütung –«

»Dad! Das haben wir alles längst in Bio durchgenommen!«

»Zu mir in die Praxis kommen einfach so viele Frauen, die ganz

unverhofft guter Hoffnung sind, darum sollst du wissen, dass du jederzeit zu mir kommen kannst, wenn du eine Frage hast, oder, äh ... in der Zukunft auch, hm ... irgendwas brauchst –«
»Dad! Nicht nötig!« Warum wurden mir eigentlich andauernd Kondome angeboten?
»Gut. Gut.« Er wischte sich die Hände an der Hose ab. »Meine Eltern haben mir früher nie irgendwas erklärt. Und als ich dann auf der Highschool war, hat der Vater meiner Freundin mich immer so misstrauisch beäugt, als wäre ich nur auf das Eine aus, was ich ziemlich daneben fand. Du weißt ja, dass manche Jungen –«
»Bitte, Dad, das reicht!«
»Okay. Sam scheint jedenfalls ein netter Kerl zu sein ...«
Ich warf meinen Armvoll Zweige zu Boden und stapfte ins Haus.
»Aber wehe, er bricht dir das Herz!«, rief Dad mir hinterher.

»Bereit für die Stunde der Wahrheit?« Alexa ließ sich auf mein Bett plumpsen.
»Schätze schon.«
Ihr Blick fiel auf meinen *Fänger im Roggen*, und sie schimpfte: »Äh! Diesen Holden fand ich echt zum Kotzen. So ein weinerliches, reiches Weichei. Der hätte sich einfach was gegen seine Depressionen verschreiben lassen sollen und fertig!«
»Ich mochte ihn ganz gern«, erwiderte ich. »Immerhin ist sein kleiner Bruder gestorben, da darf man ruhig mal ein Weilchen durch den Wind sein.«
Alexa dachte darüber nach, und mir kam der Gedanke, dass eigentlich Kate so was wie ein Fänger im Roggen war. Ihre Aufgabe bestand darin, am Rand einer steilen Klippe zu stehen und die Jugend davor zu bewahren, in den Abgrund zu stürzen.
»Ich war noch nie bei einem Familienrat«, sagte ich.

»Ich auch nicht.« Alexa betrachtete das Foto von Kiki, ihr und mir mitten im Sprung. »Es sei denn, man zählt das eine Mal mit, als ich elf war. Da haben sich Mom und Dad beim Frühstück neben mich gesetzt und mir erklärt, Daddy hätte mich furchtbar lieb, aber er würde ab sofort nicht mehr bei uns wohnen.«

Ich bekam Mitleid mit der kleinen Alexa. »Und was hast du da gesagt?«

»Ich hab nur in meine Schüssel gestarrt. Früher habe ich meine Froot Loops immer in einer bestimmten Reihenfolge gegessen, zuerst Lila, dann Grün, dann Orange. Ich war echt ein bisschen neurotisch in der Hinsicht. Jedenfalls hat Mom die ganze Zeit betont gut gelaunt irgendwas von Daddy und seinem neuen Freund gefaselt, und ich hab überhaupt nichts kapiert. Ich wollte doch nur, dass Mommy und Daddy weiter Mommy und Daddy sind. Mein Dad hat kaum ein Wort gesagt, und meine Milch wurde immer grauer und die Froot Loops immer matschiger, und am Ende hab ich alles weggekippt. Ziemlich blöde Geschichte, was?

»Nein, finde ich nicht.«

Kate und Dad erwarteten uns im Wohnzimmer. Sie saßen auf dem Sofa am Kamin, und die Katzen hatten sich links und rechts von ihnen postiert wie Sphinxe.

»Sieht ja gemütlich aus«, befand Alexa. »Sollen wir Marshmallows rösten?«

»Nicht vor dem Abendessen«, erwiderte Kate. »Hört mal, wir müssen euch was sagen.«

Ich setzte mich, Alexa blieb stehen.

»Wir könnten es auch für uns behalten, aber wir sind der Meinung, ehrlich währt am längsten, und außerdem seid ihr zwei ja schon groß.«

»Schon groß?« Alexa grinste.

»Ich komme einfach direkt zum Thema. In letzter Zeit tat mir ständig alles weh, und ich habe mich so träge gefühlt. Zuerst dachte ich, es ginge schon mit den Wechseljahren los. Aber gestern habe ich, nur um diese Möglichkeit ausschließen zu können, einen Schwangerschaftstest gemacht –«

»Mom«, unterbrach Alexa sie. »Wahrscheinlich müssten wir jetzt totaaaal schockiert tun. Aber ich kann nun mal für keine fünf Cent schauspielern, darum kannst du dir die Ansprache auch gleich sparen. Na ja, obwohl wir wirklich ziemlich schockiert waren. Stimmt's, Sofia?«

Ich warf ihr einen Blick zu, der besagte: *Lass mich da raus.*

»Wenn ihr's genau wissen wollt«, erklärte Alexa: »Sofia hat das Plastikding zuerst entdeckt, und dann ich, weswegen wir uns gestern Abend, während ihr wahrscheinlich gerade euer Meeresfrüchte-Risotto genossen habt, erst mal gegenseitig als Megaschlampen beschimpft haben. Kein Scherz, ihr habt eine Riesenshow verpasst. Wir zwei könnten Voreilige-Schlüsse-Ziehen zur olympischen Disziplin machen.«

»Oje, das ist ja schrecklich!«, rief Kate bestürzt. »Ich hätte den Test tiefer im Müll vergraben sollen. Aber ich war so perplex, und dann musste ich mich beeilen, um den Zug zu kriegen, damit ich meine Vorträge über ... verantwortungsvolle Elternschaft halten konnte!«

Beide Katzen starrten sie an.

»Katie ist in der neunten Woche«, erklärte Dad. »Sie ist gestern zu mir in die Praxis gekommen, und wir haben ein Ultraschallbild gemacht.«

Mir fiel Kikis Blödelei über die gynäkologische Rundumbetreuung wieder ein, die Dads neue Freundin genießen würde.

»Und übrigens«, schaltete Kate sich wieder ein, »ist es nicht so, als hätten wir nicht aufgepasst. Ihr wisst ja, Verhütung ist nie hundertprozentig sicher –«

»Mom, aufhören bitte! So genau wollen wir's gar nicht wissen!«

Ich saß so angespannt da wie manchmal in der Schule, wenn ich etwas sagen wollte, mich aber noch nicht ganz überwunden hatte, die Hand zu heben.

»Aber bist du nicht viel zu alt für ein Baby?«, fragte Alexa. »Also, du lässt es doch wegmachen, oder?«

Mein Unterkiefer klappte runter. Irgendwie hatte ich noch gar nicht darüber nachgedacht, wie es jetzt weitergehen würde. Kate war schwanger – weiter war ich noch nicht gekommen.

Als ich Dad anblickte, entdeckte ich in seinem Gesicht eine Traurigkeit, die ich monatelang nicht mehr gesehen hatte.

Alexa ließ nicht locker. »Gregg, kümmerst du dich darum?«

»Wir haben darüber gesprochen und erst mal für nächste Woche einen Termin gemacht«, sagte Kate leise. »Aber –«

»Warum wartet ihr denn überhaupt noch?«

Dad wandte sich ihr zu und sagte streng: »Weil man es sich nach einem Schwangerschaftsabbruch nicht mehr anders überlegen kann. Teenager haben immer nur Angst vor der Reaktion ihrer Eltern. Aber Erwachsene wissen, dass wesentlich mehr auf dem Spiel steht.«

Ich erinnerte mich daran, wie Dad und Mom mich immer ihr *milagro*, ihr kleines Wunder, genannt hatten.

»Wir waren uns nicht mal sicher, ob wir es euch sagen sollen –«, fing Kate an.

»Tja, wir haben es ja sowieso selbst rausgefunden«, entgegnete Alexa.

Kate seufzte. »Manchmal endet ein Leben zur falschen Zeit, und manchmal beginnt es zur falschen. Ich wäre euch jedenfalls sehr dankbar, wenn ihr niemandem davon erzählt. Wir behalten das alle für uns, ja?«

»Aber ich muss für die Schule was über einen Aspekt der Sozialpolitik schreiben, der mich persönlich betrifft, und da würde das doch super passen. Ich meine ja nur, so viele Leute sind rein theoretisch für das Recht auf Abtreibung, aber kaum jemand gibt mal zu –«

»Nein!«, rief Kate. »Du schreibst *nicht* über mich, schon gar nicht für diesen verknöcherten alten Mr Bagwell. Den hatte ich selbst schon in der Schule, weißt du nicht mehr?«

Coco und Pepper sprangen vom Sofa und flüchteten.

»Ist ja gut, ist ja gut, sorry!«, sagte Alexa beleidigt. »Haken wir das Thema einfach ab. Ende der Geschichte.«

Kate massierte sich das Kreuz und stand auf. »Na ja, zumindest Ende des Familienrats.«

Das Abendessen verlief mehr als krampfig, und danach verzogen sich Dad und Kate sofort nach oben. Alexa und ich spülten ab.

»'tschuldige, wenn dir das eben unangenehm war.« Während sie mir eine Schüssel zum Abtrocknen reichte, musste ich an all die Male zuvor denken, bei denen sie es genau darauf angelegt hatte. »Aber du verstehst das nicht, Sofia. Für deinen Dad ist meine Mom jung. Für jemanden mit dem *Beruf* deines Dads ist sie aber uralt. Was ist, wenn sie ein krankes Kind bekommen?«

»Dann würden sie es ganz besonders lieb haben?«

Alexa verdrehte die Augen. »Ach, komm!«

»Würden sie ganz bestimmt! Außerdem kann mein Dad das alles durch Tests feststellen. Viele ältere Paare bekommen ganz gesunde Kinder.«

»Aber viele eben auch nicht. Meine Mom ist sechsundvierzig! Das ist kein gutes Alter für eine Schwangerschaft.«

Die Schüssel rutschte mir aus der Hand und zersplitterte auf dem Boden.

Alexa holte Handfeger und Kehrblech. »Macht nichts, die war sowieso schon angeschlagen. Aber meine Mom muss die Sache wirklich so schnell wie möglich hinter sich bringen, ohne dass jemand davon erfährt. Erst recht mit Blick auf ihren Job. Wahrscheinlich ist ihr das Ganze auch noch total peinlich.«

Embarazoso, dass sie *embarazada* war.

»Dass das mit dem Kinderkriegen auch immer so ein Glücksspiel sein muss«, sinnierte Alexa weiter. »Mutter Natur kann supergroßzügig sein oder ein totales Arschloch. Und ich hätte sowieso nicht drüber geschrieben oder es irgendwem weitererzählt. Als das mit meinem Dad rauskam, wurde monatelang über mich getratscht, das brauche ich echt nicht noch mal. Selbst nachdem ich mich damit arrangiert hatte, fand ich es immer blöd, wenn jemand mich als Musterbeispiel für ein Kind mit schwulen Vätern ranziehen wollte. Also tu mir den Gefallen und sag Sam oder Kiki nichts davon, oder dieser einen, mit der du jetzt öfter rumrennst – Grace? Die mit den komischen Klamotten.«

»Gracie«, korrigierte ich. Was ich nicht erwähnte, war, dass sie davon träumte, Modedesign zu studieren.

»Von mir aus. Ich meine ja nur, dass es Moms Geheimnis ist.«

»Okay.«

»Im Ernst.« Sie sah mich eindringlich an. »Schwör es.«

»Ich schwöre.«

»Gut.« Alexa wischte über den Herd und sagte dann: »Wo wir gerade von Sam reden, hat er dir irgendwas über mich erzählt?«

»Ähm, dass ihr zusammen im Schwimmverein wart.«

»Das waren noch Zeiten! Die gegnerischen Schwimmer haben nicht wie wir im See, sondern alle nur im Schwimmbad trainiert, und wenn Wettkämpfe im Windmill Club stattfanden, habe ich sie immer gewarnt: ›Nehmt euch vor den Schnappschildkröten in Acht!‹, nur um sie aus dem Konzept zu bringen. Hat super funktioniert!« Sie lachte. »Aber das meinte ich nicht. Also, du weißt doch, dass wir zwei –?«

»Ja, weiß ich.« Ich atmete tief durch.

»Ich wollte nur sagen, dass Sam ein echt lieber Kerl ist. Ich mag ihn sehr – aber nicht *so*, keine Sorge, kannst ihn ruhig behalten. Für mich ist er eh zu jung.«

Ich räumte weiter Töpfe und Pfannen weg. Kam da noch mehr? Sonst war es doch immer sie gewesen, die diesem Gespräch ausgewichen war.

»Eins würde ich aber gern noch dazu sagen.«

»Dann raus damit!«

»Tja, ich weiß nicht, ob dir das hilft, aber dass aus unserer Freundschaft mehr wurde, ging von mir aus. Nicht, dass Sam was dagegen gehabt hätte. Aber rückblickend war ich damals wohl noch ziemlich fertig wegen der Sache mit meinen Eltern und musste irgendwie sichergehen, dass die Jungs, die ich mochte, auch wirklich auf Mädchen standen, verstehst du?« Ich sagte nichts. »Darum hab ich Sam vielleicht ein bisschen zu stark unter Druck gesetzt. Und noch ein paar andere Typen, allerdings nicht so viele, wie manche denken. Ich bin keine Stadtmatratze.«

»Ich weiß.«

»Das wollte ich dir nur sagen.«

»Was ist denn mit Evan?«

»Was soll mit dem sein? Ich mag ihn.« Sie putzte die Arbeitsplatte. »Er hört gern Indie, sammelt Platten und überrascht mich ständig mit dem, was er sagt. Und er schafft es, mich zur Ruhe zu bringen, was allein schon eine ziemliche Leistung ist.«

»Dann nichts wie ran an den Mann«, sagte ich, »aber nimm die Sache ernst.«

»Mal sehen.« Alexa hängte das Geschirrtuch weg. »Hey«, sagte sie dann, als wäre ihr das gerade erst eingefallen. »Amanda feiert morgen eine Halloweenparty. Sie meinte, wenn du willst, kannst du auch kommen.«

»Und, wer war's?«, fragte Kiki am Telefon. »Alexa? Amanda? Montana?«

»Keine davon. Und sie heißt *Nevada*, nicht Montana.« Ich wechselte das Thema. »Kiki, was machst du eigentlich an Halloween?«

»Hab mich noch nicht entschieden. Du?«

»Ich gehe mit Alexa auf eine Party bei Amanda.«

»Amanda? Ist die nicht schon in der Zwölften?«

»Ja. Aber ohne dich ist das kein richtiges Halloween!«, jammerte ich.

Kiki und ich hatten uns früher immer gemeinsam verkleidet, den Aufzug ins oberste Stockwerk des Halsey Towers genommen und uns von dort von Tür zu Tür nach unten vorgearbeitet.

»Weißt du noch, ich als Wolf im Schafspelz – das hat niemand kapiert! Die dachten alle, ich wäre ein stinknormales Schaf.«

Kiki lachte. »Ich weiß jedenfalls noch, wie du als riesige Eistüte gegangen bist.«

»Die haben Mom und ich aus einem Strandball und Pappmaschee gebastelt.« Mom hatte Halloween geliebt. Das gab es in Spanien nicht.

»Ich kann es echt nicht fassen, dass ich diesmal noch kein Kostüm habe«, sagte Kiki.

»Dad hat uns heute Morgen erst mal einen Vortrag darüber gehalten, wie daneben er es findet, wenn Jungs als lüsterne Ärzte und Mädchen als sexy Krankenschwestern gehen.«

»Hey, das ist es! *Ich* könnte doch als sexy Krankenschwester gehen – sexy Oberschwester: SOS!«

Ich lachte. »Hier draußen ist es egal, wie toll das Kostüm ist, man muss eh einen Mantel drüberziehen, wenn man sich nicht den Hintern abfrieren will. Und wie viele Häuser kann man überhaupt an einem Abend abklappern?«

»Dann komm doch in die Stadt! Wir gehen beide als SOS, und dein Dad erfährt nichts davon.«

»Vielleicht nächstes Jahr – wenn wir dann nicht sowieso zu alt zum Süßigkeitensammeln sind.«

»Nimm das sofort zurück!«, protestierte Kiki.

»Schon passiert.«

»Hey, du musst auf jeden Fall zu unserer Musicalaufführung kommen. Madison spielt wieder mit.«

»Vielleicht. Mal sehen.«

»Beziehungsweise: Vergiss Madison – komm doch einfach am Sonntag, damit *wir* uns mal wieder sehen.«

»Okay«, stimmte ich zu, was mich selbst überraschte.

»Wir könnten ins MoMA. Ich hab Schülertickets.«

»Super«, sagte ich voller Vorfreude.

»Drei! Zwei! Eins!« Alexa warf den Basketball von der Ecke der Einfahrt aus, und er ging sauber durchs Netz. »Ach so, Amanda meinte übrigens, du kannst ruhig Sam zu der Party mitbringen. Ihr seid doch noch zusammen, oder?«

»Ja.« Interessante Frage. Ich hatte diese Woche kaum mit Sam geredet, dafür hatten wir einander geschrieben. Um ehrlich zu sein, ging ich ihm ein bisschen aus dem Weg. Seine letzten Anrufe und Nachrichten hatte ich nicht mal mehr beantwortet, aus Angst, der Versuchung nachzugeben und ihm alles zu erzählen.

Alexa ließ den Ball einmal aufspringen. »Gut, ich hab nämlich den Verdacht, dass diese nervige Tiffany aus der Zehnten was von ihm will. Sie hat heute Mittag in der Cafeteria neben ihm gesessen.«

»Danke für die Warnung.« *Tiffany? Die mit dem langen Pony und der großen Oberweite?*

»Die kennst du doch, oder? Solche Monstermelonen und hängt dauernd mit dieser Suzy rum, die sich aber *Sioux-Z* schreibt.« Alexa warf noch einen Korb. »Und, als was gehst du heute Abend?«

»Ich weiß noch gar nicht.« Ich wollte nicht zugeben, dass ich froh war, seit einiger Zeit endlich ich selbst sein zu können.

»Ich hab noch ein paar Kostüme: Höhlenfrau, Zimmermädchen, Hexe – richtig mit Warzen zum Aufkleben ...«

»Ich will keine Warzenhexe sein!«

»Komm doch erst mal gucken.« Alexa klemmte sich den Ball unter den Arm und nahm mich mit in ihr Zimmer, zum ersten Mal. Als sie in Kanada war, hatte ich dort ein bisschen herumgeschnüffelt und ihre Sporttrophäen bewundert, die Poster (eins von den Knicks, eins von den Stones, der *Schrei* von Munch) und ein Foto von Sam und ihr auf dem letzten Winter-Ball. Aber offiziell reingebeten hatte sie mich noch nie.

Das Foto vom Ball war verschwunden, und Alexa hatte neue Poster von Indie-Bands aufgehängt. Ihre Pinnwand war voller ausgeschnittener Zeitungsartikel über Sportereignisse und Glückskeksweissagungen: *Du wirst neue Erfahrungen machen, Die Zeit ist reif für neue Freunde* und *Wer viel gibt, bekommt auch viel zurück.* Alexa hatte hinter jede davon *im Bett* gekritzelt.

Sie sah, wie ich den dicken College-Guide auf ihrem Schreibtisch beäugte. »Momentan stehen Oberlin, Carleton und Occidental ganz oben auf meiner Liste«, erklärte sie. »Hauptsache, nichts in der Nähe. Wenn Mom erfährt, dass ich mich auch in St. Andrews in

Schottland beworben habe, fällt sie wahrscheinlich tot um.« Sie warf mir einen Blick zu. »Ach, sorry! Ich meinte natürlich, dann flippt sie aus, dreht am Rad, rastet aus.«

»Schon gut«, sagte ich, erstaunt über ihre plötzliche Feinfühligkeit. Auch Kiki rutschten manchmal Sachen raus wie »Ich könnte meine Mutter umbringen!«, und dann entschuldigte sie sich hastig. Aber von Alexa hätte ich nicht erwartet, dass sie solche Rücksicht auf mich nehmen würde.

Sie griff in ihren Schrank und förderte einen Karton mit Kostümen zutage.

Eine Verkleidungskiste? Ha! Wer hätte das gedacht? Das musste ich Kiki erzählen.

Alexa wühlte ein wenig darin herum und verkündete schließlich: »Ich bin ein Genie! Du kannst als Dorothy aus *Der Zauberer von Oz* gehen – in sexy natürlich!« Sie reichte mir ein blau-weiß kariertes Kleid, eine weiße Bluse mit Puffärmeln, rote Schuhe und blaue Haarschleifen.

Ich probierte das Outfit an und begutachtete mich in Alexas Spiegel. Gar nicht übel. Aber was mir am besten gefiel, war, wie Alexa und ich zusammen im Spiegel aussahen – okay, vielleicht nicht wie Schwestern, aber auch nicht wie Erzfeindinnen.

Irgendwann schrieb ich Sam doch zurück und schlug vor, uns bei Amanda zu treffen. Als wir dort ankamen, lief laute Musik und der Fußboden klebte. Etwa vierzig Leute waren da, die meisten aus der Elften und Zwölften. Anfangs saßen Sam und ich mit Alexa und Evan zusammen, beziehungsweise Dorothy und ein Pirat (mit Augenklappe) mit einer Teufelin und John Lennon. (Evan trug eine Pilzkopf-Perücke, eine Nickelbrille und ein Peace-Zeichen um den Hals.)

Amanda begrüßte mich mit: »Guck mal, Sofia, ich hab spanisches Essen gemacht!«, und deutete auf einen Topf Chili und eine Schale Guacamole. Ich wies sie nicht darauf hin, dass mexikanisches nicht gleich spanisches Essen war.

Da man sich bei dem Lärm sowieso schlecht unterhalten konnte, tanzten Sam und ich. Doch kaum dass ich meine Hände auf seine Schultern legte, platzte eine Naht an meinem Karokleid. Hektisch entschuldigte ich mich bei Alexa, aber die rief nur: »Mach dir keinen Kopf. Ist ja nicht so, als hätte ich das noch mal anziehen wollen.«

»Außerdem ist das irgendwie heiß«, bemerkte Sam. »Jetzt siehst du aus wie Dorothy *nach* dem Tornado.«

Er zog mich den Flur hinunter zu Amandas Zimmer. »Können wir mal reden?«, bat er. »Ich hab dich diese Woche so oft angerufen und dir geschrieben. Hattest du dein Handy verloren oder so?«

»Nein, ich ...« Wir setzten uns auf Amandas Bett, und ich bemühte mich, nicht daran zu denken, was Sam und Alexa vor genau einem Jahr auf dieser Halloweenparty getrieben hatten. Außerdem ärgerte ich mich über meinen Schwur, die Angelegenheit mit Kate für mich zu behalten. Ich hatte so die Befürchtung, dass alles ans Licht kommen würde, wenn ich jetzt Sam gegenübersaß.

»Du hast mir gefehlt«, sagte er.

»Können wir nicht einfach ein bisschen knutschen?«, fragte ich.

Sam musterte mich mit einem Blick, den ich noch nicht an ihm kannte. »Was ist los, Sofia?«

»Ich ... ich weiß nicht.« Ich legte die Arme um ihn und küsste ihn in der Hoffnung, dass uns das einander wieder näherbringen würde, aber er machte sich los und sagte: »Du verschweigst mir doch irgendwas. Hatten uns nicht darauf geeinigt, keine Geheimnisse mehr voreinander zu haben?«

In dem Moment kam Alexa ins Zimmer gestürmt.

»Ups!«, machte sie, obwohl ich bezweifelte, dass es ein Versehen war.»Ich wollte bloß mein Handy holen, das hatte ich hier aufgeladen.« Sie klaubte es von Amandas Schreibtisch und warf mir noch einen warnenden Blick zu, bevor sie wieder verschwand.

»Sofia«, sagte Sam, sobald Alexa außer Hörweite war. »Du benimmst dich gerade ein bisschen wie sie. Und ich kapiere nicht, warum.«

»Tut mir leid.«

Er wartete darauf, dass ich weiterredete, aber das tat ich nicht.

Schließlich sagte er: »Tja, mir auch.« Es klang gleichermaßen enttäuscht und entnervt.

»Lass uns einfach tanzen, okay?«, bat ich.

»Nein, nicht okay. So funktioniert das nicht.«

Ich war hin- und hergerissen zwischen schweigen und alles gestehen.

Sam stand auf. »Ich dachte einfach, das zwischen dir und mir wäre anders.«

Dachte?

»Sam, warte mal! Ist es doch auch!«, rief ich, aber er drehte sich nicht um, und dann war es zu spät. Er war schon wieder mitten im Getümmel, auf der klebrigen Tanzfläche, wo Tiffany und Suzy – nein, *Sioux-Z* – in ihren Vampirkostümen auf ihn zutrabten und ihn mit sich zogen.

Und mit einem Mal war ich allein.

Allein unter so vielen Leuten.

Wo war Alexa? Ach da, auf Evans Schoß, flankiert von zwei Mädchen aus ihrer Volleyballmannschaft, die beide als Batgirl verkleidet waren. Zack und Zoe waren als Stecker und Steckdose gekommen, was ich ein bisschen ekelig fand.

Nevada erspähte mich. »Alles okay mit dir?« Ich bemühte mich, halbwegs normal zu wirken, und sie drückte mir ein Bier in die Hand.

Zuerst wollte ich *Nein, danke* sagen, aber dann behielt ich es doch. Es war kalt und bitter. Was fanden bloß immer alle an Bier? Ich trank noch einen Schluck, und mir wurde ein bisschen schwummrig. Ein Mädchen rannte an mir vorbei nach draußen und ... übergab sich?

Eine Weile stand ich einfach da, mit meiner Dose Bier in der Hand, und fühlte mich uncool und leicht beduselt. Ich wünschte, ich wäre in New York und könnte mit Kiki von Tür zu Tür ziehen. Dann wurde mir klar, dass auch Kiki mittlerweile auf die Highschool ging und vielleicht eher auf einer Party war. Gut möglich, dass sie keine Süßigkeiten mehr sammelte, sondern irgendwo die Tanzfläche unsicher machte, Wahrheit oder Pflicht spielte oder wer weiß was anstellte.

Ich ging zum Bad, das besetzt war. Kurz darauf kamen ein Junge und ein Mädchen heraus, und ich schloss mich ein, froh, einen Augenblick für mich zu haben.

Doch meinen rasenden Gedanken konnte ich nicht entkommen.

Mir fiel die Party ein, auf der Miles versucht hatte, mich zu küssen, und ich ihn weggeschoben hatte. Jetzt war mir dasselbe mit Sam passiert, nur umgekehrt.

Hatten Sam und ich jetzt Streit? Oder war es etwa schon aus zwischen uns? Und wenn ja, war das meine Schuld?

Mir stiegen die Tränen in die Augen, und ich schämte mich, dass ich so eine Heulsuse war. Kate hatte versprochen, es würde leichter werden. Aber gerade war gar nichts leicht, und ich wünschte, ich könnte meine Mutter um Rat bitten.

Ich sah in die Spiegel und zuckte zusammen, als mir Dorothy entgegenstarrte. Entschlossen spritzte ich mir kaltes Wasser ins Gesicht, zog meine Zöpfe straff, strich mein Kleid glatt und wünschte, ich könnte die Fersen meiner roten Schuhe zusammenschlagen, um nicht bloß nach Hause, sondern zurück in meine Kindheit zu reisen.

Keine Chance!, höhnte der Spiegel. *Du bist nicht mehr in Kansas!*

November

Es war Freitag, und ich ließ mich nach einer langen Schulwoche in die Hängematte fallen. Sie schwang von links nach rechts und kam dann langsam zur Ruhe. Durch die Seilrauten unter mir sah ich den mit Blättern und Kiefernzapfen übersäten Boden. Mein neues Zuhause, das im Frühling und Sommer grün geschimmert und sich vor Wochen leuchtend orange und gelb verfärbt hatte, verblasste nach und nach zu Braun. Und jeden Abend wurde es früher dunkel.

Dad hatte sich für das Wochenende vorgenommen, die Regenrinnen zu reinigen und den Picknicktisch, die Liegestühle und auch die Hängematte für den Winter zu verstauen. Außerdem hatte er angefangen, den Baumwürger aus den Bäumen zu entfernen, der in letzter Zeit unaufhaltsam gewuchert war und seinem Namen allzu viel Ehre machte. Ich deutete auf die hübschen roten Beeren und fragte, ob ich wenigstens vorher ein paar Zweige fürs Haus abschneiden dürfe. Er reichte mir die Gartenschere, und ich stellte eine Vase voll ins Wohnzimmer. Ich mochte die Pflanze, trotz des gruseligen Namens.

Kates Eingriff war noch immer für Dienstag angesetzt. Gerade war sie auf dem Rückweg aus Providence, wo sie einen Vortrag an einer Mädchenschule gehalten hatte.

Jetzt bog Alexa in die Einfahrt ein, und ich ging zu ihr in die Küche. Wir machten uns Apfelsaft in der Mikrowelle heiß, als plötzlich ihr Laptop klingelte wie ein altmodisches Telefon, was bedeutete, dass ihr Dad über Skype anrief. Alexa nahm den Laptop und trug ihn durch die Gegend, als hätte sie Bryans Kopf auf einem Tablett. Er war ein gut aussehender Mann mittleren Alters mit wuscheligem grau meliertem Haar und Dreitagebart. Seltsam, dass ich ihn immer noch nicht persönlich kennengelernt hatte.

»Hi, Dad!«, rief Alexa und drehte den Bildschirm zu mir, damit ich Bryan auch zuwinken konnte. »Wie ist es auf Barbados?«

»Super Wetter und super zum Vögelbeobachten. Stell dir mal vor: Im Hotelcafé gibt es einen Deckenventilator, und *direkt* unter einem der Flügel hat sich ein Kolibri sein Nest gebaut, ist das zu fassen?«

»Was für ein Spatzen... äh ... Kolibrihirn!«, witzelte Alexa.

»Jetzt sind natürlich alle Gäste um das Vogelwohl besorgt, also haben die Inhaber den Strom abgeklemmt, sodass man den Ventilator nicht mehr anmachen kann.«

Ob Alexa ihm von Kates Schwangerschaft erzählen würde?

»Wie geht's Brian?«, wollte Alexa wissen.

»Gut. Er kann sich nicht entscheiden, ob er in seinem Artikel das Wasser als jadegrün, aquamarinblau oder türkis bezeichnen soll.«

»Sag ihm, er soll azurblau schreiben.«

»Dir würde es hier auch gefallen. Die Hotelgäste und Einheimischen planschen alle zusammen im Meer.«

»Dann nimm mich das nächste Mal halt mit.«

»Mach ich – wenn du da nicht gerade Schule hast.«

Alexa hob Coconut hoch und wackelte mit ihrer Pfote vor dem Monitor herum. »Coco lässt auch grüßen.«

Es war interessant, mal Alexas kindliche Seite zu erleben – normalerweise hielt sie die gut unter Verschluss.

Die beiden unterhielten sich noch ein paar Minuten, bis ihr Dad sagte: »So, Lexi, jetzt muss ich losdüsen. Wenn ich Brian nicht rette, bekommt er einen Monstersonnenbrand.«

Nachdem das *Wutsch* verklungen war, das das Ende des Anrufs signalisierte, sah Alexa mich an. »Das ist, als wäre er in einem Paralleluniversum.«

Coco wand sich miauend um Alexas Beine. Die arme Mieze war so alt, dass sie ihr Futter nicht mehr riechen konnte und daher manchmal vergaß zu fressen, also rührte Alexa einen Löffel Wasser unter das, was noch im Napf war, und zeigte es ihr. Dankbar rieb sich Coco an Alexas Schienbein, sah sich misstrauisch nach Fressfeinden um und haute dann kräftig rein.

»Weiß dein Dad, dass deine Mom schwanger ist?«,

»Glaub ich nicht«, antwortete Alexa. »Dann hätte er was gesagt.«

»Ich finde immer noch, sie sollten das Baby behalten«, sagte ich leise.

Alexa vergrub seufzend das Gesicht in den Händen. »Ja, weil du eine Traumtänzerin bist.«

Ich nickte widerwillig. Da mochte sie recht haben.

Eine Stunde später dribbelte Alexa ihren Basketball direkt ins Wohnzimmer. »Guck mal!«, rief sie, ließ den Ball im spitzen Winkel aufspringen und gegen den Lichtschalter prallen, woraufhin die Lampe ausging. »Ist das cool, oder was?«

Das war es in der Tat. Es war schön, dass wir uns im einen Moment uneinig sein und im nächsten trotzdem wieder freundschaftlich miteinander umgehen konnten.

Dad rief an, um Bescheid zu sagen, dass er Überstunden machen musste, also kochte Alexa Nudeln mit Pesto, und ich deckte den Tisch für drei. Zwischendurch sah ich nach, ob Sam angerufen hatte: nein. Keine verpassten Anrufe. Keine Nachrichten. Ich öffnete seine Kontaktdaten, ließ das Handy aber wieder sinken. Ich hatte keine Ahnung, was ich schreiben sollte. Vor Kurzem hatte ich ein kleines Video gesehen, in dem eine Katze ihren eigenen Schwanz jagte, also schickte ich ihm das. Eine Einladung zum Kommunizieren? Ein Friedensangebot? Oder nur eine Albernheit?

Kate kam nach Hause und erzählte, sie sei im Zug von Provincetown hierher eingeschlafen.

»Wie sind die Vorträge gelaufen?«, erkundigte ich mich. Kate hatte mal gesagt, dass Schulversammlungen ihr keine Angst machten, dafür aber Nachmittags- oder Abendveranstaltungen, weil sie da nie wusste, ob überhaupt jemand kommen würde. Und sie wollte niemals sagen müssen: »Ich danke Ihnen *beiden* sehr, dass Sie gekommen sind!«

»Gutes Publikum, danke.«

»Ein paar schnuckelige Witwer dabei?«, fragte Alexa.

»Das hab ich jetzt nicht gehört.« Kate grinste.

»Wie fühlst du dich denn?«, wollte ich wissen.

»Als ich noch nicht wusste, was mit mir los ist, warum mir alles wehtut und ich immer so erschöpft bin, war es schlimmer.« Sie schaufelte sich Pasta auf den Teller. »Tja, dann wird das heute wohl ein Mädelsabend! Wie läuft's bei euch, ihr zwei? Und mit euren Jungs? Sam? Evan?«

Wir murmelten beide: »Ganz gut.« Obwohl in Wahrheit nichts gut war zwischen mir und Sam und ich mich nur noch verwirrt, traurig und leer fühlte.

»Mom, wenn wir dir Näheres erzählen«, wandte Alexa ein, »dann hältst du uns doch nur einen Vortrag, und eine Frau in deinem Zustand ...«

»Ich halte keine Gratisvorträge«, widersprach Kate. »Die kosten, und zwar nicht zu knapp.«

Auch am Samstagmorgen sah ich ständig auf mein Handy, aber nichts von Sam. Ich fragte Dad, ob er Lust auf Boggle habe, und er sagte »Na klar«, also spielten wir ein paar Runden. Er fand *Ball*, ich fand *balgen*.

»Ich weiß noch, wie Mom und ich mit dir schreiben geübt haben«, sagte er. »Du hast dabei immer ganz angestrengt die Zunge rausgestreckt.«

»Wie oft denkst du eigentlich so an Mom?«, fragte ich. Jetzt, da ich sowohl unsere alte, gemeinsame Wohnung als auch unsere alte, gemeinsame Schule hinter mir gelassen hatte, vergingen manchmal ganze Vor- oder Nachmittage, ohne dass sie mir in den Sinn kam. Ganze Tage jedoch nie. Niemals. *Not a day goes by ...*

»Täglich«, sagte Dad.

»Aber du bist glücklich mit Kate?« Ich studierte unseren Punktestand.

»Ja. Und ich habe dich. Und sie hat Alexa.« Er sah mich an.

»Und was ist mit dem Baby?«, fragte ich.

»Katie sagt, jetzt ein Baby zu bekommen, wäre, wie beim Blackjack auf einundzwanzig Punkte zu zielen, wenn man zwei Zehner auf der Hand hat. Besser, wir ziehen keine Karte mehr.«

Durch das Fenster konnte ich in der Ferne ein Rudel schlanker Hirsche grasen sehen. Plötzlich hoben sie alle zugleich die Köpfe, als hätten sie etwas gehört.

»Aber in letzter Zeit«, gestand er, »fällt mir auf, dass meine Patientinnen nie fragen: ›Haben Sie ein Kind?‹, sondern immer nur: ›Haben Sie Kinder?‹« Er zuckte mit den Schultern. »Was ist mit dir? Wie oft musst du an Mom denken?«

»Auch jeden Tag. Aber es ist nicht mehr so schlimm wie früher.« Das laut auszusprechen fiel mir nicht leicht, und in meiner Nase brannte es, als hätte ich zu viel Wasabi erwischt.

Dad nickte. »So eine wunderbare Mutter zu verlieren, das ist einfach ... hart. Aber du schlägst dich wacker.«

»Es hilft schon mal, wenn man einen wunderbaren Vater hat«, murmelte ich, was ihn sichtlich freute. Ich schüttelte das Boggle-Raster und hob die Plastikabdeckung. »Aber Dad«, platzte es aus mir heraus. »Ich kapier das nicht. Willst *du* das Baby denn nicht behalten?«

Er schien um Worte zu ringen und sah so traurig aus, dass ich den Blick senkte und es bereute, überhaupt gefragt zu haben. »In der Angelegenheit zählt Kates Meinung mehr als meine. Frauen sind schließlich diejenigen, deren Leben durch so etwas völlig auf den Kopf gestellt wird. Männer können sich einfach aus dem Staub machen und woanders ganz neu anfangen. Das geht bei Frauen nicht. Und Kate will nicht, dass ihr Leben noch mal auf den Kopf gestellt wird.«

»Aber du würdest dich doch niemals aus dem Staub machen.«

»Nein. Natürlich nicht.«

Alexa fuhr mich zum Bahnhof, damit ich mich mit Kiki im Museum of Modern Art treffen konnte. »Da war ich auch schon mal mit meinem Dad«, sagte sie. »Bestell Frida Kahlo einen schönen Gruß von mir.«

»Frida Kahlo?«

»Die haben da ein Selbstporträt von ihr, das ich sehr mag. Wenn du es siehst, kapierst du es schon.«

»Wieso?«

»Weil Frida eine Schere in der Hand hält und überall um sie rum abgeschnittene Haarsträhnen liegen, und sie einfach diesen knallharten Blick draufhat. Als wollte sie sagen: ›Kommt mir ja nicht krumm!‹«

»Und diese Durchgeknallte soll ich von dir grüßen?«

»Ich musste mal in Kunst ein Referat über sie halten. Dabei hab ich mich total mit ihr identifiziert. Die Frau hatte eine Stinkwut im Bauch. Diego Rivera, mit dem sie verheiratet war, hat sie mit ihrer eigenen Schwester betrogen.«

Ach. Wenn man Alexa erst länger kannte, erfuhr man interessante Dinge über sie, wie zum Beispiel das mit ihrem schwulen Dad, oder dass sie Ahnung von Kunst hatte. Würde mich auch eines Tages mal jemand erst länger kennen müssen, bevor er erfuhr, dass meine Mom gestorben war, oder dass ich Halbspanierin war und gerne sang?

Im MoMA trafen Kiki und ich uns an der Garderobe, und sie hielt mir ein Exemplar des *Halsey Herald* unter die Nase. »Guck mal, meine Kolumne«, verkündete sie stolz. »*Kiki hilft.*«

»Wow! Wie cool!«

»Schon, aber ich bekomme einfach noch nicht genug Zuschriften.«

»Das kannst du niemandem verübeln. Ist nicht gerade leicht, an der Halsey anonym zu bleiben.«

»Auch wieder wahr. Und ich wollte es schon persönlich nehmen.« Kiki sah mich an. »Da brauchte Kiki wohl *deine* Hilfe.«

»Immerhin heißt Sofia ›Weisheit‹ auf Griechisch«, erinnerte ich sie.

»Vielleicht solltest du selbst eine Kolumne schreiben: *Sofias Sorgensofa.*«

Ich lachte. »Auf keinen Fall, das überlasse ich lieber euch Experten.« Ich fragte, ob ich das Heft mit der Kolumne behalten dürfe, und Kiki überließ es mir.

Es war nicht allzu kalt, also gingen wir in den Museumsgarten, setzten uns neben eine große Henry-Moore-Plastik namens *Family*

Group und teilten uns ein Sandwich. Die Skulptur war aus Bronze und stellte einen Mann, eine Frau und ein Kind mit kleinen Knopfaugen dar. Mutter und Vater sahen einander weder an, noch berührten sie sich, aber sie hielten gemeinsam das Kind.

Ich erzählte Kiki von Alexas Verkleidungskiste, und dass ihr Dad Bryan mit seinem Partner Brian in Chelsea lebte.

»Stopp, stopp, noch mal von vorne!«, unterbrach mich Kiki mit aufgerissenen Augen.

Ich holte ein bisschen weiter aus, nur den Teil mit den aufgeweichten Froot Loops ließ ich weg.

»Ich kapier nicht, wie Kate einen schwulen Mann heiraten konnte.«

»Da wusste er es selbst noch nicht. Ist eben lange her.« Kiki dachte darüber nach, wirkte jedoch nicht ganz überzeugt. »Und vielleicht haben ja auch Kummerkastentanten nicht immer den richtigen Riecher?«, gab ich zu bedenken.

Wir nahmen die Rolltreppe nach oben und sahen uns Seerosen (Monet) und Suppendosen (Warhol) an. Aber ich merkte Kiki an, dass sie die ganze Zeit über Kate nachdachte. Dabei wusste sie das Wichtigste noch gar nicht!

Es gefiel mir nicht, Kiki etwas zu verheimlichen, aber andererseits hatte ich ihr das mit Dads und Kates Beziehung damals auch nicht sofort erzählt.

Also bot ich ihr stattdessen einen anderen kleinen Leckerbissen. »Die beiden nennen sich ›die Bryans‹. Alexas Vater hat ihr erzählt, er hätte selbst lange nicht geahnt, dass er schwul ist, aber sein Partner, Brian mit i, meinte, er hätte es schon von Geburt an gewusst – seit der Arzt ihm einen Klaps auf den Po gegeben hätte!«

Kikis Mund stand sperrangelweit offen. Nach einer Weile sagte sie: »Früher hattest du eine Mom und einen Dad. Und jetzt hast du einen Dad, der eine Freundin hat, die einen Ex hat, der einen Freund hat!«

»Verrückt, was?«

Wir landeten vor *Selbstbildnis mit kurz geschnittenem Haar*, und ich erzählte Kiki, wie sehr Alexa dieses Bild mochte.

»Gruselig«, befand Kiki.

Ich hoffte, irgendwo ein Gemälde zu entdecken, das mich ansprach. Wir schlenderten von Raum zu Raum, und ich sah mich um, bis ich schließlich vor *Christina's World* von Andrew Wyeth stehen blieb. Es zeigte eine Frau, die auf einem Feld lag, die Hände ins Gras gekrallt, und zu einer Farm am Horizont hinüberstarrte, als wäre sie unerreichbar für sie. Ich kannte das Bild, und ich kannte auch die Sehnsucht, die es ausdrückte. Ob es wohl immer Momente geben würde, in denen ich mich weit weg von zu Hause fühlte, egal, wo ich war und wen ich bei mir hatte?

»Wie läuft's mit Sam?«, erkundigte sich Kiki, als hätte sie meine Gedanken gelesen.

»Ganz okay«, sagte ich.

»Nur okay?«

Wir hatten seit der Party nicht mehr miteinander geredet, und mein albernes Video hatte er auch nicht kommentiert. So richtig übel nehmen konnte ich es ihm nicht. Aber wie sollte ich Kiki erklären, dass ich gerade keine Zeit mit Sam verbringen konnte, weil es nun mal etwas gab, was ich ihm nicht sagen durfte – und ihr genauso wenig?

»Und, hast du sonst schon nette Leute kennengelernt?«, wechselte Kiki gnädigerweise das Thema.

»Ein paar.« Ich erzählte ihr von Gracie. »Sie singt Sopran und kennt bestimmt dreißig verschiedene Arten, einen Schal zu binden.« Kiki lachte. »Hey, hast du in letzter Zeit was von Natalie gehört?«

»Ja, ihr geht's ganz gut. Ruf sie doch mal an.«

Ich nickte.

»Und was macht mein Lieblingskaterchen?«, erkundigte sich Kiki.

Ich berichtete, dass Pepper sich noch immer nicht nach draußen traute – was auch in Ordnung war –, aber viel aus dem Fenster guckte.

»Weniger Zoff im Haus?«

»Weniger Zoff im Haus.«

»Tja, ein Schritt nach dem anderen, stimmt's?«

Als wir aus dem MoMA kamen, fing es an zu schneien, das erste Mal diesen Winter. Beim Abschied beschlossen wir, uns das nächste Mal am Metropolitan Museum zu treffen und auch Natalie einzuladen.

Einmal, als wir noch klein waren, hatte Mom mit Kiki und mir einen Ausflug ins Met gemacht und uns den Tempel von Dendur gezeigt. Danach hatte Kiki bei mir übernachtet und war auf die Idee gekommen, alle unsere Barbies in Klopapier einzuwickeln und sie als Mumien in Schuhkartons zu begraben. So machten wir es und ließen sie die ganze Nacht so liegen. Aber ich weiß noch genau, wie eilig wir es am nächsten Morgen hatten, sie auszuwickeln, damit sie wieder frei atmen konnten.

»Bin wieder zu Hause!«, rief ich und fragte mich dann, seit wann ich Armonk eigentlich so bezeichnete.

Nichts regte sich.

»Kate?« Alexa war beim Volleyball, aber wenn nicht gerade ein Wettkampf anstand, fuhr Kate normalerweise nicht mit, sondern blieb zu Hause – und kam meist gleich fröhlich aus ihrem Büro gestürmt, wenn sie mich hörte.

»Kate?« Ich ging ins Wohnzimmer.

Sie lag zusammengesunken auf der Couch. Ein Arm hing schlaff herunter.

»Kate? Kate! *Kate!*« Das Blut gefror mir in den Adern, als ich zu ihr rannte, während in meinem Kopf eine Stimme gellte: *Nein! Nein! Nein! Das darf nicht sein!*

Kate schlug die Augen auf. »Sofia.« Sie schien sofort zu begreifen, dass ich kurz vor dem Nervenzusammenbruch stand. »Oh nein, tut mir leid. Ich wollte dir keine Angst einjagen.«

»Hast du nicht«, log ich. »Mir tut's leid. Ich hätte dich schlafen lassen sollen.«

»Mein Arm schläft zumindest immer noch. Hui, kribbelt das!« Sie schüttelte ihn aus. »Außerdem hatte ich einen Albtraum. Ein Glück, dass du mich geweckt hast.« Sie wirkte immer noch völlig groggy. Und ich wahrscheinlich immer noch völlig durch den Wind.

»Ich hab von einem klitzekleinen Strickkleidchen geträumt«, sagte sie. »Ganz zart und flauschig, und als ich an einem Faden gezogen habe, hat es sich in nichts aufgelöst.«

»Ist alles in Ordnung?«

»Na ja, bevor ich weggedöst bin, hab ich ein bisschen geblutet.«

»Geblutet?!«

»Bloß eine Schmierblutung.« Kate wedelte mit der Hand, als wollte sie das Thema verscheuchen. »Ich hab deinem Dad schon eine Nachricht hinterlassen.«

»Soll ich einen Krankenwagen rufen?«

»Ach nein, er meldet sich sicher gleich.«

»Ich rufe ihn noch mal an«, beschloss ich, rannte nach oben und rief in Dads Praxis an. Als die Sprechstundenhilfe sich meldete, sagte ich: »Es ist mehr oder weniger ein Notfall!«, und fing an zu weinen. Natürlich wollte ich Dad keine Angst einjagen, aber genauso wenig wollte ich auflegen, ohne ihn ans Telefon gekriegt zu haben. Mein Herz pochte. »Dad«, rief ich, als er endlich ranging, »Kate hat gesagt, sie hat ein bisschen geblutet. Solltest du da nicht besser nach Hause kommen?« Ich konnte die Sorge in meiner Stimme nicht unterdrücken.

»Wenn es *viel* Blut war, würde ich euch lieber im Krankenhaus treffen.«

»Schmierblutung hat sie gesagt. Heißt das Fehlgeburt?«

»Schmierblutungen haben oft nichts zu bedeuten. Hatte sie Krämpfe?«

»Ich frage sie mal.«

»Nein, warte. Sofia, bleib einfach bei ihr und ruf sofort wieder an, wenn irgendwas ist. Wie sieht sie denn aus?«

»Ganz okay. Müde. Ein bisschen blass um die Nase.«

»Ich komme so bald wie möglich nach Hause.«

»Und was soll ich bis dahin machen?«

»Sorg dafür, dass sie sich ausruht. Sie darf zwei Ibuprofen nehmen, aber *keine* Aspirin. Verstanden?

»Verstanden. Hab dich lieb.« Ich wischte mir die Tränen ab, holte zwei Ibuprofen und ein Glas Wasser und eilte dann wieder zu Kate. Meine Frage, ob sie Krämpfe gehabt habe, beantwortete sie mit einem Kopfschütteln. Ich erzählte, was Dad gesagt hatte. »Soll ich Alexa anrufen?«

»Nein. Die ist beim Training. Die Bobcats spielen morgen gegen Fox Lane.«

Eine Sekunde lang fühlte ich mich geehrt, dass ich mich um Kate kümmern durfte, aber im nächsten Moment schämte ich mich dafür.

»Vielleicht ist es besser so«, sagte Kate. »Die Natur nimmt einfach ihren Lauf.«

Besser so? Eine Fehlgeburt? Als mir vor anderthalb Jahren eine der

Cafeteria-Damen an der Halsey meine Suppe mit den Worten, meine Mutter sei jetzt an einem besseren Ort und Gottes Wege seien nun mal unergründlich, überreicht hatte, war ich so wütend geworden, dass ich ihr am liebsten den Teller ins Gesicht geschleudert hätte. Gott brauchte meine Mom nicht, der (oder die) kam gut ohne sie klar! Aber ich nicht!

»Sofia, ich weiß, du stellst dir das mit dem Baby schön vor«, fuhr Kate fort. »Aber ich bin keine Freundin von ungeplanten Schwangerschaften. In meinem Alter kann dabei so viel schiefgehen.«

»Ich mag Babys wirklich«, sagte ich und erzählte ihr, wie ich mich mit Dad im Krankenhaus immer vor dem großen Fenster verabredet hatte, hinter dem die Neugeborenen lagen.

»Ich mag Babys auch«, sagte Kate. »Wer nicht? Gerade heute Morgen habe ich eine E-Mail von einer Sechzehnjährigen bekommen, die sich verzweifelt ein Baby wünscht. Sie hat keinen Partner, kein Geld, keinen Job, keinen Abschluss und trotzdem das Gefühl, unbedingt ein Baby haben zu müssen!« Kate verlagerte ihr Gewicht.

Mein Herz klopfte immer noch wie wild. »Du hast recht, mit sechzehn sollte man natürlich kein Baby bekommen«, räumte ich ein. »Da ist man ja selbst noch ein Kind.«

Coconut kam ins Wohnzimmer getappt und sprang auf die Couch.

»Aber du bist erwachsen! Und Dad würde dich nie im Stich lassen.«

Kate streichelte Coconut, die zu schnurren anfing.

Ich konnte mich nicht zurückhalten. »Klar weißt du eine Menge über solche Sachen«, platzte es aus mir heraus. »Aber niemand hat eine Antwort auf alles. Und wir könnten dir alle helfen.«

Alexa und ich lackierten uns die Fußnägel. Meine wurden rosa, ihre blau.

»Mom meinte, du wärst ihr heute Nachmittag ein echter Trost gewesen.«

Trost? Ich? Ich hatte ihr doch nur Schmerztabletten gebracht und ehrlich meine Meinung gesagt. Eigentlich hatte ich danach sogar ein schlechtes Gewissen gehabt.

»Meinst du, wir sollten ihr morgen Blumen kaufen?«, fragte Alexa. »Wenn sie von ... du weißt schon wo ... wiederkommt?«

»Können wir machen.«

»Chrysanthemen oder Dahlien?«

»Mir egal.«

»Sofia, ich weiß, du bist total im Babyfieber, aber ich sag es dir noch mal: Meine Mom ist zu alt. Und außerdem, wie viele Geschwister willst du denn noch?«

Ich studierte meine rosa Zehen. »Hab vor Kurzem erst festgestellt, dass die doch gar nicht so übel sind.«

Als mein Wecker klingelte, schlüpfte ich in Jeans und Pulli und ging runter in die Küche, wo Dad und Alexa schon Kaffee tranken. Kate wirkte irgendwie abwesend.

»Alles okay?«, fragte ich.

»Ja. Ich muss nur nüchtern bleiben bis ... danach«, antwortete Kate. »Irgendwie witzig, dass man bei dem Wort immer erst mal an ›nicht betrunken‹ denkt, oder?«

»In Spanisch haben wir dafür zwei unterschiedliche Wörter«, sagte ich. »*Sobrio* für ›nicht betrunken‹ und *ayuno* für ›nüchtern‹ in Bezug auf Essen.«

»Was wird das hier, 'ne Linguistik-Lektion?«, fragte Alexa und gähnte. »Wann müsst ihr überhaupt los?«

»In drei Minuten«, antwortete Dad.
»Ich komme mit«, verkündete ich.
»Das ist nicht nötig, Schätzchen«, sagte Dad.
Alexa sah mich an und erklärte: »Ich auch. Ob es euch passt oder nicht!«
»Tja, wenn ihr wirklich wollt ...«, sagte Kate.
Und im nächsten Moment hatten wir alle vier unsere Jacken angezogen und stiegen in Dads Auto.
»Wann ist der Termin?«, wollte Alexa wissen.
»Wir fahren erst kurz in meiner Praxis vorbei, ich möchte ein Ultraschallbild machen. Wenn der Fötus noch lebt, müssen wir um halb elf in der Klinik sein.«
»Das ist für die sicher auch das erste Mal!«, sagte Alexa.
»Was?«, fragte Kate.
»Na ja, dass eine Frau im mittleren Alter mit ihren zwei Teenie-Töchtern reinkommt und die *Mutter* sich als diejenige herausstellt, die schwanger ist.« Alexa kicherte.
Ich nicht.

In Dads Praxis kletterte Kate auf den Untersuchungstisch, legte sich hin und schob ihr Oberteil hoch. Dad setzte sein Stethoskop auf, drückte einen Klacks durchsichtiges Gel auf ihren Bauch und fuhr mit der Sonde über ihre Haut.
»So, meine Damen, wir sind auf der Suche nach Lebenszeichen.« Dad blickte konzentriert auf den Monitor, und Alexa beugte sich so gebannt vor, als liefe dort ein Actionfilm. »Wer das nicht so gut verträgt« – Dad sah mich an –, »der setzt sich vielleicht besser hin oder macht die Augen zu.«
Ich setzte mich an seinen Schreibtisch und starrte auf das Foto von Mom, das schon immer dort gestanden und nun Gesellschaft

von einem mit Kate und Coco darauf bekommen hatte. In seinem Bücherregal entdeckte ich das *Handbuch für Mädchen*, das er sich für seine erfundene Nichte hatte signieren lassen.

»Gefunden«, sagte Dad und deutete auf den Monitor. »Zehn Wochen alt und etwa pflaumengroß.«

Ich guckte kurz hin. Von meinem Platz aus sah der Fötus aus wie ein Mini-ET.

»Zäher kleiner Bursche.«

»Also war es keine Fehlgeburt?« Kates Stimme klang so seltsam, dass ich aufstand und mich neben sie stellte. Im Juli war sie mir im Krankenhaus nicht von der Seite gewichen. Das hier war das Geringste, was ich tun konnte.

»Da ist der Herzschlag«, bemerkte Dad sachlich.

»Oh Gott«, stieß Kate heiser aus. »Ich bin so erleichtert!«

»Erleichtert?« Dad wandte sich ihr zu, verblüfft – und vielleicht ein winziges bisschen hoffnungsvoll?

»Ja! Erleichtert!« Kate hatte Tränen in den Augen.

»Ich versteh nicht ganz –«

»Gregg. Lass uns den Termin bitte absagen.«

»Absagen? Im Ernst?«

Sie griff nach seiner Hand. »Wir können natürlich noch mehr Tests durchführen, aber ... ich will das Baby behalten!«

»Wirklich?«

Kate nickte.

»Sicher?« Dad klang, als traute er sich gar nicht, es zu glauben.

Mir ging es ganz genauso. Doch ich merkte, wie meine Mundwinkel sich hoben.

»Ja, ich bin mir sicher. Ganz sicher!«

Dad machte große Augen, und Kate sagte zu uns: »Mädels, wir bekommen ein Baby!«

»Hey, Mom, jetzt aber langsam!« Alexa war kreidebleich. »Überleg doch mal. Ist das wirklich eine gute Idee?«
»Das ist keine Idee.« Kate verschränkte die Finger über dem Bauch. »Das ist ein Baby – unser Baby!«

Ich kam zu spät zu Englisch. Am Tag zuvor hatte ich die Stunde komplett verpasst, und jetzt wollte ich keinen Ärger bekommen. Also rannte ich den Flur entlang – und stieß mit Sam zusammen.
»Sam!«
»Entschuldigung, kennen wir uns?«
»Oh, Sam! Können wir uns nachher unterhalten? Ich bin spät dran.«
Er zog eine Grimasse. »Sofia, du bist nicht spät dran, du bist gar nicht da.«
»Bist du sauer auf mich?«
»Was denkst du denn? Meinst du vielleicht, du kannst einfach auf *Pause* drücken und erwarten, dass alle springen, wenn du pfeifst? So läuft das nicht. Zumindest nicht mit mir.«
Natürlich hatte ich nicht gewollt, dass Sam wütend auf mich war, aber auch nicht, dass Alexa es wurde, und vor ihr hatte ich irgendwie mehr Angst. Aber wie dumm war ich eigentlich? Was, wenn Tiffany Sam schon längst gefragt hatte, ob er mit ihr zum Ball ging? Oder einen auf Alexa gemacht und sich ihm gleich an den Hals geworfen hatte? Ich legte Sam die Hand auf den Arm, aber er wich zurück.
»Damals mit Alexa, da hat immer *sie* bestimmt«, sagte Sam. »Ob Freundschaft oder mehr, das lag alles bei ihr.«
»Sam –«
»Ich mag einfach keine Spielchen. Und du und Alexa –«
»Sam! Es tut mir echt leid.« Ich sah auf. »Manchmal glaube ich, ich weiß gar nicht, wie man eine Beziehung führt.«

Er verdrehte die Augen. »Wär's dann nicht mal an der Zeit, es zu lernen?«

»Da ist was, was ich dir nicht erzählt habe«, gab ich zu.

»Aha, jetzt kommt's raus. Hast du 'nen anderen in New York?«

Es klingelte zum Unterricht.

»Nein! Es geht auch überhaupt nicht um mich. Oder dich. Sondern um Kate.«

»Kate?«, wiederholte er verständnislos.

»Sie ist schwanger.«

Das war wohl so ziemlich das Letzte, womit er gerechnet hatte.

»Kate? Kate Baird? Ist das überhaupt ... *möglich*?«

»Tja, eine Zeit lang war das alles nur ein großes Vielleicht, ein *Maybe-Baby*. Aber jetzt ... wird es ein Mai-Baby.«

»Alexa muss ja unter Schock stehen.«

»Allerdings, gestern in der Praxis von meinem Dad ist sie fast aus den Latschen gekippt. Sie ist nicht gerade begeistert.«

»Warum hast du mir denn nichts davon erzählt?«

»Kate wollte das nicht. Ich musste Alexa versprechen, dass ich den Mund halte. Damit die Leute nicht tratschen.«

Sam schien beleidigt. »Ich bin aber nicht ›die Leute‹, Sofia«, sagte er. »Und wenn du es mir erzählt hättest, wäre das auch kein Tratsch gewesen.«

»Hast recht«, gab ich beschämt zu. »Das war blöd von mir.« Ich griff nach seiner Hand und hoffte, er würde sie nicht wegziehen. Was er auch nicht tat.

»Hör mal«, sagte er. »Du kannst mir alles erzählen. Wofür ist ein Freund denn sonst da?«

Ich küsste ihn, mitten auf dem Flur. Dann gleich noch mal. Und ein drittes Mal. Erst dann rannte ich los zu Englisch, wo ich Ärger fürs Zuspätkommen bekam.

Kate und Dad waren beim Elternabend. Dad hatte vorher angemerkt, es würde wahrscheinlich ziemlich anders werden als an der Halsey, wo wir mit den meisten Lehrern Tür an Tür gewohnt hatten und einige Eltern berühmt gewesen waren, sodass solche Schulveranstaltungen mehr wie eine Mischung aus Mieterversammlung und Schaulaufen gewirkt hatten.

Das elektrische Garagentor surrte, und kurz darauf kamen Dad und Kate aus dem Keller nach oben gestapft. Ich nahm den Kürbiskuchen, den ich gebacken hatte, aus dem Kühlschrank, und Alexa holte Teller.

»Wie war's?«, erkundigte ich mich.

Dad fing an zu berichten. »Ziemlich gut im Großen und Ganzen. Mr Greer hat deinen ›mühelosen Umgang mit Sprache‹ gelobt, Dr. Pavlica findet, dass du dich im Labor gut schlägst. Und dein Mathelehrer meint, du könntest dich etwas mehr anstrengen.«

»Wie jetzt, denkt der, ich gebe mir keine Mühe?«

»Ach ja, und dein Geschichtslehrer sagt, dass du den Anforderungen der Highschool sehr gut gewachsen bist.«

»Mann, war ich letztes Jahr verknallt in Mr C.«, sagte Alexa. »Ziemlich motivierend eigentlich. Dieses Jahr hab ich ja Moms alten Geschichtslehrer, Mr Bagwell. Der sieht aus wie eine Bulldogge.« Sie blies die Wangen auf.

»Bei Señor Muñoz waren wir auch«, fügte Kate hinzu. »Er war beeindruckt davon, wie viel du in letzter Zeit dazugelernt hast, Alexa.«

»Habt ihr irgendwem erzählt –« Alexa deutete auf den Bauch ihrer Mutter.

Dad schüttelte den Kopf. »Nein. Noch zu früh.«

»Gut«, sagte Alexa.

Hoffte sie etwa immer noch, dass das Thema Schwangerschaft sich irgendwie von selbst erledigen würde?

»Kaum zu glauben, dass mein Vortrag an der Halsey gerade mal neun Monate her ist«, sagte Kate.

»Wow«, staunte ich.

»In neun Monaten kann eine Menge passieren«, entgegnete Dad, ganz der Gynäkologe.

Nach seinem Training rief Sam an, und ich entschuldigte mich abermals bei ihm. »Ich wollte echt nicht, dass zwischen uns so eine Eiszeit ausbricht.«

»Dann komm, und wir wärmen einander auf«, erwiderte er.

»Wie wär's, wenn wir uns stattdessen bei mir treffen? Du warst so lange nicht mehr hier, und ich bin allein zu Hause.«

»Bin gleich da.« Seine Worte waren wie eine Umarmung, und fast hätte ich vor dem Auflegen noch *Hab dich lieb* gesagt.

Ein paar Minuten später öffnete ich Sam die Tür, und wir knutschten erst mal ein Weilchen im Wohnzimmer.

»Na, schon wärmer?«

»Noch nicht genug«, sagte er.

Kurz darauf glaubte ich, Alexas Auto in der Einfahrt zu hören, aber das war wohl nur ein Hirngespinst. Und dann konnte ich einfach nicht anders – ich fragte Sam, ob jeder darüber Bescheid wusste, dass er zuerst was mit Alexa gehabt hatte und jetzt mit mir.

»Keine Ahnung. Wen interessiert's denn auch?«, wehrte er ab, und ich wünschte, ich könnte es genauso entspannt sehen. Aber es war einfach ein seltsames Gefühl, dass mein Freund vor mir mehr oder weniger mit meiner Mehr-oder-weniger-Schwester zusammen gewesen war.

»Am besten hätte ich letztes Jahr niemandem irgendwas erzählt«, lenkte er ein, und wir stimmten einander zu, dass es manchmal schwer zu entscheiden war, wann man etwas besser für sich behielt.

»Pass auf«, schlug er vor. »Wir wär's, wenn ich dir jetzt was erzähle, was niemand sonst weiß?«

»Okay ...«

Er strich mir übers Haar. »Bereit? Du und Alexa habt beide beim ersten Kuss die Initiative ergriffen.«

»Was?«

»Entweder bin ich einfach unwiderstehlich, oder die Baird-Wolf-Frauen sind so wahnsinnig forsch. Vielleicht ist bei euch ja irgendwas im Trinkwasser?«

Ich gestand ihm, dass ich bis zu unserem ersten Nachmittag in der Windmühle noch mit niemandem sonst rumgeknutscht hatte und das mein erster richtiger Kuss überhaupt gewesen war. Sam nahm mich in den Arm, aber dann musste ich die schöne Stimmung unbedingt verderben, indem ich ihn fragte, wann denn sein *letzter* Kuss mit Alexa gewesen sei. »Ich weiß von Halloween und dem Ball, aber ...«

»Ach komm, Sofia. Hätte ich mal lieber gar nicht – Weißt du was, ich finde dieses Thema echt bescheuert. Total.«

»Keine Geheimnisse, schon vergessen?«, erinnerte ich ihn. »Mich ärgert es halt, wenn zum Beispiel die Mädchen aus Alexas Volleyballmannschaft Sachen wissen, von denen ich keine Ahnung habe.«

Er seufzte. »Ich glaube nicht, dass so viele Leute davon wissen oder sich auch nur dafür interessieren, wie du denkst.«

»Aber mich interessiert es nun mal«, entgegnete ich, obwohl mir selbst klar war, wie albern ich mich aufführte.

»Und wenn ich es dir sage, gibt es dann wieder Tränen?«

»Probier's doch aus.«

Widerstrebend tat er mir den Gefallen. »Das letzte Mal war Ende Mai, als Alexas Mom in New York war. Ich glaube, sie wollte mit deinem Dad in die Oper oder so. Und Alexa hatte mich zum Abschied eingeladen, bevor sie nach Kanada gefahren ist.«

Oh Gott. An den Tag erinnerte ich mich! Ich hatte Kiki mit nach Armonk genommen, und Alexa hatte uns erzählt, sie hätte sich einen »scharfen Typen aus der Neunten« eingeladen, der sie gefälligst anständig verabschieden sollte. »Nicht *zu* anständig natürlich!«

»Sam!«, protestierte ich. »Da kannten wir uns doch schon!«

»*Kannten*, ja, aber wir waren noch nicht *zusammen*. Und ich bin nun mal ein männliches Wesen«, fügte er hinzu. »Außerdem ist es echt unfair, mir solche Fragen zu stellen und dann sauer zu werden, wenn ich sie ehrlich beantworte.« Er ergriff meine Hand. »So viel lief da auch gar nicht bei dem Treffen.« Ich verstand, was er mir sagen wollte. »Und«, fuhr er fort, »damals hatte ich ja noch nicht mal deine Nummer.«

Ich nickte, schluckte den Kloß in meinem Hals hinunter und versuchte, diese neue Information zu verarbeiten. »Aber jetzt hast du meine Nummer«, brachte ich schließlich heraus und wischte mir über die Augen. »Seit wann sind wir denn überhaupt zusammen?«

»Seit dem 18. Juni. In der Windmühle.«

»Du weißt noch das genaue Datum?« Ich war überrascht.

Er nickte. »Willst du noch ein viel interessanteres Geheimnis hören?«

»Ich weiß nicht. Will ich?«

»Der Kuss mit dir war vielleicht nicht mein erster, aber du bist meine erste richtige Freundin.«

»Ehrlich?«

»Ehrlich. Es sei denn, du zählst Rosalind Richelson mit. Mit der war ich in der fünften Klasse zusammen. Drei Tage lang.«

Kates Handy klingelte, als wir im Auto saßen, und sie stellte auf Lautsprecher. Es war Brian, der Partner ihres Ex-Mannes. »Kate, Schätzchen, lass deinen Herrn Doktor sitzen und brenn mit uns durch«, schallte seine Stimme durch den Wagen.

»Hallo, Brian, lange nicht gesprochen. Wo geht's denn diesmal hin?«

»Auf die Galapagosinseln, in drei Wochen. Willst du mit?«

»Wollen schon, aber wer führt dann mein Vorortleben für mich weiter? Kinder, Katzen, Kräuterbeet, Kolumne.« Sie zwinkerte uns im Rückspiegel zu. »Gerade sind wir unterwegs zum Supermarkt, Katzenstreu kaufen. Vielleicht ist hinterher sogar noch ein Frozen Yogurt drin.«

»Ach, immer diese dumme Kolumne«, schimpfte Brian. »Kannst du die nicht mal sausen lassen?«

»Tja, jeder hat sein Kreuz zu tragen, und das ist meins. Ich schreibe über Teenies, du über Traumurlaube. Aber schickt mir eine Karte, ja?«

»Hi, Brian!«, rief Alexa. »Mir auch!«

»Hallo, Lexi-Hexi! Ich bin nicht ganz sicher, ob es auf den Galapagosinseln eine Postniederlassung gibt, nur rosa Flamingos, krebsrote Krebse und Blaufußtölpel. Aber wir denken an euch, versprochen.«

»Kommt ihr zu Weihnachten?«, fragte Kate.

»Als würden wir das je verpassen. Wir bringen Wein und Käse mit.«

»Sofias Großvater besucht uns«, sagte Kate, »also wird es ein spanischer Abend.«

»*Olé olé!* Dann bringen wir *Vino* und *Käso* mit«, sagte Brian.

»Erinnere Dad an das Ehemaligentreffen an der Schule. Wir haben ein Basketballspiel und alle Mögliche geplant«, mahnte Alexa.

»Nicht nötig. Er probiert schon jeden Abend, ob er noch in seine Jeans von vor dreißig Jahren passt.«

Kate lachte. »Also, *bon voyage*.«

Sie legten auf, und Alexa mahnte: »Erzähl mir bitte nicht, dass du es ihnen immer noch nicht gesagt hast.«

»Ich dachte, das möchtest *du* vielleicht nach dem Spiel am Samstag tun.«

»Mom, das hatten wir doch alles schon mal! Wenn man Neuigkeiten von gigantischen Ausmaßen hat, wie zum Beispiel, dass dein Freund bei dir einzieht oder du einen Braten in der Röhre hast, dann enthält man die seinen Lieben nicht vor. Das ist Basiswissen aus dem Grundkurs Leben.«

»Ist abgespeichert«, sagte Kate, die sich zweifelsohne noch lebhaft an die Szene nach Alexas Rückkehr aus Kanada erinnerte. Aber wir wussten wohl alle, dass der ›Grundkurs Leben‹ ziemlich hart war und eine hohe Durchfallquote hatte.

Thanksgiving verbrachten Dad und ich in Florida. Grandma Pat konnte nicht mehr reisen – wenn wir sie also sehen wollten, mussten wir in den Süden fliegen. Sie war vor fünf Jahren in eine Seniorenwohnanlage gezogen und hatte dort jede Menge Freunde – die einen ziemlich fit, die anderen weniger.

Dad und ich führten sie zum Truthahnessen in ihr Lieblingsrestaurant am Meer aus.

»Mom, du siehst ja toll aus«, staunte Dad. »Neue Frisur?«

»Tja, Achtzig ist das neue Fünfzig!« Sie lachte.

»Ist sie nicht umwerfend?«, fragte er mich extralaut.

»Ist sie!«, sagte ich, auch wenn ich es so nicht ausgedrückt hätte. Ihre Hände hatten Altersflecken, und ihre Oberarme waren wabbelig. Aber sie hatte sich wirklich nicht schlecht gehalten, und ihre blauen Augen hoben sich strahlend von ihrer blassen Haut und dem weißen Haar ab.

Früher hatte Grandma Pat immer gewitzelt: »Das Alter ist nichts als eine Zahl, und bei mir ist es eine Geheimzahl.« Aber ab ihrem fünfundsiebzigsten Geburtstag fing sie plötzlich doch an, überall herumzuposaunen, wie alt sie war, und sich in der allgemeinen Bewunderung zu sonnen. Wahrscheinlich schmeichelte es ihr heutzutage genauso, wenn die Leute sagten, sie sehe jung aus, wie es ihr früher geschmeichelt hatte, als hübsch bezeichnet zu werden.

»Und, Sofia, wie ist die neue Schule?«

»Gut. Es ist eine öffentliche Schule. Mit Jungs.«

»Na, lass dich von denen bloß zu nichts verleiten.«

Komische Ausdrucksweise. Hatte Alexa das mit Sam gemacht? Ihn *verleitet*?

»Singst du denn noch?«, erkundigte sie sich.

»Ja. Mein Chor gibt ein Weihnachtskonzert.« Sie ahnte ja nicht, was das für eine große Sache war. Selbst mein Dad wusste nicht, dass ich ein Solo singen würde – was mich langsam ziemlich nervös machte. Mr Rupcich hatte mich gefragt, weil der Song auf Spanisch war, und obwohl ich kurz versucht war, *Ich kann nicht* zu antworten, hörte ich mich plötzlich »In Ordnung« sagen.

Grandma fragte mich, ob ich denn schon nette Leute kennengelernt habe, und ich erzählte ihr von Gracie. Dann erkundigte sie sich nach Kiki, und ich berichtete von ihrer Kolumne im *Halsey Herald*.

»Ach, famos! Das Mädchen ist wirklich kess.«

Kess?

Einmal, vor vier Jahren, hatten Kiki und ich Grandma Pat besucht, während Mom und Dad ihren fünfzehnten Hochzeitstag mit einem kleinen Urlaub zu zweit feierten. Schon damals war meine Großmutter mir uralt vorgekommen. Als sie anbot, uns mit unseren

Koffern zu helfen, lehnten wir natürlich ab. Und als sie sagte: »Nähen kann ich ja noch, wenn nur diese Nadelöhre nicht so verflixt winzig wären«, sprangen Kiki und ich sofort auf und boten an, ein paar Nadeln für sie einzufädeln.

Dennoch hatte Grandma Pat sich immer verhalten, als wäre sie viel jünger. Sie machte sich sogar lustig über die »Tattergreise«, die, sobald man Hallo gesagt hatte, als Erstes eine Liste ihrer gesundheitlichen Probleme runterratterten. »Dieses Siechtumsgeseier kann ich nicht mehr hören«, stöhnte sie. »Hier hat doch jeder seine Wehwehchen, seine Zipperlein und seine dementen Momente.« Sie scherzte, das Gedächtnis eines ihrer Nachbarn sei so schlecht, dass er sich ständig über Überraschungspartys freute, obwohl er die Leute zuvor selbst eingeladen hatte.

Dad lachte. »Hör mal, Mom, ich habe Neuigkeiten.«

»Hoffentlich gute. Andere will ich gar nicht hören. Ich ertrage es nicht mal mehr, die Zeitung aufzuschlagen, da stehen sowieso nur noch Katastrophen und Todesanzeigen drin.«

»Ja, es sind gute Neuigkeiten.«

Der Kellner brachte unseren Truthahn mit Süßkartoffeln.

»Du weißt ja, dass ich eine Freundin habe, stimmt's?«

»Muss ja was Ernstes sein, wenn ihr schon zusammenlebt. Wann hast du denn vor, eine ehrbare Frau aus ihr zu machen? Du willst doch wohl ein gutes Vorbild für deine Tochter sein.« Grandma Pat sah mich an und zog die Nase kraus, und ich dachte: *Wenn du wüsstest.*

»Ich habe nichts als redliche Absichten.«

»Warum hast du sie dann nicht mitgebracht, Greggie?«

»Sie ist gerade in Ohio und besucht ihre große Schwester«, erklärte ich. »Mit ihrer Tochter, Alexa.«

»Und, hast du ihr schon einen Heiratsantrag gemacht?«, fragte Grandma Pat.

Damit hatte sie Dad ziemlich kalt erwischt. »Ähm, mit zwei Teenagertöchtern und unseren beiden Jobs ist das –«

»Sofia, was sagst du denn dazu?«

Ich dachte kurz nach und verkündete dann: »Ja. Ich bin eigentlich auch dafür, dass sie es amtlich machen.«

Grandma Pat klatschte in die Hände. »Wunderbar!«

»Es gäbe aber keine große Feier«, wandte Dad ein.

»Ich freue mich ja so für euch«, sagte sie. »Und jetzt habe *ich* Neuigkeiten: Ich habe nämlich auch jemanden kennengelernt.«

Was?!

»Er heißt Dean und kann hervorragend tanzen. Er spielt Klavier bei uns in der Kirche.«

»Wie schön, Mom!«

»Grandma, du wilder Feger!«

»Ein bisschen wild ist er vielleicht wirklich.« Sie lachte. »Er ist noch ein ganz junger Hüpfer. Siebenundsiebzig!«

»Fast noch ein Kind!«, scherzte ich.

»Er kann tatsächlich ganz schön kindisch sein. An seinem Geburtstag hat er darauf bestanden, dass für jedes einzelne Jahr eine Kerze auf den Kuchen kommt! Und was ist mit dir, Sofia? Hast du ein Herzblatt?«

»Schon möglich.«

»Wie aufregend! Komm, wir gehen uns mal das Näschen pudern, dann kannst du mir alles über ihn erzählen.«

Warum nicht? Sam war immerhin eins meiner Lieblingsthemen. Früher hatte ich immer gedacht, Grandma und ich hätten nichts gemeinsam, weil wir unterschiedliche Musik, Filme oder Zeitschriften mochten. Aber vielleicht hatte Grandma Pat ja doch noch ein paar unbekannte Seiten. Oder sie konnte einfach besser mit Teenagern umgehen als mit kleinen Kindern.

»Deine Grandma ist mir vielleicht eine«, sagte Dad, als wir im Mietwagen zurück zum Hotel fuhren. »Aber es freut mich, dass sie jemanden kennengelernt hat.«

Mein Grandpa Oscar war vor acht Jahren gestorben, und Dad schien kein bisschen Anstoß am neu erwachten Liebesleben seiner Mutter zu nehmen.

»Aber, Dad, wenn dieser Dean schon seine Geburtstagskerzen so sorgfältig zählt, dann wird er wohl auch neun Monate rückwärts rechnen können. Wann sagst du es Grandma?«

»Vielleicht doch besser erst nach der Fruchtwasserpunktion und den anderen Tests. Dann muss ich ihr nicht eröffnen, dass aus der Sache doch nichts wird.« Ich nickte. »Hilfst du mir, einen Ring auszusuchen?«

»Klar. Und Alexa sollten wir auch mitnehmen, oder?«

Er wirkte überrascht. »Das überlasse ich dir.«

»Ich weiß, sie kann anstrengend sein, aber so schnell werde ich sie ja jetzt sowieso nicht mehr los, darum ...«

Dad lächelte. »Sehr vernünftig.«

Unser Hotelzimmer hatte zwei große Betten und einen winzigen Balkon. Von dort sah ich hinaus auf das schwarze Wasser und den sternenklaren Himmel. Die Lichter des Gebäudes ließen den Sand wie eine Schneefläche leuchten.

Was mich an den Winter-Ball denken ließ. Ich wollte Sam einen kurzen Thanksgiving-Gruß schreiben, aber mein Handy suchte vergeblich nach Empfang. Hoffentlich spürte Sam irgendwie, dass ich an ihn dachte. Und hoffentlich lud er mich bald offiziell zum Ball ein. Der war schließlich schon in zwei Wochen!

Wieder sah ich hinaus aufs Wasser und dachte bei mir: *Das Meer bleibt immer gleich.* Doch gleich darauf wurde mir klar, dass das gar nicht stimmte. Das Meer veränderte sich ständig – Wellengröße, Wassertemperatur und -farbe, und sogar die Menge von Algen und Gischt am Strand.

Als wir schlafen gingen, ließen Dad und ich die Balkontür offen, damit wir das Rauschen hören und das Salz in der Luft riechen konnten, und ich lauschte auf das Flüstern von Wasser und Sand, Wasser und Sand, Wasser und Sand. Egal, was irgendwo irgendwem passierte, ob gut oder schlecht, die Flut würde immer wiederkommen.

Das zumindest blieb gleich: Die Welt kam nie zum Stillstand.

Vor anderthalb Jahren hatte ich diese Tatsache als hart und ungerecht empfunden. Jetzt dagegen war sie irgendwie ... tröstlich.

Der Wecker zeigte 6:44 Uhr an. Wo war ich? Was war das für ein komischer heller Strich auf dem Boden? Ach ja. Ich war in einem Hotelzimmer. In Florida! Und die Sonne lugte hinter den Vorhängen hervor.

Leise tappte ich raus auf den Balkon. Der Himmel war blassblau mit zarten, lavendelfarben schimmernden Wölkchen, die wie von unten angestrahlt wirkten. Aus ihnen kroch ein rosa-bernsteinfarbener Feuerball empor und sandte einen Streifen strahlenden Gelbs über das Wasser, als wollte er es zweiteilen. Natürlich kannte ich so was von Fotos, aber hatte ich je wirklich einen Sonnenaufgang beobachtet?

Am Strand waren zwei Pärchen unterwegs. Das eine joggte, und die anderen beiden hatten den Blick nach unten gerichtet – wahrscheinlich sammelten sie Muscheln. *Guckt hoch! Guckt hoch!*, hätte ich ihnen am liebsten zugerufen.

Ich selbst tat es jedenfalls und beobachtete, wie das Meer sich in einen Spiegel verwandelte. Die Sonne kletterte immer höher, und schon bald hatte sie sich verdoppelt – ein Exemplar oben am Himmel und eines unten auf dem Wasser, beide blendend hell.

»Dad, das musst du sehen!«, rief ich. Das hier war mehr als nur ein neuer Tag, der anbrach. Das hier war ... Alexa würde sagen: der Hammer.

Ich rief Kiki an. »Wie war Thanksgiving?«
»Hab zu viel gegessen.«
»Das muss so sein.«
»Und mein Dad war ekelhaft nett zu seiner neuen Freundin und ihrem jaulenden Köter und ihrem jaulenden Balg.«
»Tut mir leid.«
»Und außerdem hab ich gerade eine Drei minus kassiert. Ich hasse quadratische Gleichungen, und ich hasse Mr Gruneau und überhaupt alle Lehrer, die meinen, alle Asiaten oder auch nur Teilasiaten müssten Mathegenies sein!«
»Das ist echt daneben«, pflichtete ich ihr bei. »Wenn Alexa mir nicht in Mathe helfen würde, würde ich auch komplett baden gehen«, fügte ich hinzu. »Dafür gebe ich ihr Nachhilfe in *español*.«
»Heißt das, ihr zwei seid jetzt *amigas*?«
»Na ja, beste Freundinnen werden wir sicher nie«, sagte ich. »Und sie ist immer noch stinkig wegen der Sache mit dem Baby. Aber ja, schon irgendwie. Und wenn sie mich mal wieder anzickt, dann nehme ich's mir nicht so zu Herzen.«
»Wie läuft's mit Sam?«
»Gut.«
»Hat er dich inzwischen zu diesem Ball eingeladen?«
»Immer noch nicht. Was meinst du, was das bedeutet?«
»Dass selbst der perfekte Freund manchmal eben nicht perfekt ist.« Sie lachte.
»Ich könnte ja mal wahnsinnig forsch sein und ihn selbst fragen.«

»Wann kommst du uns denn mal an der Halsey besuchen?«, drängte sie. »Seit deinem Schulwechsel warst du noch gar nicht da!«

»Vielleicht zur Weihnachtsfeier?«

»Gute Idee. Wenn du zu lange nichts von dir hören lässt, denken die Leute noch, sie wären dir egal.«

»Okay, du Allwissende.«

Ich wollte meine alte Schule ja auch wirklich gern besuchen, aber noch war ich einfach nicht bereit dafür. Manchmal war es, als hätte ich eine Schatulle voller Erinnerungen in mir, und ich wollte selbst bestimmen, wann sie geöffnet wurde.

Besonders die unerwarteten Erinnerungen, die jähen Überraschungen, ließen mich noch immer erstarren.

Erst heute Morgen hatte Dad ein paar Fotos zum Entwickeln gegeben – er hatte eine alte Einwegkamera in einer Seitentasche seines Koffers gefunden. Nach der Schule hatte Kate mich zum Fotoladen gefahren, damit ich sie abholen konnte. Als ich wieder ins Auto stieg, musste ich völlig erschüttert gewirkt haben, denn sie fragte sofort: »Was ist los?«

Ich reichte ihr den Umschlag. Er enthielt vierundzwanzig Bilder von unserer Reise nach Florida im Frühling vor etwas mehr als anderthalb Jahren. Die meisten zeigten Pelikane, Palmen und Grandma Pat. Aber auf einem davon waren Mom, Dad und ich zu sehen, glücklich und zufrieden und ganz eindeutig eine Familie. Es war das letzte Foto von uns dreien – das allerletzte.

»Ein schönes Foto«, sagte Kate und betrachtete es eingehend.

Ich konnte nur daraufstarren. Wer waren diese Menschen?

Meine Mom, mit ihren braunen Augen und dem dunklen Haar, dem fröhlichen Lächeln. Wir alle lächelten so arglos, als wüssten wir nicht, wie die Zeit verging und wie vergänglich dieser Augenblick war.

Ich konnte meinen Blick nicht von dem Mädchen auf dem Bild abwenden. Sie wirkte so unschuldig, so jung, ihrer Mutter so ähnlich. Sie wusste nicht, was für ein schwerer Schlag ihr bevorstand, wie qualvoll die Trauer um einen geliebten Menschen war und dass man, wenn man sie schließlich halbwegs verarbeitet hatte, wenn man endlich wieder atmen konnte und wie aus monatelangem Schlafwandeln erwachte, im besten Fall die Kraft gefunden hatte, weiterzumachen. Das war die einzige Belohnung: Stärke, Widerstandsfähigkeit, plus vielleicht einen Hauch Lebensweisheit oder Verständnis für andere. Aber keine Mom. Seine Mom bekam man nicht zurück.

Tränen traten mir in die Augen. »Darauf war ich nicht gefasst«, sagte ich zu Kate.

»Tut mir so leid«, erwiderte sie.

»Wie lange hat es gedauert, bis du über den Tod deiner Eltern hinweg warst?« Alexa hatte mir erzählt, dass ihr Grandpa und ihre Grandma schon vor langer Zeit gestorben waren.

»Ach, Sofia.« Kate nahm mich in den Arm. »Wenn es so weit ist, sage ich dir sofort Bescheid.«

»Du, Mom, nicht dass ich zur Abwechslung mal *dir* gute Ratschläge geben wollte«, sagte Alexa, »aber gehört zu einem Baby im Bauch nicht meistens auch ein Ring am Finger?« Sie kleckste Haferflocken-Rosinen-Teig auf ein Backblech.

Ich gab vor, vollends mit der Zubereitung eines Lebkuchentees beschäftigt zu sein.

»Hm, da du's schon ansprichst ...« Kate hob die linke Hand.

»Das ist ein Haargummi!«

»Richtig.«

»Bitte erzähl mir jetzt nicht, dass Gregg dir statt eines Diamantrings ein popeliges Haargummi geschenkt hat. Das würde mich jetzt echt ein bisschen verstören.«

»Gestern Abend«, berichtete Kate, »hat Gregg mir dieses Band aus den Haaren gezogen und es mir an den Finger gesteckt. Natürlich nur als Scherz, aber mir gefällt's. *Uns* gefällt's. Es ist ein Versprechen.«

»Oh Gott! Wenn mein Freund mir ein olles Zopfband an den Finger stecken würde, dann wäre er aber ruckzuck mein Ex«, entgegnete Alexa. »Das verspreche *ich* dir.«

»Tja, wir zwei sind nun mal sehr verschieden.«

»Stimmt. Ich bin ein Mensch, der es einem Typen nie durchgehen lassen würde, wenn er ein Haargummi mit einem Klunker verwechselt. Würdet ihr zwei überhaupt heiraten, wenn der kleine Braten da nicht wäre?« Sie deutete auf Kates Bauch.

»Ja«, sagte Kate und fing meinen Blick auf. »Würden wir.«

Dezember

Wir gehen doch zusammen zum Ball, oder?, schrieb mir Sam eine Woche davor.

Ja, schrieb ich zurück. Aber romantisch war das jetzt nicht.

Sekunden später klingelte mein Handy. »Herzallerliebste Señorita Sofia«, sagte Sam, »würdet Ihr mir wohl die Ehre erweisen, mich auf den Winter-Ball zu begleiten?«

Ich musste lachen. »Die Ehre sollst du haben.«

Und jetzt war der große Abend gekommen.

Alexa und ich waren schon vor Wochen shoppen gewesen. Sie hatte sich für ein schwarzes, eng anliegendes Kleid mit Spaghettiträgern entschieden, ich mich für ein cremefarbenes, ausgestelltes aus Satin. High Heels trugen wir beide, aber Alexas waren höher als meine, sodass sie mich noch mehr überragte als sowieso schon.

Ich bürstete mir das Haar vor dem ovalen Spiegel, vor dem sich schon meine Mutter für Partys hübsch gemacht hatte. Hinter mir stand Alexa und hielt sich lange Glitzerohrringe an, die das Blau ihrer Augen betonten. Ich trug die Perlenstecker, die Mom als junges Mädchen von Abuelo geschenkt bekommen hatte.

Kate kam herein, erklärte uns beide für »umwerfend« und verkündete dann: »Ich habe gerade eine total niedliche Mail bekommen. Soll ich sie euch mal vorlesen? Ist auch ganz kurz.«

»Klar«, sagte ich.

Alexa verdrehte die Augen: »Tu, was du nicht lassen kannst.«

Kate las: »Liebe Kate, ich gehe zu einem Schulball, und da werden ja auch langsame Songs gespielt. Hilfe!!! Wie tanzt man eigentlich mit einem Jungen? Kannst du das bitte Schritt für Schritt erklären? Und mir sagen, was ich mit meinen Händen anstellen soll???«
»Da hätte ich den einen oder anderen Vorschlag«, prustete Alexa.

Ein paar Minuten später klingelte Sam an der Tür, und Dad ließ ihn rein. »Wow, du siehst wunderschön aus!«, befand Dad, als ich die Treppe runterkam.

Sam machte große Augen. »Tust du wirklich.«

Ich lächelte, zu schüchtern, um vor Dad zu erwidern, dass Sam in seinem geliehenen Smoking und der Fliege auch nicht übel aussah.

Dad ließ uns für Fotos posieren, und ich merkte, wie Sam sich genierte, in seiner Gegenwart den Arm um mich zu legen.

»Ohne Objektivdeckel fotografiert sich's noch besser«, neckte ich Dad, der schleunigst die Plastikkappe abnahm. Da ich wusste, dass er sich manchmal Sorgen machte, Alexas Frechheit könnte auf mich abfärben, fügte ich rasch hinzu: »Nichts für ungut.« Aber Dad musste ja eigentlich klar sein, dass es ein gutes Zeichen war, wenn wir einander nicht mehr mit Samthandschuhen anfassten.

Bald darauf trudelte auch Evan ein. »Wie wär's mit ein paar Gruppenfotos?«, schlug Dad vor. Er folgte uns nach draußen in den klaren, kalten Abend, und wir stellten uns noch mal für ein paar Bilder auf.

»So, das reicht jetzt aber!«, bestimmte Alexa und raunte mir zu: »Dein Vater ist ja der totale Paparazzo!«

»Viel Spaß, Leute!«, wünschte Dad und ging zurück ins Haus.

Alexa deutete hoch auf den Orion. »Da bist du ja wieder!«, rief sie dem Sternbild zu. »Den liebe ich«, erklärte sie. »Fehlt mir immer richtig während der warmen Monate. Guckt euch nur diese Schultern an!«

Evan massierte ihr den Nacken. »Du machst mich noch eifersüchtig.«

»Ach, dir kann er natürlich nicht das Wasser reichen.« Sie küssten sich.

Sam und ich stiegen hinten in Alexas Wagen ein, und Alexa und Evan setzten sich nach vorne.

»Stadtkinder haben es viel leichter«, sagte Alexa und drehte den Zündschlüssel. »Da muss nie einer nüchtern bleiben, weil eh keiner mit dem Auto zu Partys fährt.« Sie drückte Evan eine Flasche Sekt in die Hand, die sie im Kühlschrank versteckt haben musste. »Schön gerecht aufteilen, Kinder«, mahnte sie und fuhr los.

Evan trank und reichte die Flasche an Sam weiter, der ebenfalls einen Schluck nahm und sie dann mir hinhielt. Ich fand es gut, dass er mir den Alkohol nur anbot und mich nicht drängte. Denn obwohl ich niemandem seinen Schwips missgönnte, wusste ich, nachdem ich mich so viele Monate wie im Taumel gefühlt hatte, meine neugewonnene Sicherheit und den festen Boden unter meinen Füßen zu sehr zu schätzen. Also blieb ich mir – oder meinem neuen Ich? – treu und schüttelte den Kopf.

»Alexa«, sagte Sam, »ich kann's immer noch nicht glauben, dass deine Mom schwanger ist.«

»Frag mich mal. Also, wenn das ein Kotz- oder Kreischkind wird, reiche ich es sofort an Sofia weiter, glaub mir.«

»Mach das«, erwiderte ich.

»Du kommst mir auf einmal so viel älter vor als am Anfang«, stellte Alexa fest und fing meinen Blick im Rückspiegel auf. »Damals hab ich noch befürchtet, ich müsste für *dich* den Babysitter spielen.« Sie sah zu Evan rüber. »Verrückt, dass ihr Dad und meine Mom tatsächlich zusammen in die Kiste gesprungen sind, oder?«

Sie erzählte, wie unsere Eltern sich kennengelernt beziehungsweise wiedergefunden hatten und Kates Auto liegen geblieben war, nur dass es bei ihr klang, als hätte Dad in heimtückischer Absicht Kates Autobatterie entladen.

Ich lehnte den Kopf an Sams Schulter. Zum Glück hatten er, Alexa und ich einen Weg gefunden, einigermaßen normal miteinander umzugehen. Kurz versuchte ich, mir die beiden vor einem Jahr zusammen auf dem Ball vorzustellen. Dann jedoch beschloss ich, dass es klüger war, einfach im Hier und Jetzt zu bleiben.

Es war schön, mit Sam an meiner Seite den Ballsaal zu betreten. Auf den Tischen standen rote Weihnachtssterne, und alles war mit Bündeln weißer, silberner und blauer Heliumballons dekoriert. Die Mädchen riefen einander zu: »Du siehst so toll aus!« und »Wo hast du denn das Kleid her?«, während die Jungs einander aufzogen: »Guckt euch mal den Pinguin hier an!« oder »Hey, geduscht und gekämmt siehst du ja fast aus wie ein Mensch!«

Überall wurden Selfies gemacht, bevor sich alle um das Handydisplay drängten, um das Ergebnis zu begutachten. »Schickst du mir das?«, »Oh Gott, bitte sofort löschen!«, »Das musst du posten!« und »Das kannst du doch nicht posten!« Immer größere Gruppen bildeten sich, und sobald sich jemand bereit erklärte, das Bild zu schießen, bekam er direkt einen Haufen weiterer Handys in die Hand gedrückt.

Im Saal stürzten alle zu den Tischen. Sam, Alexa, Evan und ich sicherten uns Plätze, und ein paar Mädchen aus Alexas Volleyballmannschaft gesellten sich zu uns, die so aufgestylt völlig anders aussahen.

Aus meiner Stufe waren nur wenige Leute da, aber einen Tisch weiter saß Gracie mit einer ihrer Freundinnen aus der Zehnten. Sie sah toll aus in ihrem leuchtend grünen Kleid mit der Paillettenschärpe, und wir unterhielten uns ein bisschen über das bevorstehende Konzert unseres Chors.

Zach saß mit Zoe und den Zwillingen an einem Tisch – kaum zu glauben, dass ich die beiden anfangs nicht auseinanderhalten konnte. Wir winkten einander zu, aber ich war froh, neben Sam zu sitzen.

Eine von Alexas Sportlerfreundinnen sagte: »So ein knalleges Kleid kann auch nur jemand anziehen, der so fit ist wie du!«

»Ich wäre ja eher für *aus*ziehen«, witzelte Evan und schob Alexa langsam einen der Spaghettiträger von der Schulter.

Alexas Blick fiel auf meine Schulter. »Das ist ja 'ne coole Narbe, Sofia. Wie ein kleines Kreuzchen.«

»Das markiert, wo der Schatz liegt«, erklärte Sam und drückte einen Kuss darauf.

Nevada lachte. Ihre Begleitung war ein hochgewachsenes Mädchen mit wunderschön karamellbrauner Haut. Ulkig, mir war gar nicht klar gewesen, dass sie lesbisch war.

Zum Essen wurde Hühnchen mit Reis serviert und als Nachtisch natürlich, passend zum Motto des Abends, ein »Schneeball«: Vanilleeis, ummantelt von Kokosraspeln und mit einem Klecks Schokoladensoße.

Danach stürmten wir die Tanzfläche, für einen kurzen Moment vereint zu einer fröhlichen Gemeinschaft anstelle von verstreuten Cliquen aus Einzelpersonen mit vielschichtigen, ineinander verschlungenen Lebensläufen.

Ich brachte Sam ein paar Drehungen und Jitterbug-Schritte bei, die ich früher mit meinen Schulfreundinnen geübt hatte. Während eines langsamen Stücks raunte er mir zu: »Ich hab schon ein Geburtstagsgeschenk für dich.« Wir wiegten uns im Rhythmus, und er gab sich sichtlich Mühe, mir nicht auf die Zehen zu treten.

»Ehrlich?« Ich lehnte mich zurück, um ihm in die Augen sehen zu können, aber dann kuschelte ich mich lieber wieder an seine Brust.

»Ich glaube, es wird dir gefallen.«

Es war schön, ihm so nahe zu sein und seinen Körper an meinem zu spüren. Und sein Gesicht war so schön – dunkelblondes Haar, blasse Wimpern, sexy Lächeln. Ich nahm jeden seiner Blicke in mich auf. War das Liebe? In diesem Moment kam es mir so vor, aber wenn ich in der Schule saß oder zu Hause an meinem Schreibtisch, war ich mir nicht so sicher. Außerdem wollte ich die drei Worte noch immer nicht aussprechen. Liebe war gefährlich. Wenn man jemanden liebte, hatte man viel zu verlieren.

»Gib mir mal einen Tipp«, flüsterte ich.

»Noch eine Woche, dann findest du es raus. Aber wenn du willst«, schlug er schelmisch vor, »sage ich dir für je einen Kuss, was es *nicht* ist.«

Ich gab ihm einen Kuss.

»Es ist keine Gitarre.«

Noch einen.

»Es ist kein Meerschweinchen.«

Noch einen.

»Es ist kein Spezialstein zum Hüpfenlassen.«

Noch ein Kuss, diesmal ein längerer.

»Es ist leider, leider auch kein rotes Cabrio.«

Ich küsste ihn für zehn Sekunden.

»Es ist keine Reise nach Paris.«

Ich schmiegte mich an ihn. Als ich die Hände auf seine Schultern legte, lächelte er zu mir herunter. Am liebsten wäre ich in ihn hineingekrabbelt, um ihm so nahe wie möglich zu sein, aber zugleich wollte ich ihm in die Augen blicken und genießen, wie gut er aussah, wie süß er war, wie – verliebt in mich?

Als Kiki mich das letzte Mal nach einem Update zu meinem Liebesleben gefragt hatte, hatte ich gesagt, ich wisse nicht so recht, ob ich verliebt sei oder nicht. Woraufhin sie genickt und mir gestanden hatte, dass sie seit Längerem einmal mit niemandem zusammen sei und es »überraschend okay« finde.

Ich war froh, dass Sam und ich es langsam angehen ließen und niemand den anderen zu irgendetwas drängte. Ich hoffte, dass wir die Zeit haben würden, einander in unserem eigenen Tempo näherzukommen. Zeit, uns Zeit zu lassen.

»Ich habe Grandma Pat von ihrem zukünftigen Enkelkind erzählt«, berichtete Dad. »Sie ist total aus dem Häuschen.«

»Ob ich es Abuelito auch sagen sollte, bevor er kommt?«

»Wäre wohl besser.«

Abuelito war schon etwas schockiert, aber froh, dass ich mich so freute. Als ich hinzufügte, dass Dad und Kate heiraten würden, sagte er: »*Hombre, claro*«, was ich für Dad als eine Mischung aus »Natürlich« und »Das will ich doch schwer hoffen!« übersetzte.

Schon witzig. Das Verb *casar*, »heiraten«, kommt von *casa*, »Haus«. In diesem Fall jedoch war das Haus zuerst da gewesen.

Dad, Alexa und ich trafen uns heimlich bei Tiffany an der Ecke Fifth Avenue und 57. Straße. Der Laden war außen mit einer riesigen roten Schleife dekoriert, als wäre er ein gigantisches Weihnachtsgeschenk. Wir nahmen den Aufzug in die erste Etage, um uns die Diamantringe anzusehen. Ein paar Pärchen standen bereits dort und tranken Champagner – wenn man genug Geld ausgab, ließen sie sich bei Tiffany anscheinend nicht lumpen.

Eine elegante junge Frau ganz in Schwarz kam auf uns zu. »Was kann ich für Sie tun?«

Dad sagte, er wolle einen Ring kaufen, und erklärte: »Ich heirate die Mutter dieser jungen Dame hier.«

»Wunderbar«, sagte die Frau und präsentierte uns reihenweise Ringe, manche klein, manche groß, die einen rund, die anderen eckig, mit einzelnen oder vielen Steinen besetzt.

»Was kostet dieser hier?«, wollte Alexa wissen und deutete auf einen großen blassrosa Diamanten.

»Der ist außergewöhnlich schön, nicht wahr?«, fing die Frau an. »Nun, der Preis hängt natürlich vom Schliff, der Farbe und der Karatzahl ab.«

»Zehntausend?«, schätzte Alexa.

»Eher hunderttausend. Das ist ein einzigartiges Stück, wir haben es gerade gestern erst hereinbekommen.«

Alexa riss die Augen auf, und die Frau führte uns an eine andere Verkaufstheke, wo sie Dad etwas schlichtere Diamantringe zeigte.

»Das hier sind unsere Klassiker. Die sind überaus beliebt.«

Dad deutete auf einen davon und fragte, was Alexa und ich davon hielten.

»Wunderschön«, sagte ich.

»Besser als das Haargummi«, sagte Alexa.

»Der ist es«, verkündete Dad entschlossen, und die Frau klopfte mit den Fingerknöcheln auf die Theke, damit jemand kam und Dads Kreditkarte entgegennahm. Eine dritte Mitarbeiterin verstaute den Ring in einer schwarzen Samtschatulle, wickelte diese in Papier ein und steckte das Ganze in einen blassblauen Karton, um den sie zu guter Letzt eine rote Schleife band. »Zu Weihnachten benutzen wir immer Rot«, erklärte sie.

Als wir wieder in den Aufzug stiegen, schlug Alexa vor, doch mal in den dritten Stock hochzufahren.

»Warum?«, fragte ich.

»Da ist die Besteckabteilung«, sagte sie. »Der kleine Scheißer wird schließlich mit einem goldenen Löffel im Mund geboren, stimmt's? Wir könnten mal nachgucken, was der wert ist.«

»Darf ich dich kurz was fragen?« Ich steckte den Kopf in Kates Arbeitszimmer. Sie trug eine lila Jogginghose und einen von Dads alten Pullovern – Alexa nannte das ihren Katzenladylook.

»Na klar. Das machen die Mädchen hier ja auch.« Kate drehte den Bildschirm so, dass ich drei markierte E-Mails lesen konnte.

Ich hab meine Mom ewig um ein Handy angebettelt und auch eins bekommen, aber ich hatte eine Wasserflasche in der Tasche, die wohl nicht richtig zugedreht war, und dann ist das Handy nass geworden und kaputtgegangen, und jetzt hab ich total Angst, dass meine Mutter mich killt.

Was macht man, wenn der einzige Mensch, der einen dazu bringen kann, mit Weinen aufzuhören, derjenige ist, der einen überhaupt erst zum Weinen gebracht hat?

Glaubst du, Teenager sind zu jung, um echte Liebe zu empfinden?

»Was hast du der Dritten geantwortet?«, fragte ich betont beiläufig.

»Dass die Gefühle von Teenagern genauso echt sind wie die von jedem anderen auch und dazu noch sehr intensiv sein können, sie sich aber möglichst viel Zeit lassen soll. Du kennst mich ja – ich bin nicht für Knall-auf-Fall-Verliebtheit.« Mit einem ironischen Lächeln tätschelte sie sich den mittlerweile ziemlich runden Bauch. »Wie geht's Sam?«

»Gut.« Catlover wäre weitaus weniger einsilbig gewesen, das war uns beiden klar. »Ich wünschte, ich könnte dir mit deiner Post helfen. Kiki sagt immer, ich soll dich fragen, ob sie mal ein Praktikum bei dir machen darf.«

»Ach ja? Na, warum nicht? Könnte funktionieren.«

»Im Ernst?« Ich erbot mich, ihr Kikis Kolumne zu zeigen, die noch irgendwo in meinem Rucksack stecken musste.

»Sie kommt doch auch zu deinem Konzert, oder? Da könnte ich mich ja mal mit ihr darüber unterhalten.«

Mein Konzert. Mit einem Mal packte mich das Lampenfieber. Wollte ich wirklich wieder vor Publikum singen? Was, wenn ich in Panik geriet? Den Text vergaß? Ich hatte Dad, Kate und Alexa nicht mal erzählt, dass ich einen Solopart hatte. Aber dafür fleißig unter der Dusche geübt, wenn ich allein zu Haus war.

»Aber du wolltest mich etwas fragen?«, erinnerte Kate.

»Wegen Weihnachten. Stellt du und Alexa eigentlich keinen Baum auf?«

»Doch, jedes Jahr! Wir holen den größten, den wir ins Wohnzimmer quetschen können, und dann tobe ich mich bei der Deko so richtig aus. Meistens steht er wochenlang hier rum – ein Wunder, dass er nicht mehr da war, als dein Dad mich letzten Februar besucht hat. Ist das ... in Ordnung?«

»Na klar. Aber worauf warten wir denn dann? Es ist doch schon der fünfzehnte Dezember!«

»Ich dachte, du möchtest vielleicht zuerst deinen Geburtstag feiern.«

»Lass uns einfach alles auf einmal feiern.«

»Ich habe Teigtäschchen mitgebracht!« Kiki stieg aus dem Zug und überreichte Dad zwei köstlich duftende Tüten. »Mom sagt immer, vietnamesisches Essen ist perfekt für die Vorweihnachtszeit, weil die Leute irgendwann nämlich die Nase voll von Plätzchen haben.«

»Schade, dass das Saigon Sun nicht bis nach Armonk liefert«, seufzte Dad.

»Hat es doch gerade!« Kiki lachte. Auf der Fahrt nach Hause erzählte sie von ihrer neuen Ratgeberkolumne und einem witzigen Artikel, den ihr jemand weitergeleitet hatte: *Warum Männer keine Ratgeberkolumnen schreiben.* Sie kramte einen zerknitterten Zettel aus der Tasche. »Bereit? Ich lese vor: ›Lieber Larry, ich brauche deine Hilfe. Gestern, während mein Mann vor dem Fernseher saß, bin ich zur Arbeit gefahren. Nach nicht mal einer Meile hat das Auto plötzlich ganz unheimliche Geräusche von sich gegeben und ist liegen geblieben. Ich bin zurück nach Hause gelaufen und habe meinen Augen nicht getraut – mein Mann lag mit einer anderen Frau im Bett! Er hat sich tausendmal entschuldigt, aber ich fühle mich einfach so hintergangen! Was soll ich nur tun? Liebe Grüße, Betsy.‹ Und das war die Antwort: ›Liebe Betsy, wenn ein Auto nach einer so kurzen Strecke anfängt zu stottern und stehen bleibt, liegt es höchstwahrscheinlich am Motor. Hast du mal die Treibstoffleitung überprüft?‹«

Dad lachte und sagte, das solle sie unbedingt Kate zeigen, also steckte Kiki den Zettel zurück in die Tasche.

Im Haus bewunderte Kiki ausgiebig unseren stattlichen Weihnachtsbaum und sah dann aus dem Fenster: »Ui, da draußen stakst ja ein Reh rum!«

»Das muss Hirsch heißen! Sag das dreimal schnell hintereinander: Hirsch heißen, Hierscheißen, Hier-scheißen.« Alexa lachte. »'ne Meise haben wir auch – und nicht nur eine –, guck mal, draußen am Futterspender. Indianermeise, Schwarzkopfmeise, alle da!«

»Du kennst dich ja aus.«

»Alexa und ihr Dad haben zusammen immer Vogelkundewanderungen gemacht«, erklärte ich. So langsam machte *ich* nämlich Fortschritte in Baird-Kunde.

Kate kam aus ihrem Büro.

»Wow, du siehst ja super aus!«, sagte Kiki.

Kate vollführte eine Drehung. »Ich fühle mich auch super. Das zweite Schwangerschaftsdrittel ist definitiv angenehmer als das erste.«

»Mom, biete Kiki jetzt bloß nicht an, dass sie ihre Hand auf deinen Bauch legen soll, wenn es tritt«, stöhnte Alexa. »Das ist so gruselig!«

»Spinnst du? Klar will ich die Tritte fühlen!«, sagte Kiki.

»Komm, wir zwei holen mal die Kartons rauf«, forderte Dad mich auf, und wir stapften runter in den Keller, um den gesammelten Weihnachtsschmuck der Familien Baird und Wolf zu holen. »Zeit, den Baum schick zu machen.«

»Bin ich froh, dass ihr hier seid«, sagte Alexa. »Alleine mit Mom zu schmücken ist 'ne traurige Angelegenheit. Sorry, Mom, nicht böse gemeint.«

»Zu zweit *ab*schmücken ist noch viel schlimmer«, merkte ich an.

»Wie wahr«, sagte Alexa.

Kiki überprüfte eine Lichterkette auf ihre Funktion, bevor sie anfing, sie um den Baum zu wickeln. Danach half sie mir, die rot-grüne Papierkette aufzuhängen, die ich damals in der ersten Klasse mit Mom gebastelt hatte.

In einem Durchgang hängte ich den Mistelzweig auf und in einem anderen eine goldene Glocke, die *Jingle Bells* spielte, wenn man am Klöppel zog.

Alexa stellte die Krippe auf, die Abuelo gebaut hatte, und wollte wissen, wo die Kühe, Schafe und der Esel hingehörten.

»Neben das Jesuskind«, sagte ich.

»Und was ist mit den drei Typen hier? Wo waren die noch mal her, aus dem Morgenland?«, fragte Kiki und lachte.

Die Katzen drehten vollkommen durch. Pepper sprang in alle Kartons und wieder raus, und Coco wurde wieder zum verspielten Katzenjungen und haute so lange nach einer niedrig hängenden Christbaumkugel, bis sie vom Baum fiel. Dann nahm sie sie wie eine tote Maus in die Schnauze und legte sie Alexa zu Füßen.

»Ist das ein Zeichen ihrer Liebe, so von Katze zu Mensch?«, fragte Kiki.

»Ich dich auch«, sagte Alexa und streichelte Coconut, die daraufhin ihr Hinterteil in die Luft reckte. »Hey, mach mal lieber halblang, Süße, sonst handelst du dir noch einen schlechten Ruf ein.«

»Gibt es auch schon Geschenke, die wir unter den Baum legen können?«, fragte Kiki.

»Jede Menge!« Dad eilte nach oben, und Kate verschwand im Bügelzimmer.

Dad kam mit Schachteln beladen zurück, aber die kleine blaue von Tiffany war nicht dabei. Wo er die wohl versteckt hatte?

Auch Kate kam mit einem Arm voller Geschenke wieder, als sie plötzlich rief: »Kiki, schnell! Fühl mal hier!«

Kiki stürzte zu Kate und legte ihr die Hand auf den Bauch.

»Ein kleiner Gruß aus der Zukunft«, sagte Kate strahlend.

Das Baumschmücken hatte mich vom bevorstehenden Weihnachtskonzert abgelenkt, jetzt jedoch war ich wieder das reinste Nervenbündel. Während ich in Rock, Oberteil, Strumpfhose und hohe Schuhe – alles in Schwarz – schlüpfte, machte ich Gesangsübungen. Dann fuhr Alexa mich zur Schule und reservierte schon mal Plätze in der zehnten Reihe, bevor sie die anderen abholte.

Ich hatte meiner Familie erzählt, dass unser Chor Lieder aus aller Welt wie *Tu scendi dalle stelle* und *Il est né le divin enfant* eingeübt hatte. Was sie jedoch nicht wussten, war, dass ich die letzte Strophe von *Los peces en el río* ganz allein singen würde. Ich hatte das Lied heimlich geübt und mir vorgenommen, es im Stillen meiner Mom zu widmen. Außerdem hatte ich mir meinen Erfolg »visualisiert«, wie es uns Dr. G. an der Halsey beigebracht hatte. Aber es war immer noch eine Sache, sich bloß vorzustellen, wie ich im Rampenlicht stand und aus voller Kehle drauflosschmetterte, und eine völlig andere, es tatsächlich zu tun.

Ich wickelte ein Honig-Halsbonbon aus dem Papier, gesellte mich zum Rest des Chors hinter die Bühne und wärmte mich zusammen mit Gracie auf. Schon bald hörten wir, wie im Zuschauerraum immer mehr Leute ihre Plätze einnahmen.

In meinem Bauch taumelten die Schmetterlinge panisch gegeneinander, und dann war es so weit: Ich folgte den anderen Chormitgliedern auf die Bühne. Das Licht im Saal wurde gedimmt, die Scheinwerfer erstrahlten, und wir fingen an zu singen, zuerst auf Englisch, dann Italienisch, dann Französisch.

Und schließlich war ich an der Reihe. Mit wild wummerndem Herzen holte ich ein paarmal tief Luft, trat vor und blickte hinunter in den Zuschauerraum. Ich versuchte Dad, Kate, Alexa, Sam und Kiki zu erspähen, aber es war zu dunkel – und vielleicht war das auch gut so.

Das hier war mein großer Auftritt. Ich musste meine Stimme tief aus meinem Inneren heraufholen und sie jedem Einzelnen im Saal zum Geschenk machen. Mom hatte immer gesagt, eine solche Gabe müsse man mit der Welt teilen. »¡*Canta!*«, glaubte ich sie sagen zu hören – Sing!

»Das hier ist für dich«, antwortete ich lautlos. »*Es para ti.*«

Und dann sang ich, mit lauter und klarer Stimme, auf Spanisch. Ich sprach jedes Wort deutlich und korrekt aus und traf jeden Ton. Für mich, für das Publikum und für meine Mom.

Als ich fertig war, blieb es mucksmäuschenstill, und ich wusste nicht, ob ich lächeln oder mich verbeugen, im Scheinwerferlicht stehen bleiben oder von der Bühne rennen sollte. Dann sagte eine Männerstimme im Dunkeln »Wow«, und kurz darauf brach tosender Applaus los.

Als ich nach dem Konzert in den hell erleuchteten Schulflur trat, umarmte mich Dad und sagte, ich hätte fantastisch gesungen. Kate stimmte zu, und Sam flüsterte: »Du bist der Wahnsinn.«

Kiki staunte: »So gut warst du ja noch nie!«

Gracie gesellte sich zu uns, und Kiki bewunderte ihren Schal, woraufhin Gracie erklärte, sie habe ihn aus alten Krawatten gemacht.

Selbst Alexa war voll des Lobes. »Oh Mann, Sofia. Zwischendurch war ich mal nicht ganz bei der Sache und hab so durch die Gegend geguckt, und da höre ich auf einmal diese hammermäßige Stimme, und verdammt, das warst ja du!«

»Danke.«

»Du weißt, ich bin nicht gerade der Kuscheltyp«, fügte sie hinzu. »Aber zwei Sachen haben echt Eindruck auf mich gemacht. Das eine war deine Stimme. Und das andere meine Reaktion darauf.«

»Wie meinst du das?«

»Als du da gesungen hast, hab ich gedacht: Hey, seht ihr die Kleine da oben? Das ist meine Schwester.« Sie versetzte mir einen Schubs, und ich schubste zurück.

»Wollen wir nicht mal langsam das Kinderzimmer herrichten?«, fragte Dad.

Wir standen zu viert vor der Tür des »kleinen Zimmers«, wie Kate es bislang immer genannt hatte, und spähten hinein. Es quoll geradezu über vor Fachbüchern, *Fifteen*-Stapeln, Sportpokalen, einer Nähmaschine, einer Kaffeemaschine, alten Skiern, Bodyboards, Klamotten und sonstigem Kram.

»Na, das muss ja nicht über Nacht geschehen«, erwiderte Kate.

»Ihr versteht das nicht«, erklärte ich. »Dad geht in solchen Projekten völlig auf. Das ist seine Vorstellung von Vergnügen.«

Seit unserem Einzug war im Haus der Bairds – *unserem* Zuhause – immer mehr Ordnung eingekehrt. Dad hatte sich nacheinander die Garage, den Keller, das Bücherregal und die Küchenschränke vorgenommen.

»Wirkt schon ein bisschen zwanghaft«, befand Alexa.

»Auf eine gute Art«, warf Kate ein.

»Mich juckt es tatsächlich schon in den Fingern«, gab Dad zu. »Wenn man in einer kleinen Wohnung lebt, träumt man immer davon, eines Tages ein Extrazimmer zu finden ... und hier ist plötzlich eins!«

Dad und Kate krempelten die Ärmel hoch, während Alexa und ich uns lieber dick einmummelten und eine schnelle Runde um den See marschierten.

»Meinst du, wir sollten eine Babyparty für Mom schmeißen?«, fragte sie.

»Keine Ahnung, darüber hatte ich noch gar nicht nachgedacht.«

»Ich war mal bei einer, da gab es so lustige Spiele.«

»Was denn für welche?«

»Na, zum Beispiel sollte jeder Gast ein Babyfoto von sich mitbringen, die wurden dann an die Wand gehängt, und alle mussten raten, wer wer ist. Und Baby-Stadt-Land-Fluss haben wir auch gespielt.«

»Wie geht das denn?«

»Mit Kategorien wie ›Kinderbücher‹ und ›Namen von Promibabys‹. Also wenn zum Beispiel K dran ist, könntest du unter ›Was alles aus Babys rauskommt‹ *Karottenbrei* oder *Kacka* oder *Kotze* schreiben und kriegst zehn Punkte, wenn niemand sonst dein Wort hat.«

Ich warf Alexa einen prüfenden Blick zu. »Du begeisterst dich ja immer mehr für diese Babygeschichte.«

Sie grinste schief und sagte: »Ich weiß. Erzähl's ja keinem.«

»Endlich fünfzehn!«, jubelte Sam am einundzwanzigsten Dezember. Abuelo war pünktlich zu meinem Geburtstag aus Spanien eingetroffen, und wir wollten alle gemeinsam im Red Hat am Hudson River essen gehen.

Sam schenkte mir eine zarte Halskette mit einem winzigen goldenen Anhänger in Schildkrötenform. Ich legte sie sofort um und genoss das Gefühl auf meiner Haut. Außerdem freute ich mich, dass ihm meine Vorliebe für Schildkröten aufgefallen war. Während des Essens tasteten meine Finger immer wieder nach dem Anhänger.

Abuelo überreichte mir ein selbst gemachtes Schmuckkästchen mit kunstvoll geschnitztem Deckel, in dem ich meine Perlenohrringe und die Schildkrötenkette aufbewahren konnte.

»*Gracias*«, sagte ich, obwohl ich mir nicht vorstellen konnte, dass ich die Kette jemals wieder ablegen würde.

Ich bekam noch viele weitere Geschenke, darunter eine gerahmte Vergrößerung des Familienfotos aus Florida von Kate.

Als der Kellner einen Schokoladenkuchen voller brennender Kerzen vor mir auf den Tisch stellte, wusste ich gar nicht, was ich mir wünschen sollte. Also wünschte ich mir, dass es einfach so weiterging – dass dieses Glück anhielt.

Vielleicht würde das neue Lebensjahr ein gutes werden. Oder vielleicht, dachte ich, als mir die Mail wieder einfiel, die Frag-Kate im

Februar an Catlover geschrieben hatte, wurde es einfach manchmal leichter, dann wieder schwerer, dann wieder leichter und immer so weiter. Es war vermutlich mehr als verständlich, dass ich eine Weile lang Schildkröte gespielt hatte, dass ich es langsam hatte angehen lassen und immer auf Nummer sicher gegangen war. Immerhin hatte ich dabei trotzdem stets einen Fuß vor den anderen gesetzt und war jetzt stärker als zuvor.

Ich sah mich am Tisch um. Alle plauderten fröhlich, waren zufrieden und gesund. Mir war klar, dass ich mich niemals wieder so geborgen und sorglos fühlen würde wie als Kind, als ich noch geglaubt hatte, der Tod beträfe mich nicht. Aber es ging mir ganz gut. Mehr als das. Ich war aus meinem tiefen Loch hervorgekrabbelt, und ... ich wurde erwachsen.

Darf ich vorstellen: Die Bryans!«, verkündete Kate und öffnete die Haustür.

Nachdem ich schon so viel von den beiden gehört hatte, konnte ich es kaum glauben, dass ich sie nun endlich kennenlernen würde. »Frohe Weihnachten!«, rief Brian. »Olé olé!« Er trug eine Designersonnenbrille auf dem Kopf. »Kiss me, Kate«, sagte er und gab ihr Luftküsschen links und rechts. »Und jetzt lass mal sehen«, verlangte er, ließ sie eine Pirouette drehen und schnalzte anerkennend.

»Hi, Kate!«, sagte Bryan und trat sich die Stiefel ab. »Wir freuen uns so auf euren Nachwuchs!« Er war größer, als ich ihn mir vorgestellt hatte, lässig und sehr gut aussehend. Ich konnte verstehen, was Kate an ihm gefunden hatte.

»Kommt rein, kommt rein, es ist kalt draußen«, sagte sie.

»Du dagegen bist echt *heiß*, meine Liebe!« Brian bewunderte immer noch Kates neue Kurven. Dann wandte er sich Dad zu: »Gregg, du Hengst!«

»Wolf«, korrigierte Dad grinsend. Er war den Bryans schon ein paarmal begegnet, als er Alexa nach New York mitgenommen hatte.

Bryan überreichte Kate einen Korb. »Wir haben Cava, Manchegokäse und Quittenpaste mitgebracht.«

»Dulce de membrillo! Die liebe ich!«, sagte ich.

Dad stellte Bryan und Brian Abuelo vor, der große Augen machte. Alexa kam die Treppe runtergehüpft. »Daddy! Brian!«

»Hallo, meine Süße!«

»Lexi-Hexi!«

Wieder Küsse, Umarmungen, Geschenke – darunter ein kitschiger Weihnachtsbaumschmuck. »Ist das nicht großartig?« Brian führte uns das Ding vor, das auf einer Seite eine Palme darstellte und auf der anderen eine Frau im Bikini, die die Hände in die Luft reckte. »Guckt mal, da steht drauf: *Aus Tahiti für mein Sweetie!*«

Brian war witzig. Ich konnte auch verstehen, was Bryan an ihm fand.

»Ich dachte, ihr wolltet auf die Galapagosinseln«, sagte Alexa.

»Wollten wir und waren wir! Aber dann sind wir gleich weitergeflogen. Der nächste Artikel für das nächste Reisemagazin«, erläuterte Bryan.

»Ich habe echt den falschen Job!«, klagte Kate.

»Quatsch«, tröstete Brian. »Die Bezahlung ist unter aller Kanone. Und wir müssen jeden Konferenzsaal und jede Business-Suite inspizieren – laaaangweilig! Und erst diese endlosen Busfahrten!« Er schlug sich theatralisch die Hand vor die Stirn und zwinkerte Bryan zu. »Was tun wir nicht alles, um unsere Leser zufriedenzustellen, was?«

»Mir blutet das Herz«, neckte Kate ihn. »Kommt, Leute, eine Runde Mitleid!«

Ich übersetzte für Abuelo, der sich redlich bemühte, bei alldem mitzukommen. Dann gingen wir ins Wohnzimmer, wo schon ein Feuer im Kamin knisterte.

»Obwohl, etwas Aufregendes ist doch passiert«, berichtete Bryan, während er die Palmendame an den Baum hängte. »In einer Nacht hatten wir Vollmond, und es gab einen Mondregenbogen! Der Schiffskapitän hat gesagt, so was hätte er in dreißig Jahren auf See noch nie gesehen. Also, wie ein normaler Regenbogen, aber ganz weiß und geisterhaft und wunderschön. Ich hab versucht, ihn zu fotografieren, hat aber nicht geklappt. Auf den Bildern sah er einfach wie ein schwacher grauer Streifen aus, dabei hat er so schön im Mondlicht geschimmert.«

Zum Essen gab es Tortilla (von mir), Paella mit Meeresfrüchten (von Kate mit Dads Hilfe) und Omelette surprise (von Dad und mir zubereitet und von Alexa flambiert). Vielleicht nicht das typische Weihnachtsmenü, aber wir hatten uns beim Kochen prächtig amüsiert.

Alexa saß neben Abuelo und unterhielt sich in langsamem Spanisch mit ihm. Ich bekam mit, dass sie ihm ein paar Brocken Englisch beibrachte, war aber dennoch überrascht, als er nach dem Essen aufstand und uns allen dankte. »Un nähsste Weihnacht«, verkündete er mit einem Zwinkern und machte eine Wiegegeste: »*Un bebé!*«

Am nächsten Morgen bekamen sogar Pepper und Coco Geschenke: mit Katzenminze gefüllte Stoffmäuse und Plastikbälle mit Glöckchen darin. Sie schnupperten an sämtlichen Kartons und spielten Fußball mit Geschenkpapierknäueln. Währenddessen überreichte Abuelo uns eine Hirtenfigur aus Lladró-Porzellan und ich ihm eine geschnitzte Holzschildkröte. Dad probiere einen neuen Pullover an, und Kate posierte in den dringend benötigten Umstandskleidern, die Alexa und ich für sie ausgesucht hatten. Die Bryans bekamen einen dicken Kunstband, und Alexa und ich wickelten ebenfalls fleißig Päckchen aus, unter anderem Tickets für ein Knicks-Match für Alexa und Tickets für ein Broadwaymusical für mich.

Schon bald lag nichts mehr unter dem Baum. Dad sagte: »Moment, ich glaube, ein Geschenk ist noch übrig.« Er stand auf, steckte die Hand erst in eine, dann in die andere Hosentasche, als könnte er nicht finden, wonach er suchte. Dann klopfte er sein Jackett ab, bevor er schließlich in die Innentasche griff und Kate die kleine blaue Schachtel von Tiffany überreichte.

Die allgemeine Geschäftigkeit erstarb, als sie an der roten Satinschleife zog. Unser aller Blicke lagen auf Kate, die wiederum Dad ansah und flüsterte: »Ich hoffe, da ist das drin, was ich denke.«

Er lächelte. Genau wie Alexa. Und ich

Die Schleife segelte zu Boden, und Kate hob den blauen Deckel an, sodass zuerst das weiße Papier und schließlich die schwarze Samtschatulle zum Vorschein kamen. Kates Hände zitterten. Coconut wand sich mit hochgerecktem Schwanz um ihre Beine. Pepper setzte sich neben mich.

Gerade als Kate die Schatulle aufklappen wollte, hielt Dad sie zurück. »Warte. Mach die Augen zu.«

Kate tat wie geheißen. Wir anderen sahen gebannt zu.

Dad zog ihr das Haargummi vom Finger, kniete vor ihr nieder und sagte: »Jetzt darfst du wieder gucken.«

Kate schlug die Augen wieder auf, aber Dad sah sie so eindringlich an, dass sie den Blick nicht von ihm wendete. Als sie schließlich die Schatulle aufklappte, keuchte sie auf.

»Katherine«, setze Dad an. »Nie hätte ich gedacht, dass ich mich noch einmal verlieben würde. Aber als wir uns damals an der Schule wiederbegegnet sind, habe ich sofort eine Verbindung zu dir gespürt, und die wird immer nur stärker. Ich habe dir Starthilfe für deinen Wagen gegeben, und du hast dasselbe für mein Leben getan. Und mittlerweile kann ich es mir ohne dich gar nicht mehr vorstellen.« Seine Stimme zitterte, und er bekam feuchte Augen. »Du hast Sofia und mich in deinem und Alexas Haus aufgenommen, und nun werden wir es mit noch mehr neuem Leben erfüllen. Darum wird es höchste Zeit, dass ich dir eine wichtige Frage stelle.« Niemand jubelte und ich übersetzte nichts. Alle schienen den Atem anzuhalten, sogar die Katzen. »Katherine Baird, willst du mich heiraten?«

»Ja«, antwortete sie. »Ja!«

Dad steckte ihr den Ring an den Finger. Er gab ihr einen Kuss auf die Hand, dann küsste sie ihn auf den Mund, und schließlich betrachtete sie mit Tränen in den Augen den funkelnden Diamanten.

»Herzlichen Glückwunsch!«, sagten die Bryans.

»Ich hab beim Aussuchen geholfen«, sagte Alexa.

»*Felicidades*«, gratulierte Abuelo.

»Wow«, sagte ich und stellte fest, dass ich mich wirklich für die beiden freute – für uns alle.

Natürlich wünschte ich, meine Mom wäre nie gestorben. Aber das war sie nun mal, und die Zeit ließ sich nicht zurückdrehen.

Bryan machte Fotos von Dad und Kate, und auf ein paar davon hatte Kate die Hand erhoben, sodass der Ring im Mittelpunkt stand. Dann gab es Gruppenbilder. Als Dad, Kate, Alexa und ich miteinander posierten, sagte Abuelo: »*La nueva familia.*«

»Wollen wir Hearts spielen?«, fragte Alexa, als ich ins Wohnzimmer kam. Die Bryans waren zurück nach New York gefahren und Abuelo nach Hause geflogen.

»Klar«, sagte ich.

»Mom! Gregg! *Hearts!*«

»Kein Grund, so rumzubrüllen«, sagte Kate und brachte Eierpunsch für alle mit.

»Ist der mit Schuss?«, fragte Alexa.

»Dir hab ich einen doppelten eingeschenkt«, gab Kate zurück.

Dad kam ebenfalls dazu, und Alexa mischte und teilte die Karten aus. »Heute in Bio«, erzählte sie, »haben wir gelernt, dass Misteln Schmarotzer sind. Zu viele davon können einen Baum absterben lassen.«

»Wie der Baumwürger«, sagte Kate.

»Das hätte ich jetzt aber nicht von den Misteln gedacht«, sagte ich.

Dad sortierte seine Karten und fragte: »Bio ist eins deiner Lieblingsfächer, stimmt's, Alexa?«

»War es schon immer.«

»Vielleicht hast du ja Lust, mal samstags bei mir in der Klinik auszuhelfen. Da kommen immer viele lateinamerikanische Mädchen, und da wäre es gut, wenn sie in ihrer Muttersprache mit jemand Jungem, Klugem sprechen könnten.«

»Was müsste ich denn da machen?«

»Sie begrüßen. Wiegen und Blutdruck messen. Ihnen ein bisschen die Angst nehmen.« Genau wie ich wusste Dad um Alexas besonderes Talent, jungen Mädchen Angst zu *machen*, aber er fügte hinzu: »Du könntest mir wirklich eine große Hilfe sein.«

»Darüber muss ich erst mal nachdenken.«

»Was für eine tolle Chance«, sagte Kate. »Und in einer College-Bewerbung macht das natürlich auch Eindruck.«

Alexa gab drei Karten an ihre Mutter weiter. »Können wir darüber bitte nicht in den Ferien reden? Amanda hat gerade eine Absage von der Vanderbilt bekommen, das hat ihr Weihnachten komplett versaut. Und Nevadas Eltern machen eine Riesenaufstand, weil der

Sohn ihrer Putzfrau ein Yale-Stipendium abgestaubt hat und Nevada für die Bewerbung noch nicht mal ihren Aufsatz fertig hat.«

»Okay, okay, kein College-Gerede«, stimmte Kate zu.

»Anderes Thema, Gregg«, bestimmte Alexa. »Du hast mal gesagt, du hättest so gern als Geburtshelfer gearbeitet. Kannst du damit jetzt nicht wieder anfangen?«

Dad schob seine Karten zusammen und fächerte sie dann langsam wieder auf. »Ich finde, ich hatte Glück, dass ich den Beruf überhaupt so lange ausüben durfte.«

»Ich meine nur, wenn du jetzt mitten in der Nacht rausgerufen würdest, wären wir ja hier.«

Kate legte eine Kreuz zwei ab, aber ich merkte, dass sie aufmerksam zuhörte.

Ich spielte meine Zehn aus.

Dad seinen König. »Ich weiß die ruhigen Abende und die geringeren Beiträge für die Berufshaftpflichtversicherung schon zu schätzen.« Er sah mich an. »Und statt zu jeder Tages- und Nachtzeit fremde Babys auf die Welt zu holen, wäre ich lieber hier bei euch und *unserem* Baby.«

Die beiden Katzen kamen durchs Wohnzimmer galoppiert, fauchten einander mit angelegten Ohren an und lieferten sich einen wilden Ringkampf.

»Aber nett von dir, dass du gefragt hast.«

Alexa spielte ihr Ass aus und kassierte den ersten Stich. »Schätze schon, dass ich diesen Samstag Zeit habe«, sagte sie, ohne hochzusehen. »Hab jedenfalls nichts Besseres zu tun.«

Verstohlen spähte ich zu Kate, die ein Lächeln unterdrücken musste.

»Zwölf Weintrauben«, erklärte ich. »An Silvester stopft sich ganz Spanien um Mitternacht bei jedem Glockenschlag eine Traube in den Mund.«

»Erstickt dabei denn keiner?«, wollte Alexa wissen.

»Nein. Man nimmt nur ganz kleine Trauben. Oder schneidet normale durch und kratzt die Kerne raus.«

»Seltsam«, sagte sie. »Da finde ich die amerikanische Tradition, jeden in Reichweite abzuknutschen und mit Tröten einen Heidenlärm zu veranstalten, doch irgendwie netter.«

Wir machten uns gerade für eine Party fertig, auf die wir mit ihren Freunden gehen wollten.

Als es unten an der Tür klingelte, machte ich auf. Es war Sam.

»Frohes altes Jahr – noch«, begrüßte ich ihn. Ein frostiger Wind wehte herein, während Sam seine Schneestiefel auszog und sich umsah, ob wir allein waren. Dann machte er seinen Mantel auf, zog mich an sich und wickelte mich darin ein.

»Brrr, du hast ja Eishände!« Ich kicherte und führte ihn unter den Mistelzweig, wo wir uns küssten – einmal schnell und einmal langsam.

»Wow, das ist mal ein Riesenbaum«, staunte Sam.

»Ich habe ihm gerade einen Schluck Gingerale gegeben. Den Trick hab ich noch von meiner Mom.« Ich zeigte ihm den alten Baumschmuck aus meiner Kindheit, die von Abuelo geschnitzten Figürchen und die Kitschpalme aus Tahiti.

»Ich finde, es ist an der Zeit, dass du mir mal einen anderen Baum zeigst«, sagte Sam. »Den in New York.«

Darüber musste ich erst nachdenken. Ich hatte Moms Baum selbst schon lange nicht mehr besucht, aber Dad wollte sowieso am nächsten Tag in die Stadt und zur Neujahrsfeier im Halsey Tower gehen. Alle meine ehemaligen Nachbarn und Lehrer würden da sein, und Kiki hatte angeboten, mich zu begleiten. Aber eigentlich gehörte ich ja nicht mehr dorthin, und ich war mir nicht sicher, was es für ein Gefühl sein würde, meinem alten Leben einen Besuch abzustatten und über meine verstorbene Mutter und meine baldige Stiefmutter zu plaudern.

War ich dazu bereit? War es wirklich an der Zeit? Bei solchen Fragen hatten Kiki und ich früher immer meine magische Billardkugel zurate gezogen. Die Antworten kamen nach dem Zufallsprinzip, aber trotzdem hatte ich oft den Eindruck, dass Kiki positivere erhielt, so wie: *Du kannst dich darauf verlassen,* während ich mit schwammigen wie *Unklar. Versuch es noch mal* abgespeist wurde. Zum Glück hatte ich die blöde Kugel weggeworfen.

Ich bin fünfzehn, dachte ich. *Ich bin so bereit, wie ich nur sein kann.* Dazu musste ich keine Billardkugel und keine Kummerkastentante, ob sie nun Kate oder Kiki hieß, befragen. Ich musste nur mein Hirn einschalten und auf mein Herz hören.

Also würde ich Kiki bitten, mit mir zu dem Brunch im Halsey Tower zu gehen, und mich für danach mit Sam an Moms Baum verabreden. Warum auch nicht? Damit würde ich schon klarkommen, oder? Und wenn Sam mich weinen sah – na und? Es wäre nicht das erste Mal.

»Wie wär's mit morgen Nachmittag? Direkt im Riverside Park?«
Sam lächelte. »Abgemacht.«

Januar

Der erste Tag im neuen Jahr. Der Himmel war voller dicker grauer Wolken, und glitzernde Schneeflocken wirbelten durch die kalte Luft.

Die Neujahrsfeier in unserer alten Lobby war netter gewesen als erwartet. Mrs Russells Rippchen waren wie immer köstlich, und Mrs Morris hatte Zuckerstangenkekse gebacken, und unsere alten Nachbarn machten ein Riesenaufhebens um mich und Dad und Kate und ihren Diamantring. Kate trug eins der weiten Oberteile, die Alexa und ich ausgesucht hatten, und niemand erwähnte, dass da wohl ein Baby unterwegs war.

Die Lehrer fragten mich nach meinem neuen Zuhause, und ich antwortete: »Man kann so viel Lärm machen, wie man will, ohne Rücksicht auf irgendwelche Nachbarn nehmen zu müssen. Aber es ist auch weniger einfach, seine Nachbarn überhaupt kennenzulernen, weil es keine Aufzüge gibt.«

Mrs Russell meinte, ich hätte doch sicher haufenweise Verehrer.

»Nein, nur einen einzigen«, antwortete ich und lächelte.

In dem Moment kam Mason angerannt und gab mir lässig High Five. Dabei wiederholte er unablässig »Verehrer, Verehrer«, als wäre es das lustigste Wort, das er je gehört hatte. Ich hob ihn hoch, und er klammerte sich an mich.

Es gefiel mir, mich von Mensch zu Mensch und nicht von Schüler zu Lehrer mit Mrs Russell, Mrs Morris und Dr. G. zu unterhalten.

Dr. G. fragte, ob ich wieder angefangen hätte zu singen, und Kiki schaltete sich ein: »Sie hätten Sofia mal beim Weihnachtskonzert hören sollen, da hat sie ein Solo auf Spanisch gesungen! Der Saal hat getobt – ach was, die ganze Schule!«

Als wir gingen, meinte Kiki: »Na siehst du, das war doch gar nicht schlimm. Jetzt musst du nur noch irgendwann Isaiah kennenlernen.«

»Isaiah von der Dalton? Kenne ich den nicht schon? Ihr zwei seid doch schon ewig befreundet.«

»Könnte sein, dass gerade mehr daraus wird.«

»Wow.«

»Genau.«

Wir verabschiedeten uns voneinander, und ich marschierte zum Riverside Drive. Nahe dem Jeanne-d'Arc-Denkmal an der 93. Straße hatte jemand ein Schild mit der Aufschrift *Treecycling* aufgestellt, neben dem bereits ein kleiner Haufen ausgedienter Weihnachtsbäume lag.

Ich nahm den Pfad in den Park und bog am verlassenen Nilpferd-Spielplatz links ab. Der Gemeinschaftsgarten war nur noch ein braunes Stoppelfeld. Selbst auf dem Hundeplatz war nichts los. Zwei Männer mit Kinderwagen liefen an mir vorbei, und zwei ältere Damen gingen spazieren. Überall herrschte Stille – vom pulsierenden Leben im Frühling, Sommer und Herbst war nichts zu erahnen. Dennoch hatte der Park eine ganz eigene, karge Schönheit.

Ich sog die kalte Luft ein und dachte daran, wie ich vor genau einem Jahr die Neujahrsfeier hatte sausen lassen und stattdessen mit Kiki durch den Central Park gelaufen war. Ein paar Tage darauf hatte ich Dad geholfen, unseren traurigen, vertrockneten Baum abzuschmücken. Damals hatte ich das Gefühl, als engte mein Leben mich von allen Seiten ein. Jetzt dagegen schien meine Zukunft offen vor mir zu liegen. Ich war umgezogen, hatte neue Freunde gefunden, ging jetzt auf die Highschool und war mit Sam zusammen, der gerade auf dem Weg zu mir war.

»Das Leben ist kurz«, hieß es so oft, und manchmal stimmte das auch. Aber für die meisten Menschen war es lang. Und auch mir war nun endlich klar geworden, dass meines – toi, toi, toi, *tocar madera* – zum größten Teil noch vor mir lag.

Ich war froh, dass ein riesiger, geschmückter Tannenbaum in unserem neuen Zuhause stand. Froh, dass Dad und Kate mitten in den Hochzeitsvorbereitungen steckten und in zwei Wochen die kleine Zeremonie stattfinden würde. Brian hatte gewitzelt, sie könnten ja eine Doppelhochzeit draus machen, aber Bryan hatte Nein gesagt, sie müssten schließlich die Fotos schießen – ihr Hochzeitsgeschenk an die beiden. »Trotzdem«, hatte Brian hinzugefügt, »seid ihr sehr inspirierend. Möglicherweise findet ja doch bald die nächste Hochzeit statt.«

»Aber bestimmt keine Zwangsheirat«, hatte Bryan warnend erwidert, und alle hatten gelacht.

Das Unglaublichste aber war, dass ich bald eine große Schwester sein würde. Dad hatte ein wachsames Auge auf die Schwangerschaft, und es schien, als liefe alles wie am Schnürchen: ein gesundes Baby, wie bestellt. Kate wollte das Geschlecht nicht wissen, ich aber schon, also hatte Dad versprochen, es mir zu verraten, wenn ich es nicht weitersagte.

»Kannst du ein Geheimnis für dich behalten?«, fragte er.

»Mein Vater hat meine Brieffreundin geschwängert, und ich habe niemandem ein Sterbenswörtchen gesagt«, antwortete ich. »Man könnte meinen, ich bin fast ein bisschen *zu* gut in so was.«

Er lachte, und dann überzog ein Strahlen sein Gesicht. »Es wird ein Junge.«

Irgendwie freute es mich, dass ich immer noch Dads einzige Tochter sein würde, sein Lieblingsmädchen. Und ich stellte mir vor, wie ich dem Baby Klatschspiele und spanische Kinderlieder beibrachte. Am selben Abend verkündete Alexa, sie würde ihm das Basketballspielen beibringen – er sei sicher ein Naturtalent.

Zweifellos würde der Kleine eine Menge Aufmerksamkeit einfordern, aber vielleicht würde er uns alle auch noch enger zusammenbringen.

Mir gefiel, dass in unserem neuen Zuhause immer ganz offen über meine Mom und Alexas Dad geredet wurde. Nie mussten wir so tun, als hätte es zuvor keine anderen Kapitel, andere geliebte Menschen in unserem Leben gegeben. Glücklicherweise erwartete Kate nicht von mir, sie Mom zu nennen, und sie wollte auch nicht Dads Nachnamen annehmen. Für mich gab es nun mal nur eine Mom und nur eine Mrs Wolf.

Ich folgte dem Weg zu Moms Baum, der jetzt natürlich nichts als ein kahles Gerippe war. Aber er war gewachsen und wirkte kräftig und robust. Lebendig. Vielleicht würde ihn bald noch einmal der Frost in eine Eisschicht hüllen, aber irgendwann würde auch der Tag kommen, an dem er wieder erblühte.

»*Feliz Año Nuevo*«, flüsterte ich ihm zu.

Der Baum stand stumm da.

Ich brauchte und vermisste meine Mutter nicht mehr so sehr wie früher. Monatelang hatte ich mich durch jeden einzelnen Tag gekämpft, bis es endlich so weit war und ich das Loch in meinem Leben hinnehmen konnte, ohne immer wieder hineinzufallen, bis ich wieder voll Freude an Mom denken konnte und nicht bloß voll Kummer. Im Moment zum Beispiel hatte ich nicht das Gefühl, weinen zu müssen. Stattdessen spürte ich die Gegenwart meiner Mutter – sie war bei mir und in mir. Abuelo hatte mir erzählt, dass auch er sie spürte, wenn er in den Hügeln Kastiliens spazieren ging. Wir trugen sie beide in uns. Vielleicht war sie überall.

Wie ein Mondregenbogen. Ich wusste, es war kindisch, aber ich stellte mir gern vor, dass meine Mom über mich wachte. Nicht auf irgendeine esoterische, überirdische Weise, sondern ganz still, ganz natürlich.

Ich musterte die dürren Zweige der Zierkirsche, und es war, als hörte ich Mom antworten. *Ich passe auf dich auf, Sofia. Und was könnte auch natürlicher sein als eine Mutter, die über ihr Kind wacht? Das Ende eines Lebens bedeutet schließlich nicht das Ende der Liebe.*

Mein Herz fing an zu klopfen, und kurz verschwamm der Baum vor meinen Augen. Ich lauschte angestrengt und hörte, oder glaubte zu hören: *Ich bin hier. Immer noch. Bei dir. Ich habe dich nie verlassen.*

Es war die Stimme meiner Mutter! Nein, nicht meine Mutter selbst, aber ihre Stimme, ihre Worte, ihr Geist.

Wieder sah ich den Baum an und spürte, wie mich eine tiefe Ruhe erfüllte. Eigentlich hatte ich ihr vom Winter-Ball, von meinem Gesangssolo und vielleicht sogar dem Baby erzählen wollen. Doch jetzt legte ich einfach nur die Hände auf den schlanken Stamm, schloss die Augen und flüsterte: »*Gracias, Mamá.* Danke.«

In dem Moment schallte eine laute Stimme aus hundert Metern Entfernung durch den Riverside Park. »Hey, Sofia!« Sam kam mit großen Schritten auf mich zu. »Da bist du ja!«

Erschrocken sah ich hoch. Dann winkte ich und ging ihm entgegen. »Ja, hier bin ich.«

Danksagung

Ich habe jahrelang an *Wie man bei Regen einen Berg in Flip-Flops erklimmt* geschrieben, und ohne meine Familie, meine Freunde und jede Menge professionelle Unterstützung wäre ich wohl niemals fertig geworden. Darum ist es jetzt an der Zeit, all denen zu danken, die mir immer wieder neuen Mut zugesprochen haben. Mein Mann Rob Ackerman und unsere Töchter Lizzi und Emme haben das Buch nicht ein, nicht zwei, sondern unzählige Male gelesen. Meine Mom, die mittlerweile verstorbene Schriftstellerin Marybeth Weston Lobdell, hat zwei Entwürfe gelesen. Meine Brüder, Eric und Marc Weston, und meine Schwägerin Cynthia waren jederzeit mit Rat und Tat zur Stelle, genau wie Sue Bird, Jean Bird, Sarah Jeffrey, Gene Ackerman und die Cousins und Cousinen vom Squam Lake.

Auch viele Schüler, Freunde, Praktikanten und Experten haben mir wertvolle Anregungen und Feedback gegeben: Denver Butson, Sam Forman, David Nickoll, Claire Hodgdon, Jennifer Lu, Karolina Ksiazek, Kathy Lathen, Patty Dann, Judy Blum, Michelle Ganon, Nicole Fish, Katherine Dye, Maggie Cooper, Stephanie Richards, Becca Worby, Amanda Boyle, Lucy Logan, Sydney Gabourel, Stephanie Jenkins, Cathy Roos, Rachel Wilder, Gavid Gassett, Nora Sheridan, Suzannah Weiss, Olivia Westbrook Gold, Lily Abrahams, Elise Brau, Juan Antonio Martin, die Familie Farris, Tom Sullivan und Eric und Sara Richelson. Mein besonderer Dank gilt Elise Howard, Michelle

Frey, Laura Blake Peterson, Tracy Marchini, Jody Hotchkiss und Peter Ginna. Danke außerdem an die Ärzte und Ärztinnen, die mich mit ihrem Wissen über Gynäkologie und die Abläufe in der Notaufnahme gerettet haben: Stephanie Bird, Adam Romoff und Jan Johnston.

Und wo wäre ich nur ohne Susan Ginsberg und Stacy Testa von Writers House? Ebenfalls dankbar bin ich dem ganzen Team von Sourcebooks Jabberwocky, besonders meinem Lektor Steve Geck sowie Dominique Raccah, Heather Moore, Alex Yeadon, Elizabeth Boyer, Margaret Coffee, Katherine Prosswimmer, Gretchen Stelter und Beth Oleniczak. Ich erhebe mein Glas auf Karen Bokram, die mich 1994 gefragt hat, ob ich eine Ratgeberkolumne für *Girls Life* übernehmen möchte. Und auf all die Mädchen, die mir seither geschrieben haben.